·马克思主义研究文库·

马克思经济基础 与上层建筑思想研究

黄光秋 | 著

光明日报出版社

图书在版编目（CIP）数据

马克思经济基础与上层建筑思想研究 / 黄光秋著
. -- 北京：光明日报出版社，2023.3
ISBN 978 - 7 - 5194 - 7152 - 1

Ⅰ.①马… Ⅱ.①黄… Ⅲ.①马克思主义政治经济学
—理论研究 Ⅳ.①F0 - 0

中国国家版本馆 CIP 数据核字（2023）第 066070 号

马克思经济基础与上层建筑思想研究
MAKESI JINGJI JICHU YU SHANGCENG JIANZHU SIXIANG YANJIU

著　者：黄光秋				
责任编辑：李　倩		责任校对：李壬杰　贾　丹		
封面设计：中联华文		责任印制：曹　净		

出版发行：光明日报出版社

地　　址：北京市西城区永安路 106 号，100050

电　　话：010 - 63169890（咨询），010 - 63131930（邮购）

传　　真：010 - 63131930

网　　址：http：//book. gmw. cn

E - mail：gmrbcbs@ gmw. cn

法律顾问：北京市兰台律师事务所龚柳方律师

印　　刷：三河市华东印刷有限公司

装　　订：三河市华东印刷有限公司

本书如有破损、缺页、装订错误，请与本社联系调换，电话：010-63131930

开　　本：170mm×240mm

字　　数：257 千字　　　　　印　　张：16.5

版　　次：2024 年 3 月第 1 版　　印　　次：2024 年 3 月第 1 次印刷

书　　号：ISBN 978 - 7 - 5194 - 7152 - 1

定　　价：95.00 元

目　录
CONTENTS

导　言 ……………………………………………………………… 1

第一章　马克思经济基础与上层建筑思想研究概说 ……… 19

第一节　国外马克思经济基础与上层建筑思想的历史境遇 ……… 20

第二节　国内马克思经济基础与上层建筑思想研究 ……………… 27

第二章　马克思经济基础与上层建筑思想的创立发展 ……… 58

第一节　思想的形成 ……………………………………………… 59

第二节　思想创立：运用"哲学假说"方法 ……………………… 80

第三节　恩格斯的理论贡献 ……………………………………… 94

第三章　马克思经济基础与上层建筑思想的内涵实质 …… 105

第一节　"基础""上层建筑""决定"概念的界定 ……………… 105

第二节　辩证的"决定论" …………………………………… 114

第三节　恩格斯的"决定论"思想 …………………………… 129

第四章　马克思经济基础与上层建筑思想的"理论原则" …… 139

第一节　思想的理论原则 ……………………………………… 140

第二节　理论原则的方法论意义 ……………………………… 168

第五章   马克思经济基础与上层建筑思想的"历史解答" …………… **179**

　　第一节   马克思经济基础与上层建筑思想揭示社会的本质和发展规律

　　　　……………………………………………………………… 180

　　第二节   从"社会结构"思想角度的分析 ……………………… 199

第六章   马克思经济基础与上层建筑思想的当代价值 ………… **216**

　　第一节   经济基础与上层建筑思想的理论地位 ……………… 216

　　第二节   经济基础与上层建筑思想与马克思、恩格斯关系的"同一"说

　　　　……………………………………………………………… 222

　　第三节   实践价值 ……………………………………………… 232

结　语 ………………………………………………………………… **246**

参考文献 ……………………………………………………………… **248**

导　言

一、研究的缘起

习近平总书记指出，"在人类思想史上，就科学性、真理性、影响力、传播面而言，没有一种思想理论能达到马克思主义的高度，也没有一种学说能像马克思主义那样对世界产生了如此巨大的影响"①。马克思主义是我们立党立国的根本指导思想。"中国共产党是用马克思主义武装起来的政党，马克思主义是中国共产党人理想信念的灵魂"②，中国共产党，是"以马克思列宁主义为行动指南的，以实现社会主义和共产主义为奋斗目标的统一的无产阶级政党"③。在马克思主义的科学指导下，中国共产党带领中国人民取得了举世瞩目的伟大成就。中国百年实践，充分证明马克思主义是为人类求解放的科学理论，具有极大的科学性和真理性。

马克思主义内涵丰富、博大精深，是取之不尽、用之不竭的一个理论宝库。马克思主义的研究始终具有重要意义。经济基础与上层建筑思想是马克思主义的关键内容和重要组成部分，对其研究也始终具有重要意义。学者对马克思经济基础与上层建筑思想研究取得了重要成就，但是尚有进一步研究

---

① 习近平. 论党的宣传思想工作［M］. 北京：中央文献出版社，2020：285.

② 习近平. 在纪念马克思诞辰 200 周年大会上的讲话［M］. 北京：人民出版社，2018：24.

③ 中国共产党历史：第 1 卷（上册）［M］. 北京：中共党史出版社，2002：69.

的理论空间。

（一）马克思主义是为人类求解放的科学理论

马克思是顶天立地的伟人。这既在于马克思的高尚品格，又在于马克思主义揭示了人类社会发展规律。马克思给我们留下的最有价值、最具影响力的精神财富，就是以他的名字命名的科学理论——马克思主义。"这一理论犹如壮丽的日出，照亮了人类探索历史规律和寻求自身解放的道路。"① 这种精神财富，造就了马克思的伟大，真正树立了历史的丰碑，是他的理论揭示了社会发展的规律。

马克思，1818 年 5 月 5 日生于普鲁士的特里尔城。他的父亲是一位律师，犹太人，这个家庭是富裕的、有教养的，但不是革命的。② 马克思的祖辈几代人都是犹太人中的文化精英，他有足够的金钱过相当舒适的生活。但是，马克思大学毕业后，没有从事于资产阶级政府的工作。本来，凭借一些重要关系，他可以找个好工作；凭借学问和能力，他可能会是行长、部长，但是，马克思不是资产阶级的人。马克思胸怀天下，为人类解放的崇高理想而不懈奋斗。此成就了他伟大的人生。

但是，马克思之所以是伟大的马克思，更在于他伟大的思想。我们对他早年时代的一段话并没有捧之过高。1835 年 8 月 12 日，17 岁的马克思在他的高中毕业作文《青年在选择职业时的考虑》中这样写道："如果我们选择了最能为人类而工作的职业，那么，重担就不能把我们压倒，因为这是为大家做出的牺牲；那时我们所享受的就不是可怜的、有限的、自私的乐趣，我们的幸福将属于千百万人，我们的事业将悄然无声地存在下去，但是它会永远发挥作用，而面对我们的骨灰，高尚的人们将洒下热泪。"③ 后来，马克思一生也饱尝颠沛流离的艰辛、贫病交加的煎熬，但他初心不改、矢志不渝，为人

---

① 习近平. 在纪念马克思诞辰 200 周年大会上的讲话［M］. 北京：人民出版社，2018：6.
② 中共中央马克思恩格斯列宁斯大林著作编译局. 列宁专题文集·论马克思主义［M］. 北京：人民出版社，2009：3.
③ 习近平. 在纪念马克思诞辰 200 周年大会上的讲话［M］. 北京：人民出版社，2018：3.

类解放的崇高理想而不懈奋斗，然而仅仅如此，自然不能成就马克思伟大的人生，不可能使马克思获得"近代以来最伟大的思想家""千年第一思想家""人类历史上最伟大的思想家"① 的称号。在思想史上，悲天悯人、有济世之心的人不少。比如，空想社会主义者就有这种境界和胸怀，"在马克思提出科学社会主义之前，空想社会主义者早已存在，他们怀着悲天悯人的情感，对理想社会有很多美好的设想，但由于没有揭示社会发展规律，没有找到实现理想的有效途径，因而也就难以真正对社会发展发生作用"②。真正确立马克思和马克思主义"伟大"的是马克思的理论揭示了人类社会发展的规律。"马克思主义是科学的理论，创造性地揭示了人类社会发展规律。……马克思创建了唯物史观和剩余价值学说，揭示了人类社会发展的一般规律，揭示了资本主义运行的特殊规律，为人类指明了从必然王国向自由王国飞跃的途径，为人民指明了实现自由和解放的道路。"③

马克思主义揭示了社会发展规律，它揭示了生产力与生产关系、经济基础与上层建筑的矛盾运动及其规律，它揭示了人类社会最终走向共产主义的必然趋势。生产力与生产关系之间的矛盾、经济基础与上层建筑之间的矛盾是人类社会的两大基本矛盾。正是由于这两大基本矛盾的运动，导致了封建社会制度的灭亡。现在，它又直接威胁着资本主义社会制度的生存。资本主义制度无法克服它自身固有的矛盾，不可能消灭经济危机这个震撼整个资本主义世界的"社会瘟疫"。我们要从根本上解决这些问题，就必须废除私有制，代之以与社会化大生产相适应的共产主义制度。"……这些生产关系的总和构成社会的经济结构，即有法律的和政治的上层建筑竖立其上并有一定的社会意识形式与之相适应的现实基础。……随着经济基础的变革，全部庞大

---

① 习近平. 在纪念马克思诞辰 200 周年大会上的讲话 [M]. 北京：人民出版社，2018：1，11，27.

② 习近平. 在纪念马克思诞辰 200 周年大会上的讲话 [M]. 北京：人民出版社，2018：8.

③ 习近平. 在纪念马克思诞辰 200 周年大会上的讲话 [M]. 北京：人民出版社，2018：8.

的上层建筑也或慢或快地发生变革"①。马克思精辟阐述了经济基础与上层建筑的辩证关系。随着经济基础的改变，社会形态也会发生改变，因此，马克思和恩格斯得出了科学的结论："资产阶级的灭亡和无产阶级的胜利是同样不可避免的。"② 马克思主义指明了人类社会发展的规律和趋势、动力和途径等等。正是马克思对所处的时代和世界的深入考察，他将自己置身于整个人类发展的历史长河中，批判地重新探讨人类社会所创造的一切，科学透视出历史运动的本质和时代发展的方向。

马克思主义主要由哲学、政治经济学、科学社会主义三大部分构成。这三大组成部分分别来源于德国古典哲学、英国古典政治经济学、法国空想社会主义。马克思是大学问家，与马克思同时代的哲学家赫斯说，"请你想一下，即使把卢梭、伏尔泰、霍尔巴赫、莱辛、海涅和黑格尔结合成为一个人，我着重说一下，是结合，而不是混杂在一堆，那么，你面前就会出现马克思博士"。然而，最终升华为马克思主义的根本原因，"是马克思对所处的时代和世界的深入考察，是马克思对人类社会发展规律的深刻把握"③。马克思主义之所以是科学，首先在于它不再把自己的理论建立在主观臆想的基础上，而是建立在对现实社会进行科学研究的基础之上。马克思说，"共产党人的理论原理，决不是以这个或那个世界改革家所发明或发现的思想、原则为根据的"，"这些原理不过是现存的阶级斗争、我们眼前的历史运动的真实关系的一般表述"④。马克思主义科学揭示了人类社会最终走向共产主义的必然趋势。

马克思主义是锐利的思想武器。"马克思的思想理论源于那个时代又超越

---

① 中共中央马克思恩格斯列宁斯大林著作编译局. 马克思恩格斯文集：第 2 卷［M］. 北京：人民出版社，2009：591-592.
② 中共中央马克思恩格斯列宁斯大林著作编译局. 马克思恩格斯文集：第 2 卷［M］. 北京：人民出版社，2009：43.
③ 习近平. 在纪念马克思诞辰 200 周年大会上的讲话［M］. 北京：人民出版社，2018：6-7.
④ 习近平. 在纪念马克思诞辰 200 周年大会上的讲话［M］. 北京：人民出版社，2018：7.

了那个时代，既是那个时代精神的精华又是整个人类精神的精华"①。马克思主义是我们认识世界、把握规律、追求真理、改造世界的强大思想武器。中国共产党是掌握和发挥马克思主义最好的政党。"十月革命一声炮响，给我们送来了马克思列宁主义。十月革命帮助了全世界的也帮助了中国的先进分子，用无产阶级的宇宙观作为观察国家命运的工具。重新考虑自己的问题。走俄国人的路——这就是结论"②。"但是直到第一次世界大战和俄国十月革命之后，才找到马克思列宁主义这个最好的真理，作为解放我们民族的最好的武器，而中国共产党则是拿起这个武器的倡导者、宣传者和组织者。马克思列宁主义的普遍真理一经和中国革命的具体实践相结合，就使中国革命的面目为之一新。"③ 1921 年，中国先进分子创建了中国共产党，中国共产党从诞生之日起，就把马克思主义鲜明地写在自己的旗帜上。我们党一路走来，无论是处于顺境还是逆境，从未动摇对马克思主义的坚定信仰。马克思主义是我们立党立国、兴党强国的根本指导思想，是经过实践经验的科学真理。理论是否科学，在于是否揭示规律。一种社会科学理论，它应该具有人民性，但只有人民性，没有科学性，也并不能真正做到为人民服务，那是心有余而力不足。马克思主义能够成为认识世界和改造世界的科学理论，它的根源在于它深刻揭示了人类社会发展的规律。一百年来，马克思主义的科学性和真理性在中国得到了充分检验。理论能够指导社会实践，在于其揭示了社会发展的规律。

马克思主义思想深刻、体系宏大，我们研究其具有重要的意义。我们研究马克思主义必然要提到恩格斯，还要分析恩格斯的贡献，分析马克思和恩格斯之间的理论关系，明确马克思、恩格斯思想的同一性。马克思主义，是马克思和恩格斯一起创立的。马克思、恩格斯是两个人，又是一个人，马克思、恩格斯之间的顿号是可以去掉的。马克思和恩格斯，是两位伟大的无产

---

① 习近平. 在纪念马克思诞辰 200 周年大会上的讲话 [M]. 北京：人民出版社，2018：7.
② 毛泽东. 毛泽东选集：第四卷 [M]. 北京：人民出版社，1991：1471.
③ 毛泽东. 毛泽东选集：第三卷 [M]. 北京：人民出版社，1991：796.

阶级导师，"欧洲无产阶级可以说，它的科学是由这两位学者和战士创造的"①。马克思之后，恩格斯是整个文明世界中最卓越的学者和现代无产阶级的导师。自从命运使马克思和恩格斯相遇之后，这两位朋友的毕生工作，就成了他们的共同事业。马克思是顶天立地的伟人，也是有血有肉的常人。他热爱生活，真诚朴实，重情重义。而恩格斯是马克思的好朋友、好同志、好战友。马克思、恩格斯的革命友谊长达40年。正如列宁所说："古老传说中有各种非常动人的友谊故事"②，但马克思、恩格斯的友谊"超过了古人关于人类友谊的一切最动人的传说"③。在这种关系中，恩格斯帮助了马克思，无私资助马克思，尽最大努力救济革命战友，这位严峻的战士和严正的思想家，具有一颗深情挚爱的心。"如果不是恩格斯牺牲自己而不断给予资助，马克思不但无法写成《资本论》，而且势必会死于贫困"④。但是，我们讲恩格斯和恩格斯的贡献，同样更为重要的是恩格斯的理论坚持和理论贡献。

恩格斯，1820年11月28日生于普鲁士王国莱茵省的巴门城。他的父亲是个工厂主⑤。恩格斯和马克思一样，为人类解放的崇高事业，放弃了优渥的个人生活，为了理想奋斗了自己的一生。"恩格斯出生的家庭在社会上极有地位。也许这种家族还从来不曾有过像他那样在生活道路上完全和家世背道而驰的子弟"⑥。

恩格斯十分钦佩马克思。1877年6月，恩格斯应邀撰写了马克思传略，称马克思为"第一个给社会主义，因而也给现代整个工人运动提供了科学基

① 中共中央马克思恩格斯列宁斯大林著作编译局. 列宁专题文集·论马克思主义［M］. 北京：人民出版社，2009：58.
② 中共中央马克思恩格斯列宁斯大林著作编译局. 列宁专题文集·论马克思主义［M］. 北京：人民出版社，2009：58.
③ 中共中央马克思恩格斯列宁斯大林著作编译局. 列宁专题文集·论马克思主义［M］. 北京：人民出版社，2009：58.
④ 中共中央马克思恩格斯列宁斯大林著作编译局. 列宁专题文集·论马克思主义［M］. 北京：人民出版社，2009：5-6.
⑤ 中共中央马克思恩格斯列宁斯大林著作编译局. 列宁专题文集·论马克思主义［M］. 北京：人民出版社，2009：53.
⑥ 中共中央党史和文献研究院编. 恩格斯画传［M］. 重庆：重庆出版社，2020：13.

础的人"①。1883 年 3 月，恩格斯致信友人，"在两分钟之内这个天才的头脑就停止了思考……这个人在理论方面，而且在一切紧要关头也在实践方面，对我们究竟有多大的意义，这只有同他经常在一起的人才能想象得出。他的广阔的眼界将同他一起长久地从舞台上消逝。这种眼界是我们其余的人所达不到的。运动必将沿着自己的道路发展下去，但是已经缺少那种沉着的、及时的、深思熟虑的指导了，这种指导到现在为止曾多次使它避免在歧路上长期徘徊"②，"这个天才的头脑不再用他那强有力的思想来哺育新旧大陆的无产阶级运动了。我们之所以有今天的一切，都应当归功于他；现代运动当前所取得的一切成就，都应归功于他的理论活动和实践活动；没有他，我们至今还会在黑暗中徘徊"③。1883 年 3 月，在马克思墓前的讲话，恩格斯说，"3 月 14 日下午两点三刻，当代最伟大的思想家停止思想了"④。1883 年 3 月，恩格斯致友人的信中说，"人类却失去了一个头脑，而且是人类在当代所拥有的最重要的头脑"⑤。他对在世时的马克思无限热爱，对死后的马克思无限敬仰。

在对待自己和马克思的关系时，在评价马克思主义时，他很谦虚，总把自己放在马克思之后。在《共产党宣言》1883 年德文版序言中，恩格斯认为有必要再一次明确地申述下面这一点，即"贯穿《宣言》的基本思想：每一历史时代的经济生产以及必然由此产生的社会结构，是该时代政治的和精神的历史的基础；……这个基本思想完全是属于马克思一个人的"⑥。1884 年 9

① 中共中央马克思恩格斯列宁斯大林著作编译局. 马克思恩格斯文集：第 3 卷［M］. 北京：人民出版社，2009：451
② 中共中央马克思恩格斯列宁斯大林著作编译局. 马克思恩格斯文集：第 10 卷［M］. 北京：人民出版社，2009：500-501.
③ 中共中央马克思恩格斯列宁斯大林著作编译局. 马克思恩格斯文集：第 10 卷［M］. 北京：人民出版社，2009：502.
④ 中共中央马克思恩格斯列宁斯大林著作编译局. 马克思恩格斯文集：第 3 卷［M］. 北京：人民出版社，2009：601.
⑤ 中共中央马克思恩格斯列宁斯大林著作编译局. 马克思恩格斯文集：第 10 卷［M］. 北京：人民出版社，2009：505.
⑥ 中共中央马克思恩格斯列宁斯大林著作编译局. 马克思恩格斯文集：第 2 卷［M］. 北京：人民出版社，2009：9.

月，致友人的信中，他说，"我一生所做的是我注定要做的事，就是拉第二小提琴，而且我想我还做得不错。我高兴我有像马克思这样出色的第一小提琴手"①。1886 年初，在《路德维希·费尔巴哈和德国古典哲学的终结》中，他说，"我不能否认，我和马克思共同工作 40 年，在这以前和这个期间，我在一定程度上独立地参加了这一理论的创立，特别是对这一理论的阐发。但是，绝大部分基本指导思想（特别是在经济和历史领域内），尤其对这些指导思想的最后的明确的表述，都是属于马克思的。我所提供的，马克思没有我也能够做到，至多有几个专门的领域除外。至于马克思所做到的，我却做不到。马克思比我们大家都站得高些，看得远些，观察得多些和快些。马克思是天才，我们至多是能手。没有马克思，我们的理论远不会是现在这个样子。所以，这个理论用他的名字命名是理所当然的"②。恩格斯在处理他与马克思的关系和理论探索时，总把自己放在马克思之后，这是公正的、客观的。

但是，我们不能否认恩格斯对马克思主义的贡献，在理论上，恩格斯也做出了重大的贡献。在研究马克思和马克思主义时，我们必然要分析、阐述恩格斯和恩格斯对马克思主义的贡献。比如说，恩格斯对马克思深入研究经济的启发，"还在《神圣家族》一书出版以前，恩格斯就在马克思和卢格两人合编的《德法杂志》上发表了《政治经济学批判大纲》一文，从社会主义的观点考察了现代经济制度的基本现象，认为那些现象是私有制统治的必然结果。同恩格斯的交往显然促使马克思下决心研究政治经济学，而马克思的著作使这门科学发生了真正的革命"③。在经济基础与上层建筑思想方面，恩格斯的贡献是极其巨大的。马克思、恩格斯他们各自的经济基础与上层建筑思想以及他们的同一性具有重要的理论意义。

---

① 中共中央马克思恩格斯列宁斯大林著作编译局. 马克思恩格斯文集：第 10 卷［M］. 北京：人民出版社，2009：525.
② 中共中央马克思恩格斯列宁斯大林著作编译局. 马克思恩格斯文集：第 4 卷［M］. 北京：人民出版社，2009：296-297.
③ 中共中央马克思恩格斯列宁斯大林著作编译局. 列宁专题文集·论马克思主义［M］. 北京：人民出版社，2009：56.

（二）马克思经济基础与上层建筑思想研究的意义

毫不夸张地说，经济基础与上层建筑思想是马克思最为重要的思想、学说之一。历史唯物主义，就是关于经济、政治、文化三者之间关系的科学阐述；就是对经济基础与上层建筑矛盾运动、对社会历史发展重要作用的科学揭示。

在《德意志意识形态》和《〈政治经济学批判〉序言》中，马克思对此说得非常清楚。在《德意志意识形态》中，他说，"由此可见，这种历史观就在于：从直接生活的物质生产出发阐述现实的生产过程，把同这种生产方式相联系的、它所产生的交往形式即各个不同阶段上的市民社会理解为整个历史的基础，从市民社会作为国家的活动描述市民社会，同时从市民社会出发阐明意识的所有各种不同的理论产物和形式，如宗教、哲学、道德等等，而且追溯它们产生的过程。这样做当然就能够完整地描述事物了（因而也能够描述事物的这些不同方面之间的相互作用）。这种历史观和唯心主义历史观不同，它不是在每个时代中寻找某种范畴，而是始终站在现实历史的基础上，不是从观念出发来解释实践，而是从物质实践出发来解释各种观念……这种基础尽管遭到以'自我意识'和'唯一者'的身份出现的哲学家们的反抗，但它对人们的发展所起的作用和影响却丝毫也不因此而受到干扰。各代所遇到的这些生活条件还决定着这样的情况：历史上周期性地重演的革命动荡是否强大到足以摧毁现存一切的基础；如果还没有具备这些实行全面变革的物质因素……那么，正如共产主义的历史所证明的，尽管这种变革的观念已经表述过千百次，但这对于实际发展没有任何意义"①。在《〈政治经济学批判〉序言》中，他说，"社会的物质生产力发展到一定阶段，便同它们一直在其中运动的现存生产关系或财产关系（这只是生产关系的法律用语）发生矛盾。于是这些关系便由生产力的发展形式变成生产力的桎梏。那时社会革命的时代就到来了。随着经济基础的变更，全部庞大的上层建筑也或慢或快地发生变革。……大体说来，亚细亚的、古希腊罗马的、封建的和现代资产阶级的

① 中共中央马克思恩格斯列宁斯大林著作编译局. 马克思恩格斯文集：第 1 卷 ［M］. 北京：人民出版社，2009：544-545.

生产方式可以看作是经济的社会形态演进的几个时代"①。这种新的历史观，即唯物史观就是关于经济、政治、文化以及它们之间关系的描述；马克思经济基础与上层建筑思想深刻阐述了社会发展的根本动力和基本矛盾，揭示了社会的本质和发展规律。无疑，马克思经济基础与上层建筑思想是唯物主义的核心内容和关键组成部分。

恩格斯在评价马克思时，也深入阐述了经济基础与上层建筑思想与历史唯物主义、马克思主义的关系。他说，"在马克思使自己的名字永垂科学史册的许多重要发现中，这里我们只能谈两点"②"第一点就是他在整个世界史观上实现了变革。以前所有的历史观，都以下述观念为基础：一切历史变动的最终原因，应当到人们变动着的思想中去寻求，并且在一切历史变动中，最重要的、支配全部历史的又是政治变动。可是，人的思想是从哪里来的，政治变动的动因是什么——关于这一点，没有人发问过。……现在马克思则证明，至今的全部历史都是阶级斗争的历史，在全部纷繁复杂的政治斗争中，问题的中心仅仅是社会阶级的社会的和政治的统治，即旧的阶级要保持统治，新兴的阶级要争得统治。可是，这些阶级又是由于什么而产生和存在的呢？是由于当时存在的基本的物质条件，即各个时代社会借以生产和交换必要生活资料的那些条件"③。恩格斯指出，"这种新的历史观，对于社会主义的观点有极其重要的意义"④。这种唯物史观与剩余价值理论是马克思的两大贡献，"现代科学社会主义就是以这两个重要事实为依据的"⑤。

---

① 中共中央马克思恩格斯列宁斯大林著作编译局. 马克思恩格斯文集：第2卷［M］. 北京：人民出版社，2009：591-592.
② 中共中央马克思恩格斯列宁斯大林著作编译局. 马克思恩格斯文集：第3卷［M］. 北京：人民出版社，2009：457.
③ 中共中央马克思恩格斯列宁斯大林著作编译局. 马克思恩格斯文集：第3卷［M］. 北京：人民出版社，2009：457-458.
④ 中共中央马克思恩格斯列宁斯大林著作编译局. 马克思恩格斯文集：第3卷［M］. 北京：人民出版社，2009：459.
⑤ 中共中央马克思恩格斯列宁斯大林著作编译局. 马克思恩格斯文集：第3卷［M］. 北京：人民出版社，2009：461.

当代英国著名的文化学家、文艺理论家雷蒙·威廉斯指出："任何对马克思主义文化理论的现代理解都必须从考察关于决定性的基础和被决定的上层建筑的命题开始。"① 威廉斯以及其他一些西方马克思主义者把马克思的思想描述为文化马克思主义，突出文化的视角和张扬文化的作用，对经济、政治和文化的关系做了"文化的解读"。这种解读是否失之偏颇暂且不论，但是，经济基础与上层建筑命题在马克思思想中的重要性肯定是极为正确的。经济基础与上层建筑思想是历史唯物主义的核心内容，正确认识该思想具有重要的理论意义与现实意义。

从生成论的角度，我们深刻揭示马克思经济基础与上层建筑思想同历史唯物主义的关系。在马克思经济基础与上层建筑思想同历史唯物主义的相互关照之中，揭示即使前者得以形成，也使后者得以形成。马克思经济基础与上层建筑思想是历史唯物主义思想的重要内容和组成部分，但是，从思想的生成逻辑来看，我们不能从此断定哪一个在前，哪一个在后，哪一个生成了哪一个，哪一个比哪一个更为重要。有可能是在它们之间的相互关照之中生成了马克思经济基础与上层建筑思想，生成了历史唯物主义。也就是说，在马克思经济基础与上层建筑思想得以形成的前提之下，历史唯物主义得以生成，在历史唯物主义形成的基础之上，马克思经济基础与上层建筑思想得以生成。

马克思经济基础与上层建筑思想的研究具有重要的理论和现实价值。就理论价值而言，马克思经济基础与上层建筑思想研究本身属于基础理论研究，它具有根本性和方向性的作用，基础理论研究从根本上制约着马克思主义哲学研究的广度和深度，制约着马克思主义哲学理论的主题、内容和特征。经济基础与上层建筑思想属于基础理论，经济基础与上层建筑思想的研究属于基础理论研究，具有重要的理论意义。此外，经济基础与上层建筑的关系问题是历史唯物主义的基本问题，是关系我们如何走社会主义道路的问题。对

---

① 雷蒙·威廉斯. 马克思主义文化理论中的基础和上层建筑 [J]. 胡谱忠，译. 外国文学，1999（5）：70-79.

这一问题的片面理解或曲解不可避免地会导致在实际工作中犯重错误。马克思经济基础与上层建筑思想在马克思主义理论体系中占据着极其重要的地位，人们只有对马克思的经济基础与上层建筑思想达到科学的理解，历史唯物主义才能站稳脚跟，整个马克思主义才会呈现出科学的形象。这种重要性甚至可以提高到能否科学理解和始终坚持马克思主义的层面上。

当然，本书的研究和论述是以马克思为主线，不是以马克思、恩格斯为主线。本书题目还是叫作《马克思经济基础与上层建筑思想研究》，不叫作《马克思、恩格斯经济基础与上层建筑思想研究》。前面的论述是为了叙述的明确和清晰。

（三）进一步进行研究的"问题"和理论空间

目前，关于马克思经济基础和上层建筑思想研究中存在的"问题"可以概括为如下两个方面。

首先，是在"原理"的研究中存在的问题。有些批评者反对用"决定"这个概念来概括经济基础与上层建筑之间的关系，指责这种理论是"经济决定论"，他们认为"经济决定论"淹没了人和人的主体性。这种质疑和反对的声音越来越强，我们必须高度重视。在批评者看来，"决定"具有宿命论色彩，命定是一种迷信，是一种宗教色彩的判断，"决定论"具有简单化的倾向。他们甚至认为，"经济决定论"与事实不符，认为这个思想难以解决社会问题。另外，还有些批评者认为马克思没有明确、一贯的经济基础与上层建筑思想，指责马克思有时把经济视为政治和文化的前提和条件，有时又认为经济决定政治和文化，而这里的决定并不意味着前提和条件。

笔者认为，对这些质疑和批评的回应需要我们深入马克思的文本，正确揭示经济基础与上层建筑的关系，其中最关键的是要梳理马克思论述该思想的文本，在此基础上，提炼、概括出"决定"的内涵。笔者认为，马克思关于经济基础与上层建筑关系的表述并不冲突，关键在于如何理解"决定"。基于文本分析，笔者主张，马克思经济基础与上层建筑思想中的"决定"是指前提、条件、基础，来源、发源地，产生、创造，支配、规定、制约，原因与结果关系里面的原因，内容与形式里面的内容，等等。换言之，经济基础是上层建筑的前提、条件和基础；经济基础产生、创造上层建筑；经济基础是上层建筑的发源地和来源，上层建筑是经济基础的产物；经济基础规定、制约、支配上层建筑；经济基础是原因，上层建筑是结果；经济基础是内容，上层建筑是形式。

其次是对人的研究中存在的问题。批评者认为马克思的经济基础与上层建筑思想是经济决定论或经济唯物主义，指责这种思想忽视人，淹没了人的主体性。目前，已经有学者对此进行了回应，指出人是马克思经济基础与上层建筑概念中应该有的内容，经济、政治、文化是通过人得以形成的。马克思的经济基础与上层建筑概念中就包含着人，人处处可见。这些研究主要是从经济基础与上层建筑概念出发阐明该思想所蕴含着的人的关系。笔者认为，这种分析固然重要，但是未能深入揭示人的主体性在马克思经济基础和上层建筑思想中的体现。这种解释充其量只能说明人们彼此之间可以互为手段，却未能揭示人是目的的内涵。也就是说，这种概念式的解读，不能很好地说明马克思的经济基础与上层建筑概念内容中包含着人为主体、主体在人的实质。正是由于这种概念的解释不具有很强的说服力，所以，马克思经济基础与上层建筑变成了干巴巴的、纯粹的经济主义，质疑和抨击尚无法完全消除。以至于有学者认为，历史唯物主义有丰富的人学思想，突出了人的主体性，但如果说经济基础与上层建筑思想也有这些，可能过于勉强。

笔者认为，马克思经济基础决定上层建筑这条基本原理还有更进一步的阐述空间。我们指出经济基础与上层建筑思想具有主体性原则，这种思想突出了人的主体性，有丰富的人学思想，这并非将经济基础与上层建筑思想无限拔高、过分夸大。为了说明这个问题，我们需要联系马克思经济基础与上层建筑的整体思想去把握，也需要将视野扩展到历史唯物主义的整体中来进行思考。从历史唯物主义同马克思经济基础与上层建筑思想的关系中来看，二者是一种彼此关照、相互论证的关系。当然，这并不是说，强行从历史唯物主义中截取一些理论原则嫁接到马克思经济基础与上层建筑思想中，而是

说马克思经济基础与上层建筑与历史唯物主义的理论原则具有共同性。思考
马克思经济基础与上层建筑思想的基本原则，是该思想研究的新的阐述空间。

就该研究的现实意义而言，可以说，现实状况和困境向我们提出了重新
解读这种理论的需要。这里的困境主要是指国际、国内大环境，这种困境我
们暂时无法摆脱和消除，它影响到我们对马克思主义的信仰。具体而言：

一方面，在国际上，世界社会主义建设和共产主义运动出现挫折，苏联
解体、东欧剧变，世界社会主义阵营也不复存在。因此，有些人认为马克思
主义已经失败，马克思主义过时论、无用论甚嚣尘上。他们认为人类的历史
终结于资本主义社会，人类的意识形态终结于资产阶级的自由、民主思想中，
这就是所谓的历史的终结和意识形态的终结。而在马克思主义的理论中，受
到攻击最多的是历史唯物主义，而在历史唯物主义中，受到攻击最多的又是
马克思的经济基础与上层建筑思想。马克思的经济基础与上层建筑思想受到
前所未有的挑战，需要我们予以回应，指导实践。

另一方面，中国正在进行社会主义现代化建设，在发展中也出现了一些
问题，这些问题导致我们对指导思想产生怀疑。我们国内一些人也认为马克
思主义存在问题，他们认为马克思主义现在已失去了价值，马克思主义不能
继续指导我国建设。我们虽然坚持马克思主义仍是主流和主旋律，但在这里
不小的反主流的潮流、主旋律之中掺杂有异音。这要求我们深入研究马克思
经济基础与上层建筑思想，深刻把握该思想的科学内涵。

综合观之，马克思经济基础与上层建筑思想并没有失去它的当代价值，
我们对该思想的研究具有重要的理论价值和实践意义。

二、研究的基本思路及框架

马克思经济基础与上层建筑思想创立至今已有 170 多年时间，前人已对
这种思想进行了丰富的解读。马克思经济基础与上层建筑思想拥有丰富的内
涵，内涵研究是至关重要的。一种社会理论，作为历史观、世界观，必然关
注人的问题、社会问题、实践问题，人与自然的关系，人与社会的关系，是

社会理论的根本问题。同样，人、社会、实践是马克思经济基础与上层建筑思想的重点。我们只有思考这种思想的内涵，其科学性和真理性才会得到完整的、完美的呈现；只有从这些方面入手，从这些方面说明问题，一种理论的解释和揭示才会深刻，从而从理论上说服人、吸引人。

本书尝试分析、梳理国内外对马克思经济基础与上层建筑思想的研究，提出自己的观点，试图解决我们面临的现实困境。

（一）基本思路

首先，对国内外关于马克思经济基础和上层建筑的思想进行研究。我们阐释国外关于这种思想的观点，以及国内的观点和研究特点，分析这些研究中存在的问题，阐明自己的研究思路。

其次，研究马克思经济基础与上层建筑思想的形成历史。有些批评者认为马克思的经济基础与上层建筑思想是不连贯的，前后思想发生变化等；针对这些，我们要深入文本，全景式展现出马克思经济基础与上层建筑思想的发展过程。这个部分，我们还阐释了恩格斯对马克思经济基础与上层建筑思想的理论贡献。马克思、恩格斯共同创造了经济基础与上层建筑思想。

接着，阐释马克思经济基础和上层建筑思想的内涵，充分分析"辩证决定论"思想。马克思不是经济主义者，该思想不是经济唯物主义、机械唯物主义等。阐述恩格斯的"决定论思想"，深刻揭示马克思、恩格斯在该思想上的同一关系。

接着，阐释该思想的三个基本理论原则及其方法论意义。其三个基本原则是主体性原则、客观性原则以及实践性原则。这也是揭示马克思经济基础和上层建筑思想的科学内涵，从而回应一些错误的理解和批评。

接着，阐明马克思经济基础与上层建筑思想对历史之谜的解答。马克思经济基础与上层建筑思想揭示社会本质和发展规律。根本动力、基本矛盾、基本规律，这些也属于马克思经济基础与上层建筑思想科学内涵的解读。马克思经济基础与上层建筑思想是一种科学的"社会结构"思想。从"社会结构"思想角度进行分析，也是经济基础与上层建筑思想研究的题中应有之义。

上述三个"接着"的内容，都是阐明马克思经济基础与上层建筑思想的科学内涵。

最后，阐明马克思经济基础与上层建筑思想的当代价值。阐述马克思经济基础与上层建筑思想的理论地位。揭示马克思、恩格斯在经济基础与上层建筑思想的同一关系，并且进一步阐述马克思和恩格斯整个思想关系的同一，阐述马克思经济基础与上层建筑思想在实践中的应用及其经验教训。

（二）主要框架

本书的主要框架包括八个部分。首先是导言，说明研究的缘起、本书的框架以及研究的方法。第一章分析国内外马克思经济基础与上层建筑思想的研究；第二章论述马克思经济基础与上层建筑思想的创立发展；第三章阐述马克思经济基础与上层建筑思想的内涵实质；第四章论述马克思经济基础与上层建筑思想的"理论原则"；第五章阐释马克思经济基础与上层建筑思想的"历史解答"；第六章阐明马克思经济基础与上层建筑思想的当代价值。最后是结语，该思想的研究是项未竟的事业，需要我们继续深入探讨。

三、本书的创新点和不足

（一）本书的创新点

本书紧紧围绕马克思经济基础与上层建筑思想同历史唯物主义进行论述，甚至可以这样说，这是从二者的相互关系之中揭示二者。本书从马克思、恩格斯的经济基础与上层建筑思想来把握马克思、恩格斯的思想关系，阐发马克思、恩格斯共同创立了经济基础与上层建筑思想，创立了历史唯物主义，创立以马克思名字命名的马克思主义。

其一，概括出"决定"的内涵。本书深入马克思的文本，梳理马克思对经济基础与上层建筑的论述，概括出"决定"的内涵，从而明确该思想是一种"决定论"。这是马克思经济基础上层建筑思想研究的一个重要拓展。

其二，阐述马克思经济基础与上层建筑思想的基本原则。简言之，理论原则是指理论的基本精神，它也是一种立场、观点和方法。本书从马克思经济基础与上层建筑思想的科学内涵这个层面和高度入手，揭示它的基本原则，从而使基本原理丰满起来。马克思经济基础与上层建筑思想的理论原则可以概括为主体性原则、客观性原则和实践性原则。

其三，从马克思、恩格斯经济基础与上层建筑思想的"同一"性阐释马克思、恩格斯的思想关系，维护和捍卫历史唯物主义。马克思、恩格斯思想关系的争论是马克思主义思想上的一个核心问题，不同的观点自有不同的论据和论证。本书从经济基础与上层建筑这个角度深入分析马克思、恩格斯的思想，从而论证马克思、恩格斯思想的"同一"关系，捍卫了马克思、恩格斯共同创造历史唯物主义这种客观历史事实。

其四，从"社会结构"角度阐述马克思经济基础与上层建筑思想。这是从"社会结构"的角度对经济基础与上层建筑的辩证关系进行揭示和阐述。

（二）本书的不足之处

研究马克思的经济基础与上层建筑思想，有时会涉及生产力与生产关系的思想，但是考虑到本书的篇章结构和突出重点，就没有专门的详细讨论。因而这部分内容略显单薄。

四、研究的主要方法

本书的研究方法主要有文献研究法、比较研究法、整体性研究和跨学科分析相结合的方法等。

（一）文献研究方法

本书属于基础理论研究，这种研究必须立足马克思的经典著作，文本研究分析显得尤为重要，这是基础理论研究的"根本方法"。马克思经济基础与上层建筑思想博大精深，但马克思生前并没有时间和机会进行系统的梳理，他的这种思想蕴含于不同时期的文本之中。因此，研究这种思想必然要忠实马克思的文本，努力挖掘和提炼马克思的经济基础与上层建筑思想。

（二）比较研究方法

比较研究分析方法也是必不可少的。通过对比，我们可以深刻把握马克思本人的思想。马克思创立的思想，受到资产阶级思想家的各种解读，各种攻击此起彼伏。我们需要对这些解读和攻击予以回应和反驳，那么，这就需要把马克思的思想与这些思想进行比较，从而揭示马克思经济基础与上层建筑思想的科学性和丰富内涵。

此外，我们在研究马克思的经济基础与上层建筑思想时，也应该把马克思的思想与恩格斯的经济基础与上层建筑思想进行比较，从中看出他们思想的同一。

（三）整体性研究和跨学科分析相结合的方法

马克思的经济基础与上层建筑思想是一个具有内在逻辑关联的有机整体，这需要我们用整体性的思维来把握这种思想。我们只有从马克思的经济基础与上层建筑理论与历史唯物主义的整体联系中，才能真正把握这种理论的基本内容与当代价值。整体性研究和跨学科研究相结合的方法，帮助我们描绘出马克思经济基础与上层建筑思想的完整理论图景。

第一章

马克思经济基础与上层建筑思想研究概说

马克思是世纪伟人、千年思想家，其思想和学说吸引全世界的目光。他并没有远离我们而去，"每当出现重大历史事件，每当历史处于转折关头，人们都不由自主地把目光转向马克思，并对马克思主义哲学进行新的研究"①，人们求助于马克思，求助于马克思的思想。马克思的经济基础与上层建筑思想是历史唯物主义的重要内容、马克思主义的重要内容，我们要深刻体会这种思想的科学性和当代价值具有的重要意义。

马克思经济基础与上层建筑思想的当代价值，既指思想本身的当代性和现实指导意义，又指思想的历史境遇给予我们的借鉴意义。马克思经济基础与上层建筑思想形成于19世纪中期，离今已有一百六七十年的时间。我们要正确把握马克思的这种思想，需要借鉴马克思同时代及其之后的一些学者、思想家对此的解读、阐释及其实践情况。有时，我们认识、理解思想需要立足于该思想的历史境遇，探讨该思想的历史境遇，其目的是该思想的现实指导意义。这是说，我们要想把握该思想的当代价值，需要了解该思想的形成过程、掌握该思想的精神内涵，并且更需要掌握前人对该思想的认识和实践，这样才能更好地体会这种思想的历史和现实意义。在第一章中，笔者对国内外马克思经济基础与上层建筑思想的解读、研究情况进行了梳理和分析。

---

① 杨耕. 马克思主义历史观研究［M］. 北京：北京师范大学出版社，2012：1.

第一节　国外马克思经济基础与上层建筑思想的历史境遇

思想的历史境遇，就是指前人对该思想的认识和实践，也就是说，它无非是指历史上的某一时间点上、在某个空间范围内，某些人、某些事件对该思想的研究和实践情况，有正确的、有错误的，有成功的、有失败的。如果从时间点上来说，这些人当时对该思想的研究和实践都是一个一个的"当代"事件，"当代"事件体现出来的成绩和不足也就是该思想的"当代价值"。可见，所谓历史境遇，其实都是思想"一个一个的当代价值"，历史就是现实，历史境遇就是由一个一个的"当代价值"构成的。现在，我们探讨马克思经济基础与上层建筑思想的当代价值，需要以史为鉴、从理论走向现实，需要掌握它在当时的"一个一个的当代价值"。思想的历史境遇具有重要的借鉴、启示意义，有不可替代的历史和现实价值。

一、马克思同时代及第二国际理论家的理解

马克思的经济基础与上层建筑思想内容丰富、观点深刻，但这种思想自形成以来，支持和反对、理解和歪曲兼而有之，思想的历史境遇显得十分曲折、丰富。马克思的经济基础与上层建筑思想被很多人解读、阐释，本书不能个个梳理、面面俱到。我们立足现实、从当代问题和需要出发，筛选一些学者的解读和观点，希望这些分析和理解对我们具有重要的借鉴启示作用。

马克思经济基础与上层建筑思想形成于德国，也是在这里，马克思的思想首先受到巨大的歪曲和攻击。同时代的资产阶级学者攻击马克思的经济基础与上层建筑思想是一种经济决定论思想，认为马克思是经济决定论者，认为马克思主义是经济唯物主义，马克思对此曾予以批驳。

在德国，随着马克思主义的传播，出现了反对马克思主义的思潮，矛头

直指马克思经济基础与上层建筑思想。19 世纪 90 年代，历史唯物主义主要面临着来自两方面的挑战，分别是资产阶级的一些思想家和德国社会民主党内的"青年派"。他们或者认为马克思、恩格斯只承认经济因素的作用而否认其他因素的作用，把承认历史的必然性视为机械决定论和社会宿命论；或者认为马克思、恩格斯思想中的人不过是经济关系玩弄的"棋子"，历史是完全自发形成的，人是历史必然性的奴隶。他们歪曲马克思、恩格斯的思想是"经济唯物主义"，是"经济决定论"。恩格斯对此予以批评，这在他的晚年通信中得到充分体现。恩格斯明确指出马克思对经济基础与上层建筑关系的认识，在他看来，马克思认为不仅经济基础决定上层建筑，而且上层建筑反作用于经济基础，"只需看看马克思的《雾月十八日》，那里谈到的几乎是政治斗争和政治事件所起的特殊作用……"①。恩格斯再一次表达了这样的主要思想：在社会历史发展中，经济因素归根结底起着决定性作用，上层建筑各种因素起着巨大的反作用；人们自己创造历史，历史发展归根到底受经济运动的必然性支配。

恩格斯逝世后，情况又变得复杂了。这里主要指第二国际一些理论家对该思想的理解。他们当中有人是刻意曲解，而有人是一些误解，比如伯恩斯坦、考茨基和拉法格，他们成了经济主义、经济决定论者。这种经济决定论观点本是资产阶级思想家和其他一些人强加给马克思和恩格斯的思想的，后来第二国际一些理论家却持有该观点。他们忽略了历史主体在历史进程中的作用，把历史理解为完全按照历史必然性和客观规律性运行的自在的进程，这导致了严重的宿命论倾向。他们把马克思的学说归结为一种客观描述在盲目的经济必然性支配下的历史进程的"经济决定论"，这种决定论是一种线性因果论。

第二国际一些理论家的这种理解和歪曲给马克思思想带来了不好的影响，在实践中也造成了一些不良的后果，这引起了一些马克思主义者的捍卫，如

---

① 中共中央马克思恩格斯列宁斯大林著作编译局. 马克思恩格斯文集：第 10 卷 [M]. 北京：人民出版社，2009：600.

普列汉诺夫和列宁。普列汉诺夫创造性地提出社会结构的"五项因素公式"。这种公式把社会因素简称为生产力、经济关系、社会政治制度、社会心理和思想体系,其分析的新颖之处在于把上层建筑区分为三个因素或层次,特别是把思想上层建筑区分为社会心理和思想体系。① 至于列宁,他提出"两个归结于"和有机体思想,即把社会关系归结于生产关系,把生产关系归结于生产力;把社会看作处在不断发展中的活的机体,用生产关系来说明该社会形态的构成和发展,但又随时随地探究与这种生产关系相适应的上层建筑,使骨骼有血有肉。② 列宁捍卫马克思的思想,并且,他在实践中予以天才般的创造使用,普列汉诺夫和列宁的捍卫和阐释,极其有力,效果巨大。

但是,在俄国,仍有很多人持着经济主义的观点,比如,俄国的"合法马克思主义者"经济派、孟什维克等都是经济唯物主义的鼓吹者。可见,经济主义的市场还很大,这里面的情况比较复杂,后来苏联成立后,既有对马克思、恩格斯思想的坚持和继承,又有某些僵化和偏离的问题,就是出现了经济主义、机械决定论倾向。经济主义、机械决定论是一种庸俗的马克思主义,这种思想从 19 世纪后半世纪到 20 上半叶都存在。

二、早期西方马克思主义等的理解

早期西方马克思主义,对马克思经济基础与上层建筑思想表达了不同的见解,此外,而法兰克福学派、结构主义和分析主义又有自己的理解。

20 世纪上半叶,以卢卡奇、葛兰西为代表的早期西方马克思主义开始兴起,这有现实的文化和历史原因。一战以后,无产阶级的暴力革命在不同国家和地区经历了不同的命运,有的国家取得胜利,而有的国家却以失败告终,这一事实促使一些马克思主义者重新反思传统马克思主义的革命观,开始把注意力从革命的经济基础和政治条件转向革命的文化内涵和总体特征。这种

---

① 黄楠森. 马克思主义哲学史 [M]. 北京:高等教育出版社,1998:156.
② 中共中央马克思恩格斯列宁斯大林著作编译局. 列宁专题文集·论辩证唯物主义和历史唯物主义 [M]. 北京:人民出版社,2009:161-162.

反思其实就是对经济基础与上层建筑关系的重新思考，它带来对马克思经济基础与上层建筑思想的不同理解。

卢卡奇批判资本主义社会的经济和政治体制，他提出物化理论和总体性、阶级意识概念。他认为要扬弃物化，要依赖于历史的总体性的生成，"总体性范畴的首要性是科学里的革命原则的承担者"①，总体性原则高于经济原则，总体性原则对于经济原则来说具有优先性，而总体性的生成又取决于无产阶级的阶级意识的自觉，"只有无产阶级的实践的阶级意识才拥有这种改造事物的能力"②。这就是说，革命的命运和人类的命运将依赖于无产阶级的阶级意识的成熟，显然，卢卡奇把意识革命提到了无产阶级革命的核心地位。卢卡奇认为，总体性优先于生产力，而总体性的生成依赖于无产阶级的阶级意识。在一定程度上，他对经济基础与上层建筑关系的理解偏离了马克思的观点，后来他自己在一定程度上进行了自我的纠正。

葛兰西也是如此，他拒斥机械决定论和历史宿命论、反对必然性信念。葛兰西强调文化领导权和主观能动性，他的西方革命理论中最有影响的核心范畴就是市民社会和文化领导权。葛兰西有时用市民社会指称经济关系或经济结构，但有时又把市民社会归结到上层建筑之中，使之同国家相并列，前者很接近马克思的市民社会概念。葛兰西认为，在西方社会，由于形成了独立的市民社会，资产阶级不但拥有政治上的领导权，而且取得了文化或意识形态的领导权，这时，国家"不过是外在的壕沟，其背后是强大的堡垒和工事"③。他得出结论，在西方社会，革命的首要任务不是政治革命，而应当是文化革命，即同资产阶级争夺意识形态领导权。

卢卡奇、葛兰西通过对无产阶级的自身状况和文化模式的分析，或者通过对东西方社会结构的比较分析，对传统的革命观提出疑问，并制定了以意

---

① 卢卡奇. 历史和阶级意识 [M]. 王伟光，张峰，译. 北京：华夏出版社，1989：27.
② 卢卡奇. 历史和阶级意识 [M]. 王伟光，张峰，译. 北京：华夏出版社，1989：221.
③ 安东尼奥·葛兰西. 狱中札记 [M]. 曹雷雨，等译. 北京：中国社会科学出版社，2000：194.

识革命和文化革命为先导或主要内涵的新的革命观。他们非常强调意识形态领域革命和文化革命，也就是说，他们强调上层建筑的作用和重要性，并且认为上层建筑中的意识是根本性的，意识和文化起决定性作用。

在早期西方马克思主义的理解之后，承接其思想的法兰克福学派也同样批判经济的作用，强调上层建筑、意识形态的作用。如哈贝马斯，他就认为传统的历史唯物主义的主要局限性在于：它的不加反思的历史客观主义，主要体现在过分突出生产力、生产方式等对于历史发展的决定作用，而忽略了道德规范结构在社会进化中的重要意义。所以，哈贝马斯要做的事情是限定经济基础和上层建筑辩证关系等范畴和命题在社会历史领域的核心地位，主要把它们限制在人类历史的早期。在这一点上，哈贝马斯的认识和第二国际的考茨基相似，"卡尔·考茨基和哈贝马斯都认为，'经济基础决定上层建筑'这个命题没有普适性"①。在他看来，判断一种社会现象，比如经济、政治、科学技术等是不是社会的基础，就是要看一个社会所要解决的基本问题。如果这个社会所要解决的基本问题是经济问题，那么，经济是基础；如果一个社会所要解决的基本问题是政治权力问题，那么政治权力是基础。哈贝马斯认为，在现时代，必须凸出上层建筑、道德、交往等的重要性。

结构主义马克思主义对经济基础与上层建筑也有自己的论述。阿尔都塞对经济主义进行了批判，提出了矛盾与多元决定的说法。阿尔都塞批驳了以下的观点，即认为经济因素是政治和意识形态因素的全部本质，政治和意识形态因素只是经济因素的现象，而经济因素则是政治因素的"真理"。阿尔都塞认为"马克思讲的统一性是复杂整体的统一性，……复杂整体具有一种多环节主导结构的统一性"②，这是说，矛盾不再具有单一的含义，它有了复杂的、有结构的和不平衡的规定性。每个范畴、每个矛盾以及通过结构调整得到反映的主导结构各环节，都在结构调整中起了本质的作用。有人认为阿尔

---

① 王晓升."经济基础决定上层建筑"的普适性辨析 [J]. 教学与研究，2010（10）：36-43.

② 路易·阿尔都塞. 保卫马克思 [M]. 顾良，译. 北京：商务印书馆，1984：174.

都塞的多元决定论符合马克思的思想，而有人认为不然，他们认为这种理论"却从否认上层建筑具有任何反作用的一个极端，跳到无限夸大上层建筑反作用的另一个极端去了"①。这种多元决定论到底符不符合马克思主义关于经济基础和上层建筑思想的基本原理，有没有反映当代社会的发展变化和社会实际状况，大家没有达成共识。

分析主义的马克思主义对该思想的研究有着分析哲学的显著特征。比如柯亨，他就非常具体地研究了"基础"和"上层建筑"的关系，他分析这种关系究竟是"塑像的基座"与"塑像"的关系，还是"楼房的基础"与"楼房"的关系。② 我们知道，雕像的底座不属于雕像，不是雕像的一部分，而房子的基础是房子的一部分。柯亨认为，马克思的基础和上层建筑之间的区分是相对的，"上层建筑是一个比喻性概念"③，马克思所使用的"基础"和"上层建筑"概念是一种比喻、类比的说法。既然基础和上层建筑是比喻性的概念，区分是相对的，不成为固定的、专门化的事情，那么，经济、政治和文化这三者都有可能成为基础，也都有可能成为上层建筑。何时成为基础，何时成为上层建筑，这要看时代的需要和问题所在了。这种"基础与上层建筑区分是相对的"观念具有一定的理论意义，不能简单地进行否定。

三、英美马克思主义的理解，以"伯明翰学派"为例

对经济与政治、文化关系的探讨，对"决定"的理解，是西方马克思主义特别是英美马克思主义的重点内容。其中，文化马克思主义从经济入手，以文化为立足点，试图揭示经济、政治和文化的关系，试图解释"决定"的含义。他们研究马克思经济基础与上层建筑思想，研究涉及如何理解经济基础、上层建筑概念，如何对它们进行定义；它们之间的关系如何，是内部关

---

① 徐崇温. 阿尔都塞的多元决定论和马克思主义 [J]. 中国社会科学院研究生院学报，1997 (3)：2-10.

② G. A. 柯亨. 卡尔·马克思的历史理论：一个辩护 [M]. 重庆：重庆出版社，1989：32.

③ 胡为雄. 新理解马克思的"上层建筑"概念 [J]. 教学与研究，2008 (7)：64-70.

系还是外部关系；是否可分，是否有明显的界线；等等。比如，汤普森、威廉斯、伊格尔顿都对这些做出了自己的理解，表示出对"经济决定论"的担忧。

汤普森提出隐喻说，他认为"这种基础与上层建筑从来都没有存在过，不过是一个为了帮助我们理解曾经存在过的东西的隐喻"①。汤普森反对把经济基础与上层建筑强行分开，反对在它们之间用"决定"这种词语加以连接。他认为，经济基础与上层建筑也仅仅是观念上的词语，它们并不具有客观实在性，他提出自己的理解：第一，经济基础和上层建筑不具有实在论意义上的独立性；第二，人们无法在现实世界中区分出相互独立的经济基础和上层建筑。② 汤普森认为经济基础与上层建筑是互相渗透和交叠的，并非就是经济决定政治和文化，后者对前者也有作用，他强调必须正确理解经济基础与上层建筑之间的相互作用。

威廉斯支持隐喻说观点，他对"决定"这个词是又爱又恨。虽然讲，我们可以看到他在《马克思主义文化理论中的基础和上层建筑》中指出："任何对马克思主义文化理论的现代理解都必须从考察关于决定性的基础和被决定的上层建筑的命题开始"③，但是，他又认为应该更好地用总体性来取代基础决定上层建筑这种方法。他认可马克思的经济基础与上层建筑思想，承认这种思想能够解释社会，具有合理性，不过，对于"决定"的含义，他有自己的阐释。威廉斯把"决定"重新定义为设定限制和施加压力，而不是某种内容被预告、预示和控制④，实际上，威廉斯承认一种整体性的决定，即由各种限制和压力构成的复杂的、相关联的过程。

---

① THOMPSON E P. Socialist Humanism：An Epistle to the Philistines ［J］. The New Reasoner, 1957（1）：113.

② 张亮. 英国马克思主义的"经济基础和上层建筑"学说 ［J］. 哲学动态, 2014（9）：22-28.

③ 雷蒙·威廉斯. 马克思主义文化理论中的基础和上层建筑 ［J］. 胡谱忠, 译. 外国文学, 1999（5）：70-79.

④ 王淑芹. 威廉斯对马克思关于经济基础与上层建筑关系的解读 ［J］. 理论学刊, 2006（5）：12-13.

汤普森、威廉斯他们既不想直接推翻马克思经济基础与上层建筑思想，但是又想超越"经济基础和上层建筑"框架，从而对文化及其历史作用进行更加积极的评价。

伊格尔顿也提出了一种关于"决定"的"等级制"论，他是针对他的老师威廉斯对"决定"的理解提出的。像隐喻说一样，伊格尔顿承认上层建筑也有可能像经济基础那样对社会过程起到"决定"作用，但是，他反对因此将经济基础的决定作用和上层建筑的决定作用相提并论，坚持认为前者比后者更真实、更重要。他强调不同的"决定"之间存在"等级制"差异，经济基础的决定作用则毫无疑问地处于这种"等级制"金字塔的顶端。①

总之，上述这些理解和担忧具有一定的价值和合理性，让我们进行思考，让我们重新回到马克思以及恩格斯对经济决定论的理解上。马克思以及恩格斯对经济决定的使用、界限和意义，在不同时间和空间上使用都有重大的发现和很重要的论述。

第二节　国内马克思经济基础与上层建筑思想研究

国内学者对马克思经济基础与上层建筑思想的研究取得的成果是明显的，这些研究成果主要体现在以下几个方面：第一，深入研究经济基础与上层建筑概念、其他相关概念以及这些概念之间的关系，涉及方方面面；第二，从概念史角度分析马克思经济基础与上层建筑思想，不局限于《德意志意识形态》《〈政治经济学批判〉序言》几篇经典文章；第三，注重前人对马克思经济基础与上层建筑思想的解读，由于敌对情绪和意识形态对立色彩弱化，注重的人物从苏联转移到欧洲，这是"空间上的转换"，这种空间上的转换是一

---

① 张亮. 英国马克思主义的"经济基础和上层建筑"学说 [J]. 哲学动态, 2014 (9): 22-28.

种巨大的进步；第四，国内对马克思经济基础与上层建筑思想的研究已经兴起两次高潮，高潮的标志就是争论，争论本身就是一种成果。这两次争论的时间分别是在 1950 年代中后期和 20 世纪七八十年代，这是"时间上的呈现"，这两次争论启发和酝酿着第三次的争论。

一、研究的状况、路径、趋势

我国学者如何研究马克思经济基础与上层建筑思想，研究该思想达到了一个什么样的程度？具体来说，这可以分为以下几个方面：第一，他们如何研究马克思的著作？第二，他们如何把握前人对马克思经济基础与上层建筑思想的研究？第三，他们如何思考马克思经济基础与上层建筑思想的研究在国外的两次地点上的变化即"空间上的转移"及其取得的成果？第四，他们如何看待我国研究马克思经济基础与上层建筑思想在时间上的两次争论、两次高潮，能否出现第三次的"时间上的呈现"？对研究的成果和不足进行梳理、评论，有利于促进这种研究的正确进行和深入发展，对后续的研究具有相当重要的理论意义。

（一）对马克思"著作"的研究：从"经典"到"一般"

马克思是一百多年前的人物，我们不能与他进行直接对话，我们可以通过他的著作来了解、把握其经济基础与上层建筑思想。以前，国内学者侧重于一些"经典文章"，现在，国内学者对该思想的研究一般是从概念形成史角度进行分析，也研究一些"一般文章"。这种研究侧重于从运动、变化的形式上把握马克思经济基础与上层建筑思想的概念、范畴和理论的形成和发展过程。这种概念史的研究方式，促进了这种研究对该思想的所有相关概念进行全面的涉及和全面的覆盖。

1. 从概念形成史角度对该思想进行研究

马克思（与恩格斯一起）是历史唯物主义的经济基础与上层建筑思想的创立者。关于经济基础与上层建筑思想的论述，他写了一些非常经典的文章，这些文章对这种思想进行了系统阐述和精辟概括。以前，我们侧重于这些经典文章，这是说，国内学者对马克思经济基础与上层建筑思想的研究一般是立足于马克思、恩格斯的共同著作《德意志意识形态》、马克思的著作《〈政治经济学批判〉序言》等，并且着眼于恩格斯的晚年书信。在其晚年书信中，恩格斯有关于上层建筑对经济基础的反作用的大量论述，这是对马克思的这种思想的捍卫与丰富。

当然，后来情况有所变化，国内学者认为马克思关于经济基础与上层建筑思想的论述是一个发展的过程，所以，他们依次从马克思此前的著作中寻找马克思有关这方面的论述，他们从《1844年经济学哲学手稿》中寻找经济基础与上层建筑的辩证关系，从更前面的《神圣家族》《〈黑格尔法哲学批判〉导言》中寻找二者的有关论述，甚至，他们对马克思的经济基础与上层建筑思想的研究推至更前时期。这种研究就是对马克思的经济基础与上层建筑概念形成的文本梳理；这种研究使得经济基础与上层建筑这两个概念具有历史感；这种研究的方式符合思想形成、发展的事实和逻辑。

这里其实是强调两方面：一方面，要注意马克思的一些非常重要的文本，如《德意志意识形态》《〈政治经济学批判〉序言》（后面简称《序言》）；另一方面，还要注意马克思经济基础与上层建筑思想形成的概念史，这是思想的逻辑。这意味着，我们还需要关注不同时期的不同文章、著作，特别是马克思早期的一些文章。国内学者显然注意到这两个方面，所以，除了注意《德意志意识形态》《序言》这些文章之外，国内学者还关注下面不同时期的文章，从而梳理了马克思经济基础与上层建筑思想观念形成的历史，这些文章有《评普鲁士最近的书报检查令》《关于林木盗窃法的辩论》《摩塞尔记者的辩护》《黑格尔法哲学批判》等等。

毋庸置疑，《德意志意识形态》《〈政治经济学批判〉序言》等文章非常重要，《德意志意识形态》系统阐述了经济基础与上层建筑思想的辩证关系；而《〈政治经济学批判〉序言》对该思想做了经典概括。《德意志意识形态》第一次提出了上层建筑概念，实际上形成了生产关系的思想（明确提出生产关系概念是在《哲学贫困》中）。也就是说，在《德意志意识形态》中，马克思实际上形成了生产关系这个马克思主义特有的概念。生产关系表述所有制关系、分配关系以及人之间地位关系等等。马克思对生产关系的阐述已经非常成熟，生产关系概念是马克思思想的一个核心概念，它的形成有着十分重要的意义。生产关系在生产力、生产关系（经济基础）和上层建筑三者关系中起着连接两头的作用，社会结构和社会形态都要通过生产关系来得以说明。可以这么说，生产关系概念的成熟，标志着马克思的历史唯物主义思想体系的形成、成熟。正是生产关系概念的形成，他科学阐述了经济基础与上层建筑的关系，深刻揭示了社会发展的本质和发展规律。

但是，马克思其他时期其他的文章也有重要意义，思想的形成有它的脉络，这符合事实和逻辑。马克思不同时期的不同著作，蕴含着马克思对经济基础与上层建筑关系的思考，呈现该思想的产生、形成和发展的历史，当然，这是一种梳理和发现的过程。这有一个时间问题、有一个研究的深入的问题，可以说，这些所谓比较一般的文章，被梳理、发现以后，就从"一般"变成了"经典"。其实，经典和一般是相对而言的，也不过是称谓上的不同，从每一篇文章的各自的意义上来说，都是不可取代的，都是独一无二的。每一篇文章都是经典的，或者说，每一篇文章既是一般又是经典。

每一篇文章都具有自己的意义和价值，不同的文章构成一个完整的马克思经济基础与上层建筑思想的内容。按照时间先后，我们梳理一下文章及其思想，首先，我们来看看一些以前所谓的一般文章。比如，《评普鲁士最近的书报检查令》给马克思提供了一个讨论、分析国家的起点，从此开始，马克思关注"国家"。在这里，马克思探讨了国家的来源、本质和作用，探讨国家与社会、家庭等的关系。不过，此时的马克思认为，"理性是国家的本质和基础"。从理性这里得到说明，国家是理性的实现，理性是决定世界的最高存在，所以，他认为国家是至高无上的，社会和家庭的方方面面都是由国家决定的。这是说，不是其他世俗的东西决定国家，而是国家决定其他世俗的东西。可见，马克思并没有认识到物质利益、物质生产方式对国家的决定作用，总之，国家还是一个"神"一般的、笼统的概念。在《关于林木盗窃法的辩论》中，马克思探讨了物质利益问题，他看到了物质利益的作用，看到了物质利益决定国家和法。这里是一个极大的转变，马克思对国家的理解发生了颠覆性的变化，这为以后形成的经济基础决定上层建筑思想走出了关键性的一步。当然，在这里，马克思还是把物质利益称为"下流的唯物主义"，对此是嗤之以鼻的。他想用理性、共同利益来战胜这种令人恶心的私人利益，但是却处处事与愿违。在《摩塞尔记者的辩护》中，马克思对国家的看法向唯物主义方向又迈进了一步，他在情感上接受私人利益对国家的决定作用，并且分析认为普鲁士国家制度和管理原则的产生有它的客观基础，这种客观基础就是决定普鲁士国家的制度是不依个人意志为转移的"客观关系"。马克思通过分析"国家"，从而探讨经济、政治和文化之间的关系，显然，马克思是想通过"国家"从而走向"国家的深处"的。

然后，我们再来看看其他比较经典的一些文章。我们可以看到，经济基础与上层建筑思想是承前启后，逐渐发展、成熟的。比如，在《黑格尔法哲学批判》中，马克思形成了这种思想，即"法的关系正像国家的形式一样，……它们根源于物质的生活关系，这种物质的生活关系的总和，……概括为'市民社会'"①。在《1844 年政治经济学手稿》中，他从副本的研究转入正本的研究，即从事政治经济学的研究，揭示了市民社会比较确定的物质内容。马克思认为，"私有财产的运动——生产和消费——是迄今为止全部生产的运动的感性展现，就是说，是人的实现或人的现实"②。在这里，马克思突出了私有财产即所有制问题，接触到市民社会这个概念的最核心部分。在《神圣家族》中，马克思更加"接近了"自己的生产关系的基本思想，他说，"对象作为为了人的存在，作为人的对象性存在，同时也就是人为了他人

---

① 中共中央马克思恩格斯列宁斯大林著作编译局. 马克思恩格斯文集：第 2 卷 [M]. 北京：人民出版社，2009：591.

② 中共中央马克思恩格斯列宁斯大林著作编译局. 马克思恩格斯文集：第 1 卷 [M]. 北京：人民出版社，2009：186.

的定在，是他同他人的人的关系，是人同人的社会关系"①。这里所讲的这种"关系"在生产过程中，就是人们的社会生产关系。马克思的这种思想正是处于形成的关于生产关系的基本思想中。并且，马克思强调生产关系的重要性，他认为，历史的发源地不在"天上的云雾中"，而只在"尘世的粗糙的物质生产中"，即在生产关系、经济基础中。而在《德意志意识形态》中，马克思系统论述、深刻阐释了经济基础决定上层建筑，上层建筑反作用于经济基础的思想，马克思的经济基础与上层建筑思想在此最终形成。其后的思想发展，笔者不一一列出说明。

总之，从马克思的一系列著作中，我们看到，马克思通过"国家"走向"国家的深处"，形成了生产关系概念，形成经济基础与上层建筑思想。我们把马克思关于经济基础与上层建筑思想的一系列著作放在该理论的整个历史过程中，全面考察其各自的历史地位和作用，这种研究方式很重要。也就是说，我们既要重视马克思的经典文章，又要注意一般文章，这两方面的辩证把握，使得我们对马克思思想的把握达到一定的程度，这两方面缺一不可。那么，在这种情况下，国内学者注重马克思早期一些文章，即"越搜越向前"，就并不是纯粹在做加法，这并不是一种过度的解读。

2. 对经济基础与上层建筑概念及其他相关概念进行"全面覆盖"

可以说，国内学者对马克思著作的研究，经历了一个从"经典文章"到"一般文章"的过程。从此，对马克思经济基础与上层建筑概念、思想的理解，我们既不会断章取义，又不会咬文嚼字，而是从概念的历史、思想的历史即概念和思想的形成轨迹来看。断章取义和咬文嚼字是两种错误，而过去的解读，却极易造成这两种错误。那么，现在这种解读，即从"经典"到"一般"的这个过程，不能不令人觉得是一种巨大的进步。所以，对马克思经济基础与上层建筑思想理解的广度和深度，我们都超过以前任何一个时候。

现在，我们的研究涉及经济基础与上层建筑思想中的经济基础、上层建

---

① 中共中央马克思恩格斯列宁斯大林著作编译局. 马克思恩格斯文集：第1卷［M］. 北京：人民出版社，2009：268.

筑的概念以及所有相关的、重要的概念，对概念的研究我们可以说是真的做到了八个字："全面涉及""全面覆盖"。粗浅算来，这些概念包括生产力、生产关系、生产方式、经济基础、经济结构、经济制度、上层建筑、社会形态、社会经济形态、社会结构、社会有机体、社会矛盾、社会存在、社会意识、物质的社会关系、思想的社会关系等。

也正是通过这种研究，通过梳理和概括，我们对概念以及概念与概念之间关系的研究也有了一个比较正确的、完整和系统的认识。具体来说，我们研究的成果涉及以下几个方面：第一，经济基础的定义、概念具体所指；第二，上层建筑的定义、概念具体所指；第三，经济基础与上层建筑的关系，是内在关系还是外在关系，是不是一种决定论；第四，经济基础与上层建筑之间矛盾的性质和地位，是不是对抗性矛盾，是不是社会基本矛盾；第五，生产力和上层建筑之间的关系，间接关系还是直接关系；第六，社会形态、社会经济形态等的研究；第七，经济基础与上层建筑这两个概念在历史唯物主义中的地位和重要性（从内涵和外延的角度来看），这两个概念属于专门化概念还是比喻性概念。

（二）注重研究前人对该思想的解读，"空间的转换"

国内学者注重研究恩格斯、第二国际理论家以及苏联理论家和西方马克思主义思想家对马克思经济基础与上层建筑思想的解读，这种解读具有历史价值和现实意义。因为，我们了解马克思的经济基础与上层建筑思想，有时需要分析、借鉴该思想形成以来后人对此的解读、阐释及实践。就像一个故事一样，它里面不是只有马克思和我们，其中还有很多人物和故事情节。虽然我们既要了解马克思的故事，又要写出自己的故事，但是，我们的故事是需要承接前人的情节的，从一定意义上说，也只有在这些人物和情节之后，才有我们这些人物和我们的故事。

1. 立足现实，筛选前人

对马克思思想的解读，前人颇多，我们不能逐一梳理，面面俱到。筛选前人，我们要立足现实的实践需要和前人理论本身的意义。国内学者比较注重这些前人，他们包括第二国际理论家、普列汉诺夫、列宁和斯大林等，也包括西方马克思主义者。这些西方的马克思主义有早期的西方马克思主义、法兰克福学派、人本主义、结构主义、分析主义等等。第二国际及其之后的人们对马克思经济基础与上层建筑思想的理解就属于"前人"对该思想解读的范畴了。

恩格斯不属于前人范畴，但我们对恩格斯的研究是必需的。他与马克思共同创造历史唯物主义，共同创造马克思的经济基础与上层建筑思想。马克思和恩格斯既是两个人，又是一个人，"从理论角度来说，他们是一个人，是同一学说、同一理论、同一主义的共同创造者"①。的确，马克思、恩格斯的关系，有同一说、差异说、对立说，但是，在经济基础与上层建筑思想上，国内学者一般认为恩格斯的思想与马克思是同一的。恩格斯对马克思的思想是一种捍卫和坚持，特别是在晚年书信中对马克思经济基础与上层建筑思想进行了极大地丰富和发展。所以，对马克思经济基础与上层建筑思想的研究，特别是对上层建筑概念的理解，我们是要着眼于恩格斯的晚年书信的。② 总之，国内学者往往认为马克思和恩格斯共同创立了经济基础与上层建筑思想，马克思、恩格斯是放在一起讲的，这是正确的。

2. 对普列汉诺夫、列宁和斯大林的评价

有些学者研究了俄国以及后来苏联的普列汉诺夫、列宁和斯大林等人的有关经济基础与上层建筑的论述。列宁是马克思主义继承和发展的伟大代表，他对马克思经济基础与上层建筑思想的理解比较深刻，并做了天才一般的丰富和发展。普列汉诺夫被恩格斯誉为对马克思思想有很好的掌握的人，所以我们对他的上层建筑思想的研究是必要的；而斯大林是苏联的创造者，我们对斯大林的上层建筑思想的研究具有重要的现实意义。对这两个人的思想，

---

① 陈先达. 恩格斯与马克思主义［J］. 教学与研究，1995（4）：18-25.
② 恩格斯关于历史唯物主义的书信中，以下几封是值得我们重点关注的：致康·施米特（1890年8月5日）、致约·布洛赫（1890年9月21—22日）、致康·施米特（1890年10月27日）、致弗·梅林（1893年7月14日）、致符·博尔吉乌斯（1894年1月25日）。

国内学者的评价也是不同的，有人对普列汉诺夫的评价很高，有人却认为普列汉诺夫的理解有缺陷，同样，对斯大林的评价也是如此。

斯大林在《马克思主义和语言学问题》中对经济基础与上层建筑做了定义。斯大林认为，基础"是社会在其一定发展阶段上的经济制度"①，上层建筑"是社会的政治、法律、宗教、艺术、哲学的观点，以及同这些观点相适应的政治、法律等设施"②。新中国成立初期，我们就是采用斯大林的这种解释模式，后来，国内对此的理解、评价存在不同的观点，有人认为斯大林的定义属于最好的定义，而有人认为斯大林的定义存在巨大的缺陷。于是，有些学者质疑斯大林的定义，批判斯大林的解释模式，但是，直到现在我们对经济基础与上层建筑概念的理解仍然是斯大林模式的。笔者认为，以后数十年，我们还有可能不会脱离斯大林的定义。那么，这种模式如何呢？可以这样说，斯大林模式是至今为止和以后一个时期最好的、最具科学性的解释。

所谓的苏联教科书体系就是指斯大林的解释模式。苏联的思想家特别是列宁以及之前的普列汉诺夫、之后的斯大林等人对马克思经济基础与上层建筑思想的理解对我们的影响巨大，甚至可以这样认为，我们所说的苏联为我们定的原则、规矩和框架，其实就是他们制定的，这里，最为重要的是斯大林。不管如何，苏联和斯大林模式对我们的影响是巨大的，这是一个没有疑问和无须争论的事实。当前中国高校通用的马克思主义哲学教科书基本上仍是在苏联1958年版的《马克思主义哲学原理》基础上改制的，其中对上层建筑的解释基本停留在斯大林及苏联哲学界人士1950年代所做的解释水平上。有学者认为，由于教科书的广泛传播作用，中国几代人差不多都接受了苏联哲学界对上层建筑的这种不正确的解释模式。③ 这里的问题是，我们批判斯大

---

① 中共中央马克思恩格斯列宁斯大林著作编译局. 斯大林选集：下卷 [M]. 北京：人民出版，1979：501.

② 中共中央马克思恩格斯列宁斯大林著作编译局. 斯大林选集：下卷 [M]. 北京：人民出版，1979：501.

③ 胡为雄. 苏联马克思主义哲学教科书对"上层建筑"的阐释及其影响 [J]. 毛泽东邓小平理论研究，2010（3）：57-62.

林模式，但是，又不能做到非斯大林化。

这种关系为我们提供了一种基础、层次和平台，我们不能"割断脐带"，但是，接下来如何，应该是我们的事情了。的确，我们对经济基础与上层建筑思想的研究一直以来是比较重视的，认为对二者关系的研究非常必要，具有重大的现实意义。而至于，这种研究是否达到对马克思本人经济基础与上层建筑思想的理解、把握，这种思想的突破又在哪里，等等，从中国现实的角度来观察，这些问题，还是难以判断，这种追问，呼唤答案为时过早。因为，这种研究还是处在一种过程之中，就是说，这种研究正在深入进行。当然，这里也有两种结果，一种是我们获得了对马克思经济基础与上层建筑思想的正确理解，并且加以发展、弘扬，另外一种情况是正好相反。

综上，我们的理解自然离不开他们给我们定好的原则、规矩和框架。不管这种原则、规矩和框架是否符合或者就是马克思本人的意思，我们是很难突破这种原则、规矩和框架的。当然，并不是说这种规矩和框架对我们来说就是一种束缚和偏差，它也可能是对马克思思想的正确的理解，那它就是一种指导、一盏明灯。的确，在这样的原则、规矩和框架下，我们获得了这样的认识，即经济基础与上层建筑是一种决定与被决定的、作用与反作用的关系，二者体现唯物一元论与辩证法的统一。马克思经济基础与上层建筑思想的内容是经济基础决定上层建筑，上层建筑反作用于经济基础。经济基础决定上层建筑，这是唯物主义的一元论；上层建筑反作用于经济基础，这是坚持辩证法。既坚持一元论，又坚持辩证法，这就是所谓的一元论与辩证法的统一。

3. 重视西方马克思主义者的研究，实现了"空间上的转换"

由于社会制度和意识形态的对立，一直以来，我们对马克思主义的理解和把握是以苏为师，采用斯大林的定义，也就是我们现在颇多诟病的斯大林主义解读体系、苏联教科书模式。同样，对马克思经济基础与上层建筑理论的理解，我们也是这样子。中国当时的学术界、理论界把斯大林的阐述当作金科玉律，的确，苏联有值得我们学习的地方，斯大林的阐述也有可取之处。

斯大林的论述成为我们国内学界和理论界思考经济基础和上层建筑问题的圣典，学者对经济基础和上层建筑的分析从这里开始展开各自研究。

这种情况直到20世纪七八十年代才得以改变。中国开始改革开放，思想上进入了一个新时期，国内学者开始关注西方马克思主义。时代在前进，人们的心态也越来越开放，到了20世纪90年代，以前那种纯粹批判的态度，也转变成在了解、交流和撞击中发展马克思主义的主张。西方马克思主义是反对第二国际、第三国际以及列宁主义而产生的，西方马克思主义者特指卢卡奇、葛兰西之后的一些研究马克思主义的思想家、理论家。现在，国内学者对他们的研究是比较多的，写了大量的研究文章，国内学者对他们的思想进行分析，认为有很多可取之处。实事求是地说，我国学者对他们的研究的敌对情绪和意识形态对立色彩弱化，可以说，研究的人物从苏联移到欧洲，这是"空间上的转换"。

西方马克思主义在中国传播时间虽短，中国人对它的理解态度，运用却有很大的变化，这反映了中国社会状况的巨大变迁。当代中国社会发生的最大变化，就是市场经济的建立，对人们的心理造成了巨大的冲击。大众文化、商品文化的冲击，精神和价值的失落，引起了人们的忧虑，社会批判和文化批判应运而生。国内学者发现，中国的处境似乎和西方马克思主义者一模一样。西方马克思主义提供了抗拒和批判的张力与武器。国内学者对西方马克思主义研究和接受正是一种符合实际的历史行为，研究西方马克思主义，这是历史的潮流，这并不是什么所谓的"狼"来了，不是"抱来一只狼"。

我们越来越重视对西方马克思主义的研究。西方马克思主义不同流派大体上经历了人本主义的马克思主义、科学主义的马克思主义和生态学马克思主义等几种类型。具体说来，它包括黑格尔主义的马克思主义、法兰克福学派的马克思主义以及存在主义的马克思主义；包括实证主义的马克思主义、结构主义的马克思主义和分析学派的马克思主义；还包括生态学马克思主义。国内学者对西方马克思主义学派和人物的研究，已经涉及所有的流派和思想家。

当然，在对西方马克思主义的研究中，有人质疑西方马克思主义越来越不像马克思主义。初期的西方马克思主义很像马克思主义，比如卢卡奇、葛兰西和柯尔施等人的思想，及至后来，到生态马克思主义，根本不是马克思主义了。其实不必如此怀疑和担忧，西方马克思主义的研究无非是"重视了文化一下"。关注上层建筑，凸显文化主题，这是西方马克思主义研究的巨大特色。这里需要明确两个方面：一方面，不能认为论述经济基础的决定作用，论述暴力革命和阶级斗争就是马克思主义；另一方面，不能认为论述政治和文化的重要性，进行文化批判和社会批判就不是马克思主义。无论是威廉斯的文化唯物主义、伊格尔顿的文化审美主义，还是霍尔的文化大众主义，抑或是詹姆逊的文化历史主义，都无不一方面不放弃唯物主义基础，另一方面用各种具体范畴（如链接、整体和整合等范畴）来强调文化经验与实践的总体性。① 西方马克思主义是一个属于马克思主义的思潮。

西方马克思主义以文化研究为主题，这种研究实现了文化转向。有学者曾将 20 世纪上半叶西方马克思主义的兴起称之为马克思主义谱系的一次"文化转向"，的确，这有别于第二国际的经济马克思主义以及苏联的政治马克思主义。西方马克思主义者大部分是文化马克思主义者，特别是法兰克福学派之后。这正如有些学者所指，"如果说卢卡奇对物化和物化意识的分析初步展陈出从经济层面的物化向观念层面跃升的基本轨迹，那么法兰克福学派则通过对文化的批判彰显出西方马克思主义批判路径从经济层面到文化层面跃升的完整轨迹"②。但是，这只不过是说，初期的西方马克思主义者重视文化，当代西方马克思主义者从前辈那里继承了文化主题，并同样关注社会的文化领域，因此同属于"文化马克思主义"者。文化马克思主义属于马克思主义思潮，属于马克思主义范畴。

---

① 张秀琴. 英语世界对马克思意识形态理论的解读方式［J］. 中国社会科学，2012（6）：24-45.

② 袁银传，杨乐强. 西方马克思主义的批判路径及其启示［J］. 中国社会科学，2012（5）：21-42.

（三）两次不同时期的争论："时间上的呈现"

新中国成立以来，我国已有两次比较大的关于经济基础与上层建筑的争论。第一次是 20 世纪 50 年代，这场哲学争论发生的大背景就是我们当时处于社会主义过渡时期。第二次是 20 世纪 70 年代末 80 年代初，由朱光潜引发的上层建筑争论。这是国内关于马克思经济基础与上层建筑思想研究所产生的两次争论的"时间上的呈现"。

第一次争论，具体说来是 1953 年至 1957 年。这场争论，特别关注怎样认识中国过渡时期的经济基础与上层建筑的结构特征，于是，其主要内容涉及对马克思主义关于经济基础和上层建筑原理的理解。我国学术界关于"基础和上层建筑"问题的讨论主要是在苏共第二十次代表大会以后展开的。在此以前，绝大多数研究者都是以斯大林在其所著《马克思主义与语言学问题》一书中所提出的关于这个问题的公式为依据的。① 那时候虽然也有个别学者批评斯大林的定义，表示怀疑，他们感到斯大林的定义不能充分说明问题，于是另外寻找解释，但是，这种怀疑未得到广泛的讨论。一直到 1956 年苏共第二十次代表大会以后，批判斯大林，思想界对这个问题才比较系统地提出了不同的看法，于是展开了争论。

第二次争论是 20 世纪 70 年代末 80 年代初，由朱光潜引发的上层建筑争论。有人认为，这场争论的主要成果是对斯大林上层建筑定义的缺陷进行了较深入的理论分析，并从政治学角度对上层建筑进行了初步探讨。它尽管没有撼动斯大林的上层建筑解释模式的统治地位，但还是产生了较大的学术影响，引发了人们重新反思斯大林的上层建筑定义并重新理解马克思的上层建筑理论。② 当然，从总体上看，它在学理上并未超出 1950 年代争论的水平。学者提出的建议，即要求在哲学教科书中对经济基础和上层建筑的表述规范

---

① 《哲学研究》编辑部. 三年来我国关于"经济基础"与"上层建筑"问题的讨论［J］. 哲学研究，1958（2）：119-122.

② 胡为雄. 1978—1982 年中国哲学界有关上层建筑的争论［J］. 中共浙江省委党校学报，2009（3）：29-35.

化也未能得到响应。

笔者认为，这两次争论的主题都是经济基础与上层建筑概念，但侧重点是有所不同的。第一次和第二次各自争论的重心和焦点，是否可以这样概括：第一次争论的重心在经济基础，第二次的重心在上层建筑？那么，为何有这种不同？新中国成立之初，国家涉及根本的经济制度问题，于是，摆在国内思想理论界的问题就是思考社会的经济基础问题，所以，出现了综合经济基础论和单一经济基础论的争论。而到了20世纪七八十年代，中国实行改革开放，随着经济发展，生产力水平提高，人们的政治文化水平也需要提高，随着文化和社会问题的出现，我们思考和关注社会文化问题。经济落后，研究的重点就在经济基础，经济有所发展，解决温饱，则研究重心就会转移到上层建筑。

经济落后的时候要更加重视经济基础，而在经济比较发达的时候要更加重视上层建筑。这有深刻的原因，经济落后的时候，人们吃喝住穿的问题是基本的，这要摆放在第一位的，只有满足吃喝住穿的需要生产劳动才能满足需要。所以，恩格斯指出，"人们首先必须吃、喝、住、穿，就是说首先必须劳动，然后才能争取统治，从事政治、宗教和哲学等等"[1]。马克思、恩格斯都讲过这类有关衣食住行的话，他们强调人们只有解决了这些问题以后，才能去进行其他的事情。于是，这时候，就需要注重经济基础方面，注意物质利益问题，所有制问题，人在生产中的地位，人们之间的分配关系，等等。只有理顺这些经济基础内部的时期，才能进行或者促进生产，处理好生产关系的目的是生产和更好地生产，生产才能满足人们的需要。所以，在这个时候，我们就要更加注意经济基础的决定作用，而到了经济比较发达的时候，我们就要更加注意上层建筑对经济基础的反作用。这时候，我们要注意政治和文化方面的问题，注意它们对物质生产、经济利益的影响，注意它们对人们的地位和关系的影响，这是从外部入手理顺这些关系。理顺这些关系，才

---

[1] 中共中央马克思恩格斯列宁斯大林著作编译局. 马克思恩格斯文集：第3卷［M］. 北京：人民出版社，2009：459.

能促进经济基础的发展，反之，就会阻碍经济基础的发展。

这是说，实际情况决定了这种"重视点"的转移。改革开放以来，我们的经济取得了巨大的成就，现在，人们吃喝住穿的问题基本解决，或者说，这个问题已不是极其紧迫的事情。经济基础内部关系处理得比较好，而这时，我们需要更加重视外部关系的处理，这就是重视上层建筑的原因所在。于是，这里就涉及为什么当代社会更加关注的不是经济基础而是上层建筑。我国现在经济发展了，政治和文化方面的需要变得强烈，所以，我们对经济基础与上层建筑的研究就自然侧重于上层建筑。如果我国的经济又发生了问题，那么这种研究的侧重点就会重新回到经济基础，这是一种历史的现实。现实催生争论，现实催生争论的重点和中心。

现在的问题是会不会产生第三次比较大的争论，这种争论的重点在哪里，在经济基础，还是上层建筑，这次争论意义体现在哪里，是对经济基础理解的突破，还是对上层建筑理解的突破，或者出现不了成果？这些情况都是很有可能的。因为，有些束缚没有去除、解脱，比如思想和制度上的。对二者之间关系的理解还是在原有的框架之中，对于这个决定论的模式并没有突破。也就是说，第二次争论的重点在上层建筑，是否有第三次争论，这次的争论希望体现在哪些方面、解决哪些问题，按道理来说，这么多的研究积累、存在问题和当今中国经济社会发展的现实需要，会催生下一次的争论。曾经，有人质疑过西方马克思主义对资本主义社会只诊断不开方这是不正确的，他们既做病理诊断，也开方子，他们开的方子就是文化。注重对文化、意识形态的研究，也就是说，注重对上层建筑问题的研究，看重文化、上层建筑等的作用。无疑，实现研究主题的文化转向，这是一种正确的趋势和方向。现在，我们应该加大对文化和上层建筑问题的研究，国内学者对这种认识正在逐渐深入。

二、思想本身概念、内涵、关系的研究

国内学术界对马克思经济基础与上层建筑思想本身概念、内涵、关系的

研究取得一些成果，这里做个梳理和概括。主要涉及以下几个方面：第一，经济基础的定义、概念具体所指；第二，上层建筑的定义、概念具体所指；第三，经济基础与上层建筑的关系、矛盾、地位研究；第四，社会形态、社会经济形态、社会有机体、社会结构等研究。

（一）对经济基础概念、内涵的研究

如何定义经济基础？也就是说，经济基础这个概念具体指什么？包括哪些内容？学术界有不同的观点。另外，学者研究经济基础的概念，都必然会涉及本身或其他相关的一些概念，这些概念有生产力、生产关系、生产方式、经济结构、经济制度等。

1. 经济基础就是生产关系

一个社会不是只有一种生产关系，生产关系以一个群体的方式存在。那么，经济基础指一种生产关系，还是指几种生产关系，指哪种性质的生产关系？这里有着几种不同的理解。

（1）经济基础只指占统治地位的生产关系。这种观点指出，经济基础不包括不占统治地位的生产关系。比如，一些学者指出，"'基础'……指在一定社会内占统治地位的生产关系总和"①。这种观点认为，经济基础这个概念规定一个社会的性质，它是区分某一社会形态与另一社会形态的根本依据，它不包括不占统治地位的生产关系。

（2）经济基础既包括占统治地位的生产关系，又包括不占统治地位的生产关系。一些学者认为，经济基础是指社会中所有种类和数量的生产关系的总和。比如，他们指出，"一个社会……有几种生产关系，……基础就是由这些生产关系构成的"②。这种观点认为，不能把不占统治地位的生产关系排除在经济基础之外。当然，一个社会基础的性质，由占统治地位的生产关系决定，不占统治地位的生产关系不决定社会基础的性质。

---

① 严北溟. 从基础与上层建筑看我国人民内部矛盾问题 [J]. 学术月刊, 1957 (6)：1-13.

② 肖范模. 我国过渡时期社会的基础与上层建筑问题 [J]. 哲学研究, 1956 (3)：57-78.

上述的两种观点，即经济基础指占统治地位的生产关系和经济基础既指占统治地位的生产关系，也指不占统治地位的生产关系，构成经济基础的单一论与综合论的内容。20 世纪五六十年代，许多学者参与了这个争论。

（3）经济基础仅仅指不占统治地位的生产关系，比如，有学者认为，经济基础，"是与该社会占统治地位的生产关系具有非对抗性矛盾的各种生产关系的总和（或系统）"①，即经济基础是不占统治地位的生产关系。当然，这种生产关系有一个限定，必须是与占统治地位的生产关系之间没有发生对抗性的矛盾。至于占统治地位的生产关系，它本身不属于经济基础范畴。

这些学者持经济基础是生产关系这种观点，那意味着就没有把生产力包含在经济基础里面，这点是明确的。虽然他们也认为生产关系不能离开生产力，生产力也不会离开生产关系，生产力和生产关系的关系非常密切。生产力与生产关系二者之间是社会内容与社会形式的关系。但是，经济基础是不能包括生产力在内的。

2. 经济基础是生产力和生产关系的统一

经济基础包括还是不包括生产力这是历史唯物主义基本理论研究的重要问题，一些学者研究了这个问题。

（1）经济基础是生产力和生产关系的统一。一些学者认为经济基础就是指生产方式，它是生产力和生产关系的统一。经济基础的内容不可能不包括生产力。比如，有学者认为，"社会的经济基础，……叫作'社会物质生活的生产方式'，都必须是生产力和生产关系的矛盾的统一"②。他们认为，经济基础不包括生产力的说法是错误的，如果经济基础不包括生产力，这不符合实际。

（2）生产力与生产关系哪个更重要。经济基础包括生产关系，也包括

---

① 高士忠. 论生产关系、经济结构、经济基础的区别 [J]. 武汉理工大学学报（社会科学版），2001（5）：481-484.

② 孙叔平. 论社会经济基础与上层建筑的构成和发展的规律 [J]. 学术月刊，1957（8）：4-12.

生产力，这里就出现一个问题，即生产力与生产关系二者之间的关系是怎么样的，在这个经济基础里面，生产力和生产关系，哪个属于主要方面，哪个属于次要方面。这要论及在这个经济基础统一体里面，哪个部分更加重要。有些学者认为生产关系占据主要方面。在经济基础这个统一体里面，生产关系比生产力重要。比如，"生产关系是这个体系中的具有决定性作用的主要方面"①。他们主张把生产力也包括在经济基础之内，但认为生产力仅是构成经济基础的次要方面。有些学者持相反观点，认为生产力在经济基础中占主要方面。在经济基础这个统一体内，生产力比生产关系重要。比如，"经济基础……首先应是生产力"②。这种观点也极力强调生产关系的重要性，但是，与生产关系的重要性相比，这种观点认为生产力的重要性更加突出。

3. 经济基础可以包括生产力，又可以不包括生产力

对经济基础是否包括生产力的争论，有的学者做了一种折中，他们认为经济基础可以指生产关系，也可以指生产力与生产关系之和。比如，有学者说，"广义的经济基础概念，是……生产力和生产关系的统一"③，而狭义的经济基础概念就是指生产关系的总和④。也就是说，广义的经济基础包括生产力，狭义的经济基础就不包括生产力。这种说法就是既不否认经济基础指生产关系，也不否认经济基础是生产力与生产关系的统一体，在不同的地方和不用的时候有不同的理解或运用。

经济基础里面包不包括生产力，这个问题早在20世纪五六十年代就引起争论。20世纪50年代，持"经济基础是生产关系的总和"这种观点的学者，他们当然不认为生产力是包括在经济基础这个范畴里面的，但是，他们当时的重点不在生产力这里，而在经济基础的单一论与综合论的争辩。他们关注的是经济基础指一种还是几种生产关系，只是统治阶级的还是也包括非统治

---

① 张镛. 论基础 [J]. 哲学研究，1958 (1)：25-38.
② 吉彦波，白晋学. 经济基础首先应是生产力 [J]. 长白学刊，1989 (6)：26-28.
③ 孙德臣. 关于经济基础和上层建筑的概念 [J]. 哲学研究，1980 (12)：15-19.
④ 孙德臣. 关于经济基础和上层建筑的概念 [J]. 哲学研究，1980 (12)：15-19.

阶级的生产关系。后来，当一些学者提出经济基础也包括生产力的时候，就产生了经济基础是否包括生产力的争论。

4. 经济基础是生产方式和生产关系的统一

关于经济基础的定义，一些学者认为，无论是较窄和较宽的定义，都不可能窄到仅指"生产关系"，因为生产关系是不可能单独构成整个社会的经济基础的，它是经济基础的一个组成部分。但是，他们认为经济基础的另一个组成部分不是生产力，而是生产方式。比如，有的学者认为，"经济基础绝非单指生产关系，而是指生产方式及生产关系"①。这是说，经济基础不是生产关系与生产力的统一，而是生产关系和生产方式的统一。当然，这里的生产方式概念就不是生产力与生产关系的统一体的生产方式这个概念了。那么，生产方式指什么，这里有两种不同的观点。一种观点是，生产方式指生产关系中的人与自然的关系，它同人与社会的关系无关。有的学者指出，经济基础包括"生产过程中人与自然的关系"②，而这种"人与自然的关系"就是生产方式③。生产方式指的是从物质方面来看的生产过程。另外一种观点是，生产方式指生产力的社会方面。有学者指出，"生产方式应是生产力的社会方面，经济基础应包括生产方式和生产关系"④。

另外，经济基础还涉及其他一些概念，比如，经济结构、经济制度等。所以，一些学者写的一些文章就论及这些概念，比较这些概念的异同。⑤

20 世纪 50 年代，学者对经济基础以及下文讲到的上层建筑概念，已经进行了较为深入的分析。但是，当时主要是关于经济基础和上层建筑的单一论与综合论的争辩。

---

① 袁绪程. 关于"经济基础"概念的再认识 [J]. 国内哲学动态，1982（11）：15-17.

② 段忠桥. 论经济基础的构成 [J]. 哲学研究，1995（2）：10-17.

③ 段忠桥. 论经济基础的构成 [J]. 哲学研究，1995（2）：10-17.

④ 刘洁，李玉根. 生产方式的含义及其现实意义 [J]. 天津师范大学学报（社会科学版），2002（3）：12-16.

⑤ 郑又贤. 如何界说生产关系、经济基础和经济制度？[J]. 生产力研究，1990（1）：53-54；何力平. 基本经济制度对上层建筑的深刻影响 [J]. 浙江社会科学，2003（5）：17-18.

（二）对上层建筑概念、内涵的研究

上层建筑概念的研究与经济基础的研究相比显得更加复杂。上层建筑的研究，涉及方方面面。

1. 上层建筑是指统治阶级的思想和制度，还是也包括非统治阶级的

（1）上层建筑统治阶级的思想、理论、意识形态以及政治法律制度、设施，不能包括被统治阶级的思想、观点和意识形态。一些学者从分析我国过渡时期的基础与上层建筑问题入手，指出上层建筑的这种定义。比如，"……资产阶级的观念形态……不能成为我们社会主义类型的上层建筑的组成部分"①。这种观点强调上层建筑属于统治阶级，它是为经济基础服务的。上层建筑不能包括被统治阶级的思想、观点和理论。如果上层建筑中包括了被统治阶级的思想、观点和理论，即包括了不占统治地位的意识形态，上层建筑就不能为经济基础服务。

（2）上层建筑不仅指统治阶级的思想和制度，还包括被统治阶级的思想和制度。

一些学者认为上层建筑中不但应包括占统治地位的思想、理论和制度、设施，而且应该包括不占统治地位的思想、观点和制度。比如，"统治阶级的思想（制度），同……被统治阶级的思想（制度），一起构成一个统一的上层建筑"②。当然，占统治地位的统治阶级的思想、理论、意识形态以及政治法律制度、设施居主导地位，被统治阶级的思想、观点、理论以及其他方面不居主导的地位。

上层建筑仅仅指统治阶级的，上层建筑既指统治阶级，又指非统治阶级的，关于上层建筑的这两种不同的理解，构成上层建筑的单一论和综合论的内容。20世纪五六十年代，许多学者参与了这个争论。

（3）上层建筑可以包括、也可以不包非统治阶级的思想观点和制度设施。

对于上层建筑包不包括非统治阶级的思想观点和制度设施的不同观点，有学者做了一种折中。有学者认为，上层建筑有两种理解，就是从广义上和

---

① 林青山. 我国过渡时期的经济基础与上层建筑 [J]. 哲学研究，1955（3）：28-52.

② 张镛. 论上层建筑 [J]. 哲学研究，1958（2）：62-82.

狭义上来理解上层建筑。他们认为，广义的上层建筑概念包括"占统治地位的和占非统治地位的意识形态和与此相适应的政治、法律等设施"①，而狭义的上层建筑概念，只指"统治阶级的意识形态和政治、法律设施"②。

2. 上层建筑是否仅仅指政治的上层建筑，包不包括意识形态

有学者认为，上层建筑既包括政治法律制度、设施，又包括政治法律思想、艺术、宗教、哲学。有学者认为，上层建筑不包括意识形态，意识形态不属于上层建筑，比如，"上层建筑应表述为政治结构和政治制度"③。上层建筑只能是这个被质疑的观点里面的前半部分。

3. 如何看待上层建筑区分为政治的和思想的

这里涉及两个方面，一个方面是上层建筑能否分为政治的上层建筑和思想的上层建筑两个部分；另一个方面是如果可以分的话，政治的上层建筑和思想的上层建筑的关系又是如何的，哪个更加重要？

（1）上层建筑能不能分？有些学者认为，上层建筑可以分为政治的上层建筑和思想的上层建筑，不管是关于上层建筑的单一论和综合论中，大都是这么认为的。但是，有的学者认为不能把上层建筑分为政治的上层建筑和思想的上层建筑，比如，"不能设想有两部分上层建筑，一部分是政治上层建筑，一部分是思想上层建筑"④。这种观点认为上层建筑是一个不可分割的完整统一体，强行割裂统一体是错误的，也是不可能的。

（2）政治的上层建筑与思想的上层建筑之间的关系。它们是前者决定后者，还是前者依据后者而确立起来，这就是说到底是谁决定谁，哪个更加重要的问题。这里有两种不同的观点。一种观点是政治法律制度决定社会意识形态，社会意识形态是政治法律制度的反映，比如，"不是……而是意识形态……与……法律的和政治的上层建筑相适应"⑤。另一种观点与此相反，认

① 孙德臣. 关于经济基础和上层建筑的概念 [J]. 哲学研究，1980（12）：15-19.
② 孙德臣. 关于经济基础和上层建筑的概念 [J]. 哲学研究，1980（12）：15-19.
③ 胡为雄. 重新理解马克思的"上层建筑"概念 [J]. 教学与研究，2008（7）：64-70.
④ 张建. 论我国过渡时期的经济基础与上层建筑 [J]. 哲学研究，1956（5）：121-126.
⑤ 张薪泽.《也谈上层建筑与意识形态的关系》一文质疑 [J]. 哲学研究，1980（5）：39-43.

为思想的上层建筑决定政治的上层建筑，政治的上层建筑适应于思想的上层建筑，比如，"国家、法律等……总是以一定的社会意识为转移的"①。

政治的上层建筑与思想的上层建筑哪个更重要？有些学者认为政治的上层建筑比思想的上层建筑重要，而有的正好相反。这些不同的观点分别以马克思的说法、恩格斯的说法、斯大林的说法为依据。一般来说，学者们是用马克思、恩格斯的论述来反对斯大林的观点，认为斯大林的观点是错误的。对此，有学者进行融合，认为在不同的时候，二者之间的关系不同。也就是说，政治的上层建筑与思想的上层建筑之间相互作用，二者之间的主导地位会发生变化：有的时候，政治的上层建筑比思想的上层建筑重要，有的时候又相反。② 马克思、恩格斯和斯大林都没有对政治的上层建筑和思想的上层建筑的关系进行过完整的表述。他们无非是从不同的角度进行揭示。

4. 艺术或文艺、语言、宗教、自然科学等属不属于上层建筑？

上层建筑的概念具体包括什么东西，外延有多大？这里面涉及对文艺、哲学、宗教、语言、科学、政治法律思想、政治法律制度设施、逻辑、家庭、生活等概念的分析。本书梳理几个比较重要、争议又是很大的概念。

（1）艺术属不属于上层建筑。这里有三种观点：第一种观点，艺术不属于上层建筑，"而没有把它列入上层建筑"③；第二种观点，艺术属于上层建筑，"文艺……可称为上层建筑"④；第三种观点，文学里面，有些属于社会的上层建筑，而有些就不属于上层建筑了，比如，"进入上层建筑的，只是……一部分文学，而不是文学的全部"⑤。

---

① 王锐生. 上层建筑属于社会存在吗？——与朱光潜先生商榷［J］. 哲学研究，1979（11）：37-40.

② 有学者认为，"在旧的生产关系已经不适应生产力发展要求时，主要是思想的上层建筑对政治的上层建筑起主导作用；而在……生产关系尚处于适应生产力发展的阶段时，主要是政治的上层建筑对思想的上层建筑起决定作用"。参见：王炳德，冯平. 政治的上层建筑和思想的上层建筑关系之管见［J］. 国内哲学动态，1981（8）：31-32.

③ 朱光潜. 上层建筑和意识形态之间关系的质疑［J］. 国内哲学动态，1979（7）：4-5.

④ 彭会资. 文艺不能称为上层建筑吗？——与朱光潜教授商榷［J］. 广西师范大学学报（哲学社会科学版），1980（2）：49-56.

⑤ 李严. 关于文学是否属于上层建筑的再认识［J］. 江西社会科学，1985（4）：93-97.

（2）科学，特别是自然科学属不属于上层建筑。科学分为社会科学和自然科学。一般，大家认为社会科学属于上层建筑。那么，自然科学属不属于上层建筑呢？这里有两种不同的观点：一种观点认为，自然科学属于上层建筑，比如，"自然科学……应该包括于上层建筑之内"①；另一种观点认为，自然科学不属于上层建筑，比如，"自然科学……不属于上层建筑"②。

（3）语言属不属于上层建筑。语言属不属于上层建筑，这里有两种观点：一种观点认为，语言属于上层建筑，"语言……就是上层建筑"③，这种观点不赞同斯大林的解释；另一种观点认为，语言不属于上层建筑，比如，"语言不是上层建筑"④。语言是一种表达和交流的工具，语言不具有意识形态的性质，语言不具有阶级性，这是赞同斯大林的定义。

（4）宗教是不是属于上层建筑。一些学者认为宗教是上层建筑的重要组成部分，这是非常明显的。他们说，"宗教等都是……意识形态系列，而整个上层建筑就是这一意识形态系列"⑤。而有些学者提出了不同的观点，他们认为，"在社会主义社会中宗教不再是上层建筑的组成部分"⑥。原始宗教具有非上层建筑的性质，宗教在社会主义社会中具有非上层建筑性。宗教是上层建筑这个结论不能涵盖一切社会形态。

5. 上层建筑的阶级性和继承性问题

（1）不同社会形态中的上层建筑有无阶级性。一般来说，学者都会认为，阶级社会中上层建筑有阶级性，而在原始社会和社会主义社会中，上层建筑

---

① 张镛. 论上层建筑 ［J］. 哲学研究，1958（2）：62-82.

② 邢福石. 略论自然科学和上层建筑的关系 ［J］. 中山大学学报（哲学社会科学版），1978（5）：52-57.

③ 王子野. 必须正确解释"基础"和"上层建筑"的概念 ［J］. 哲学研究，1957（1）：46-59.

④ 林仁栋. 对"必须正确解释'基础'和'上层建筑'的概念"一文的我见 ［J］. 哲学研究，1957（2）：143-146.

⑤ 庄国雄. 上层建筑就是意识形态系列——与朱光潜先生商榷 ［J］. 国内哲学动态，1979（11）：12-13.

⑥ 邵纯. 宗教与上层建筑 ［J］. 实事求是，1992（1）：28-31.

没有阶级性。比如说，上层建筑的阶级性是指出现在"有阶级的社会，当然不是指无阶级的社会"①。原始社会和社会主义社会不是阶级社会，阶级性不是这两个社会的特性，这两个社会的上层建筑不具有阶级性。

（2）上层建筑各组成部分的阶级性情况。学者们承认上层建筑在整体上具有阶级性。但是各个组成部分呢？有的学者认为，上层建筑中的各个组成部分都是经济基础的反映，它们都有阶级性，"在阶级社会中，上层建筑中的任何一种因素都是有阶级性的"②，这种观点不同意把和生产力联系着的没有阶级性的语言、形式逻辑和自然科学也看成是上层建筑。而有的学者认为，上层建筑当中包括一些非阶级性的部分、因素和内容，比如，语言、形式逻辑、技术、自然科学等，这些上层建筑的因素是没有阶级性的。③

（3）阶级性的强弱。上层建筑的各个部分的阶级性情况各有不同，这些有阶级性的部分，它们之间的阶级性也是分强弱的。有的学者认为，上层建筑各部分，阶级性的强弱程度有所不同。④ 当然，上层建筑各个部分哪些部分强，哪些部分弱，这里也有不同的意见。有的学者认为政党、法律这些阶级性强一些，而文学艺术的阶级性弱一些⑤，而有些学者批评这种划分过于机械、不够确切。⑥

（4）一般，大家认为上层建筑有继承性。上层建筑有独立于经济基础的运行规律，上层建筑具有相对独立性。上层建筑的继承性和相对独立性主要表现：①上层建筑各个因素，都有自己的特殊发展规律和历史继承关系，各个因素之间相互影响，它们并不机械地由经济基础决定；②作为整体看的上层建筑，会随着经济基础的消灭而消亡，但上层建筑的个别成分和因素，会

---

① 林仁栋. 对"必须正确解释'基础'和'上层建筑'的概念"一文的我见 [J]. 哲学研究，1957（2）：143-146.
② 林仁栋. 对"必须正确解释'基础'和'上层建筑'的概念"一文的我见 [J]. 哲学研究，1957（2）：143-146.
③ 王子野. 必须正确解释"基础"和"上层建筑"的概念 [J]. 哲学研究，1957（1）：46-59.
④ 张云勋. 关于上层建筑的阶级性问题 [J]. 国内哲学动态，1980（1）：15-17.
⑤ 屈万山. 上层建筑有没有阶级性 [J]. 国内哲学动态，1979（10）：20-21.
⑥ 张云勋. 关于上层建筑的阶级性问题 [J]. 国内哲学动态，1980（1）：15-17.

被保存和吸收到新的上层建筑中。①

6. 上层建筑属于社会存在还是属于社会意识

这里有三种观点：一种观点认为上层建筑属于社会存在；一种观点认为上层建筑属于社会意识；一种观点认为上层建筑既属于社会存在，又属于社会意识。

（1）上层建筑属于社会意识。

这里其实涉及对政治的上层建筑的理解。上层建筑属于社会意识就是说政治的上层建筑也是属于社会意识。一些学者认为政治、法律观点等不属于社会存在，而且政治制度、设施也不属于社会存在。比如，"国家政权等上层建筑设施，不应当属于社会存在"②。政治上层建筑就不属于社会存在。这些学者认为，政治制度和政治设施它们是在一定的思想和观点的指导下形成的，依赖于这种思想和观点，不像社会存在一样，不依赖于人的意识的独立的存在，所以，这种实物性的政治上层建筑还是属于社会意识的范畴。

（2）社会建筑既属于社会存在，又属于社会意识。

一种说法是上层建筑里面有些部分和内容属于社会存在，有些部分和内容属于社会意识。持这种观点的学者，他们把上层建筑分为政治的上层建筑和思想的上层建筑，认为政治的上层建筑属于社会存在，思想的上层建筑属于社会意识。这里其实涉及对政治的上层建筑的理解。他们的理解：政治的上层建筑属于社会存在。比如，"政治、法律等上层建筑……则属于社会存在"③。当然，持这种观点的学者也认为，这种具有客观实在性质的政治的上层建筑它是通过社会意识而形成的。

另外一种说法是，这种上层建筑既属于社会存在，又属于社会意识。这里其实还是涉及对政治的上层建筑的理解。有的学者认为，政治的上层建筑如政治法律设施就既具有物质性，又具有精神性，它们是"包含着社会意识

① 严北溟. 从基础与上层建筑看我国人民内部矛盾问题 [J]. 学术月刊, 1957 (6)：1-13.

② 焦风贵. 上层建筑设施属于社会存在吗？[J]. 哲学研究, 1982 (4)：43-47.

③ 邹永图. 对"社会存在"范畴的一些理解 [J]. 学术研究, 1980 (5)：67-69.

的社会存在，或者是有着物质外壳的社会意识"①。不能把政治的上层建筑完全地归为社会存在或社会意识其中一个方面。政治的上层建筑不同于思想的上层建筑，它们是介于社会存在和社会意识之间的一种东西。

（3）上层建筑属于社会存在。

有些学者认为，上层建筑属于社会存在。这种观点认为，上层建筑仅仅是指政治制度和设施这些实物性的东西，而这些实物性的东西属于社会存在范畴。比如，有学者认为，上层建筑"只是包括政权、军队、警察、法庭等上层机构……一起构成社会的客观存在"②。这些学者先是把上层建筑理解为政治的上层建筑，然后再把政治的上层建筑理解为社会存在。

（三）对经济基础与上层建筑的关系、矛盾研究

这些争论包括经济基础与上层建筑关系的争论，经济基础与上层建筑矛盾的争论，生产力与上层建筑关系的争论。

1. 经济基础与上层建筑的关系研究

经济基础与上层建筑二者之间是一种怎么样的关系？这里有两种观点：一种观点认为，它们是外在关系，上层建筑和经济基础泾渭分明、界限清楚，上层建筑竖立其上，不在其中。另一种观点认为，它们是内在关系，经济基础与上层建筑是你中有我、我中有你。

（1）经济基础与上层建筑之间是外在关系

第一，经济基础与上层建筑是决定与被决定的关系，这是一种一方决定论思想。经济基础决定上层建筑，而上层建筑反作用于经济基础，二者是决定和反作用的关系。有些学者认为，二者是不是这种决定论，要看它们是不是一种本原与派生的关系。③ 这种一方决定论观点认为两者之间永远是一种决

---

① 王孝哲. 上层建筑设施既属于社会存在又属于社会意识 [J]. 中南民族学院学报（哲学社会科学版），1985（3）：9-14.

② 林木. 简论社会发展动力的层次性 [J]. 河北学刊，1982（4）：89-92.

③ 王锐生. 论上层建筑不是社会存在 [J]. 哲学研究，1981（2）：58-63；林青山. 我国过渡时期的经济基础与上层建筑 [J]. 哲学研究，1955（3）：27-52；张镛. 论上层建筑 [J]. 哲学研究，1958（2）：62-82.

定与被决定的关系，在任何时候，它们的地位和作用绝不会发生变化。也就是说，经济基础永远是决定者，而上层建筑永远是被决定者，无论何时何地，上层建筑永远不可能对经济基础起决定作用。这种观点在 20 世纪 80 年代比较密集，有大量的文章专门谈论这个问题。①

第二，二者是一种相互决定的关系。有些学者认为，一般来说，经济基础决定上层建筑，但是，在一定条件下，上层建筑也会对经济基础起决定作用。上层建筑的地位与作用会发生变化，这种观点被称为相互决定论，两个决定论，二元论。经济基础与上层建筑之间不是决定与被决定的关系，它们之间是相互作用、相互决定的关系。②

第三，上层建筑对经济基础也会产生决定作用，但是，这种决定作用不同于经济基础对上层建筑的决定作用。有些学者对这种上层建筑的决定作用与经济基础的决定作用做了一些区别，认为这是两种不同含义的决定性质。这种观点反对上层建筑仅仅是反映和反作用而已，而是认为也会发生决定作用，但是这种决定作用的性质有别于经济基础的决定作用的性质。③

---

① 这些文章：赵家祥. 生产关系、上层建筑在任何条件下都不能起决定作用 [J]. 国内哲学动态，1980（5）：13-15；《国内哲学动态》编辑. 在一定条件下，生产关系、上层建筑能否对生产力、经济基础起决定作用 [J]. 国内哲学动态，1980（10）：4-8；力新. 生产关系、上层建筑能否对生产力、经济基础起主要的、决定的作用 [J]. 国内哲学动态，1980（1）：17-19；齐振海，刘继岳. "生产力和生产关系、经济基础和上层建筑相互起决定作用"说背离了唯物论和辩证法 [J]. 国内哲学动态，1980（7）：5-10；严高鸿. 决定作用和反作用的界限不能混淆 [J]. 哲学研究，1980（10）：23-25；沈步，李哲. 试论在一定条件下生产关系对生产力、上层建筑对经济基础的决定作用 [J]. 国内哲学动态，1980（2）：14-18；冯卓然，史振东. 生产关系和上层建筑在一定条件下的决定作用不可否 [J]. 教学与研究，1981（1）：67-72；恽秉良. 历史唯物论还是上层建筑决定论？[J]. 复旦学报（社会科学版），1982（1）：36-38.

② 商志晓. 生产力与生产关系、经济基础与上层建筑之间不是本原与派生的关系 [J]. 山东师院学报，1981（3）：25-26；路明. 生产关系和生产力经济基础和上层建筑 [J]. 辽宁大学学报（哲学社会科学版），1975（3）：44-47.

③ 袁远林. 两种不同涵义的决定作用——关于在一定条件下生产关系对生产力、上层建筑对经济基础能否起决定作用的看法 [J]. 北京师院学报（社会科学版），1980（3）：43-47.

（2）上层建筑与经济基础具有内在联系

这种观点反对传统的二分法。传统的方法是承认经济基础与上层建筑两者之间的界限，并且把两者绝对对立起来。其实，上层建筑不只是竖立于经济基础之上，它同时又深深楔入经济基础之中。经济基础和上层建筑之间始终是相互贯通的关系。① 这种观点认为，经济基础与上层建筑二者的区分具有相对性，经济因素与政治因素是互相渗透的，经济因素中有政治因素，政治因素中有经济因素②，这是一种"你中有我，我中有你"的关系。

2. 经济基础与上层建筑的矛盾研究

经济基础与上层建筑之间相互作用，构成对立统一的矛盾关系，不同性质的经济基础与上层建筑之间具有根本性的、对抗性的矛盾。这里涉及经济基础与上层建筑之间的矛盾是不是对抗性的矛盾，这对矛盾是不是社会基本矛盾。不同的学者有着不同的观点。

（1）这种矛盾是不是对抗性的矛盾？

同一性质的经济基础与上层建筑之间会产生矛盾对抗性吗？有些学者认为会产生对抗性的矛盾，而有些学者认为不会产生对抗性的矛盾，这种观点认为，上层建筑是由经济基础产生的，有什么样的经济基础才会产生什么样的上层建筑，同一性质的经济基础与上层建筑产生根本性的矛盾是不可想象的，是不可能的。③

（2）这对矛盾是不是社会基本矛盾？

经济基础与上层建筑这对矛盾是不是社会基本矛盾，不同学者有不同的观点。

第一，经济基础与上层建筑这对矛盾是社会的基本矛盾。有些学者认为，

---

① 王晓升. 评西方马克思主义者对经济基础和上层建筑二分法传统的扬弃 [J]. 中山大学学报（社会科学版），2012（2）：120-131；胡为雄. 全面理解马克思的上层建筑概念 [J]. 教学与研究，2002（3）：69-74.

② 王晓升. "经济基础"和"上层建筑"二分观献疑——马克思的社会结构理论再思考 [J]. 江苏社会科学，2012（1）：28-34.

③ 徐凛然. 同一性质的经济基础和上层建筑之间会产生矛盾对抗吗？——与李秀林同志商榷 [J]. 吉林师范学院学报，1985（Z2）：15-18；《国内哲学动态》编辑. 对经济基础与上层建筑矛盾运动的几点质疑 [J]. 国内哲学动态，1985（8）：16-19.

经济基础与上层建筑这对矛盾的地位等同于生产力与生产关系的矛盾，是社会的基本矛盾。① 如果否认经济基础与上层建筑这对矛盾的基础性地位和根本性作用，就不能正确解释社会历史现象，比如，社会形态的变革等。

第二，经济基础与上层建筑这对矛盾不是社会基本矛盾。有些学者认为，社会基本矛盾仅此一对，即生产力与生产关系的矛盾。② 经济基础与上层建筑的矛盾不是社会的基本矛盾、社会发展的根本动力。生产力与生产关系的矛盾比经济基础与上层建筑的矛盾更为根本。经济基础与上层建筑之间的矛盾的地位和作用不能相比于生产力与生产关系之间的矛盾。社会的变化和发展需要从生产力和生产关系之间寻找原因。

除此，学者还研究生产力与上层建筑之间的关系，生产力与上层建筑之间的矛盾。学者承认生产力与上层建筑之间存在关系，它们之间就构成一对矛盾。于是，一些学者对它们之间的矛盾进行研究，分析二者的关系，分析这对矛盾的地位和作用。

3. 经济基础与上层建筑的地位研究

这里涉及这两个概念在历史唯物主义中的地位和重要性。这种地位表现在经济基础和上层建筑这两个概念同社会存在和社会意识、物质关系和思想关系、物质现象和精神现象、物质生活和精神生活这些概念的比较之中。一般来讲，我国学者都会用到社会存在和社会意识、物质的关系和思想的关系、物质现象和精神现象、物质生活和精神生活这些概念来区分、比较和论述经济基础和上层建筑。不同学者有不同的观点。

一种观点认为，"经济基础"与"上层建筑"同社会存在与社会意识是

---

① 李世军，高九江. 社会基本矛盾有第三对吗？[J]. 汉中师范学院学报（社会科学），1997（2）：75-76；张镛. 论上层建筑一定要适合经济基础的规律 [J]. 哲学研究，1958（3）：38-48.

② 郭宝福. 试论社会基本矛盾的基本特征——兼评社会基本矛盾应该是两对的几个论点 [J]. 天津社会科学，1982（4）：57-63；胡懋仁. 论经济基础、上层建筑与社会基本矛盾 [J]. 中国人民大学学报，2006（1）：16-21.

同系列的范畴。① 有学者指出，所有社会现象都可以归结为物质现象和精神现象，"物质关系是经济基础，所有思想关系都是……上层建筑物"②。这两对概念是对等的。经济基础与上层建筑这两个概念是从最广泛的意义上使用的，能包括一切社会现象。我们不能认为社会存在和社会意识是极广泛的概念，而"经济基础"与"上层建筑"却要狭隘得多。经济基础与上层建筑这对概念同社会存在与社会意识、物质关系与思想关系、物质现象与精神现象、物质生活与精神生活这些概念属于一个层次上的概念。

也有学者认为，经济基础与上层建筑概念和社会存在与社会意识概念、物质关系与思想关系等概念不具有对等的关系。经济基础与上层建筑概念要狭窄得多，外延要小。有学者说，"人类社会……还存在着一些既属于基础又属于上层建筑，或既非基础也非上层建筑的其他社会现象"③。意思说，并非一切社会现象都能归到"基础"或"上层建筑"中去，有一些特殊的社会现象既非"基础"，亦非"上层建筑"，又不是两者之间的"中间"现象。显然，这里的经济基础与上层建筑的概念的外延要小。这些学者认为，不应把基础、生产方式和社会存在这些不同的概念混为一谈，由于三个概念范围广狭的不同，它们所包含的特殊矛盾，也就不一样。④ 经济基础与上层建筑的划分与社会存在与社会意识、物质的关系和思想的关系、物质现象与精神现象概念的划分不同，经济基础与上层建筑和它们不是同一序列上的概念。

（四）对社会形态、社会经济形态、社会有机体、社会结构等的研究

在经济基础与上层建筑的研究中，涉及社会形态、社会经济形态这些概

① 肖范模. 我国过渡时期社会的基础与上层建筑问题 [J]. 哲学研究, 1956 (3)：57-78.
② 王子野. 必须正确解释"基础"和"上层建筑"的概念 [J]. 哲学研究, 1957 (1)：46-59.
③ 张镛. 论上层建筑 [J]. 哲学研究, 1958 (2)：62-82.
④ 这种不一样在于"社会存在包含着的是人与自然界的矛盾，生产方式包含的是生产力与生产关系的矛盾，基础包含的，或则为对抗性社会内的阶级矛盾，或则为社会主义制度下的人民内部矛盾"。参见：严北溟. 从基础与上层建筑看我国人民内部矛盾问题 [J]. 学术月刊, 1957 (6)：1-13.

念，不同学者有不同的观点。

1. 社会形态和社会经济形态

一些学者认为，社会形态不同于社会经济形态，社会形态的内涵比社会经济形态丰富，社会形态包括社会经济形态。他们认为，社会形态包括经济基础和上层建筑，是二者的统一体；而社会经济形态是这个整体结构的一个部分，是指其中的生产方式、经济基础。① 社会形态和社会经济形态是既有联系又有区别的两个概念，而有些学者认为，社会形态等同于社会经济形态，这个等同，这里也有两种不同的观点。一种观点是，社会形态和社会经济形态都指经济基础与上层建筑。社会经济形态这个概念就已经包括了经济基础和上层建筑，等同于社会形态这个概念。② 另一种观点是，社会形态和社会经济形态只是指经济基础。社会形态其实就是指社会经济形态，就是指生产方式、经济基础，不包括上层建筑。③

2. 社会有机体

至于社会有机体概念的研究，一些学者拿这个概念与社会形态进行比较，或者认为社会有机体等同于社会形态概念，或者认为社会有机体是比社会形态更大的一个范畴，它还包括社会形态所不能包括的一些内容。有些学者或是认为有机体概念只从方法论上讲有意义，把社会看成一个有机的整体。

3. 社会结构、社会经济结构

至于社会结构，有学者认为，社会结构作为一个整体社会范畴，是指社会构成部分之间稳定性的整体联系和组织方式。社会结构理论是马克思、恩格斯的重要理论遗产之一，马克思、恩格斯在很多重要著作中都论述了社会结构问题。至于经济结构，一些学者认为，生产关系的总和构成社会的经济结构，也就是社会的经济基础。

---

① 赵家祥. 什么是社会形态［J］. 国内哲学动态，1981（1）：21-23；刘德福. 也谈"社会经济形态"和"社会形态"概念［J］. 山东师大学报（哲学社会科学版），1984（5）：18-22；段中桥. 对马克思社会形态概念的再考察［J］. 教学与研究，1995（2）：63-67.

② 罗贵秋. 谈"社会经济形态""社会形态""社会有机体"概念［J］. 国内哲学动态，1984（3）：23-26；周世敏. 简论社会经济形态［J］. 江西社会科学，1990（3）：67-69.

③ 徐飞. 社会形态是经济基础和上层建筑的统一吗？［J］. 国内哲学动态，1980（3）：23-25.

第二章

马克思经济基础与上层建筑思想的创立发展

马克思认为经济基础决定上层建筑，上层建筑对经济基础有反作用。马克思经济基础与上层建筑思想是辩证的"决定论"思想，正如列宁所评价的，"马克思一次也没有利用这些生产关系以外的任何因素来说明问题""虽然他完全用生产关系来说明该社会形态的构成和发展，但又随时随地探究与这种生产关系相适应的上层建筑，使骨骼有血有肉"①。这是马克思经济基础与上层建筑思想的实质和精髓，会在下文中进行充分的展开和详细的论述。在此，首先探讨的是马克思经济基础与上层建筑思想的形成与发展。

马克思经济基础与上层建筑思想的创立有其历史条件和理论来源，该思想经历了一个形成、发展的过程。本章第一部分试图对这种思想的形成、发展过程做一个"全景"的展示。马克思经济基础与上层建筑思想的形成"节点"是在《黑格尔法哲学批判》《德法年鉴》时期。也就是说，在此前后，马克思对经济、政治、文化及其三者之间关系的认识是完全不同的。在此"节点"之后，马克思经济基础与上层建筑思想的发展经历了不同阶段。依据思想的形成、发展过程，笔者对"认识断裂论"给予相应的批判。马克思创立经济基础与上层建筑思想，恩格斯也有很大的贡献。西方世界一些学者，把马克思和恩格斯的差别和特点夸大为理论上的对立。其实，马克思和恩格

---

① 中共中央马克思恩格斯列宁斯大林著作编译局. 列宁专题文集·论辩证唯物主义和历史唯物主义 [M]. 北京：人民出版社，2009：162.

斯之间完全可以去掉"逗号"，"从理论角度来说，他们是一个人，是同一学说、同一理论、同一主义的共同创造者"①。马克思、恩格斯共同创造了经济基础与上层建筑思想。在本章第二部分中，笔者阐述恩格斯有关经济基础与上层建筑的思想，揭示恩格斯对该思想的理论贡献，论证马克思、恩格斯经济基础与上层建筑思想的同一性。

第一节　思想的形成

马克思经济基础与上层建筑思想的形成，既是马克思的个人天才般努力的结果，更是历史和理论的产物，揭示这种原因具有重要意义。本书对思想形成过程做一"全景"展示，分析思想形成的"节点"和发展阶段界说。这种梳理，其目的自然包括对"认识论断裂"的批判。以马克思经济基础与上层建筑思想观之，"认识论断裂"的观点是一个理论上的失误。

一、思想形成的历史条件和理论来源

马克思经济基础与上层建筑思想得以创立，自有其历史条件和理论来源。的确，在 19 世纪 40 年代马克思创立了经济基础与上层建筑思想，但是，试想如果马克思早于这个时代，他也是不可能创立这种科学理论的，当然，也只要历史条件具备、时机成熟，"这一观点必将被发现"②。经济基础与上层建筑思想不是"无本之木、无源之水"，任何一个时代的哲学归根到底是由经济决定的，但它的创立却需要以前人提供的思想资料为前提。马克思经济基础与上层建筑思想也是如此，它批判地吸收了人类认识史上特别是资产阶级

① 陈先达. 恩格斯与马克思主义 [J]. 教学与研究，1995（4）：18-25.
② 中共中央马克思恩格斯列宁斯大林著作编译局. 马克思恩格斯全集：第 39 卷 [M]. 北京：人民出版社，1974：200.

时代的一切优秀思想成果，"正是哲学、政治经济学和社会主义极伟大的代表人物的学说的直接继续"①。马克思的思想理论源于那个时代，又超越了那个时代，既是那个时代精神的精华又是整个人类精神的精华。

（一）思想形成的历史条件

哲学是时代精神的精华。马克思经济基础与上层建筑思想，是它所处时代的产物。毛泽东曾指出，"由于欧洲许多国家的社会经济情况进到了资本主义高度发展的阶段，生产力、阶级斗争和科学均发展到了历史上未有过的水平，工业无产阶级成为历史发展的最伟大的动力，因而产出了马克思主义的唯物辩证法的宇宙观"②。的确，马克思经济基础与上层建筑思想的形成是以一定社会经济、政治和文化条件为前提的，具有历史必然性。

1. 马克思经济基础与上层建筑思想的创立是以资本主义机器工业的大生产为物质前提的。在很长的历史时期内，人们对于社会的历史只能限于片面的了解，"这一方面是由于剥削阶级的偏见经常歪曲社会的历史，另一方面，则由于生产规模的狭小，限制了人们的眼界"③。18世纪中期以来，产业革命不仅带来了生产力的巨大发展，而且引起了生产关系、社会关系的深刻变革。神创世界的神学观点，观念、意识、理性至上的学说越来越与现实不符，经济对社会的根本性作用日益凸显。历史进一步证明了唯心主义的荒谬。大工业时代，"物质生产在社会生活中的支配作用、构成社会的诸要素之间的相互关系更加明朗，从而使科学地揭示社会的物质基础及其发展的动力成为可能"④。资本主义大工业"首次开创了世界历史"⑤。民族历史向世界历史的转变，打破了民族的局限性和狭隘眼界。这就使人们有可能通过对不同国家、

---

① 中共中央马克思恩格斯列宁斯大林著作编译局. 列宁专题文集·论马克思主义 [M]. 北京：人民出版社，2009：67.
② 毛泽东. 毛泽东选集：第一卷 [M]. 北京：人民出版社，1966：275.
③ 毛泽东. 毛泽东选集：第一卷 [M]. 北京：人民出版社，1966：260.
④ 黄楠森. 马克思主义哲学史 [M]. 北京：高等教育出版社，1998：9.
⑤ 中共中央马克思恩格斯列宁斯大林著作编译局. 马克思恩格斯文集：第1卷 [M]. 北京：人民出版社，2009：566.

地区、民族的社会历史的比较研究，发现经济、政治、文化三者之间的辩证运动，从而揭示社会历史发展的一般规律。总之，马克思经济基础与上层建筑思想的创立是由于时代的发展，首先是社会经济的发展，为它提供了客观的依据。

2. 在阶级社会中，哲学是有阶级性的。马克思主义哲学特别是马克思经济基础与上层建筑思想的产生，也有其阶级基础。18 世纪中期开始的产业革命，不仅创造了一个资产阶级，同时也创造了一个与资产阶级根本独立的无产阶级。无产阶级与资产阶级的阶级斗争"在实践方面和理论方面采取了日益鲜明的和带有威胁性的形式"①。无产阶级日益发展成为独立的阶级。但是，阶级斗争还带极大的自发性，在理论上尚未达到与其历史使命相适应的水平。现实召唤理论。于是，形成科学的世界观和方法论，指导它的解放斗争，这成了最大的需要。马克思经济基础与上层建筑思想正是适应这种需要而创立的属于无产阶级的理论形态。

3. 哲学是自然知识和社会知识的概括和总结，每一种哲学都必然受到它所处时代的自然科学的影响。马克思经济基础与上层建筑思想的产生，是以 19 世纪自然科学的重大发展为依据的。19 世纪自然科学深刻地揭示了自然界的物质统一性及其过程的辩证性质，沉重地打击了唯心主义和形而上学。比如，被恩格斯称为"三个决定性的发现"② 的能量守恒和转化定律、细胞学说和达尔文进化论使人们有可能根据自然科学本身提供的事实去说明自然界的主要过程。换言之，自然科学的发现和成就促进人们把对社会、历史的认识从"天上"降到"尘世"，解放了人们的思想、观念和思维，导致以往那

---

① 中共中央马克思恩格斯列宁斯大林著作编译局. 马克思恩格斯文集：第 5 卷 ［M］. 北京：人民出版社，2009：17.

② 恩格斯把"细胞、能量转化和以达尔文命名的进化论的发现"称为"三个决定性的发现"。参见：中共中央马克思恩格斯列宁斯大林著作编译局. 马克思恩格斯文集：第 4 卷 ［M］. 北京：人民出版社，2009：283.

种用"臆造的联系来代替现实的联系"① 的企图失去意义。所以，马克思明确指出，自然科学"通过工业日益在实践上进入人的生活，改造人的生活，并为人的解放做准备"②。显然，自然科学成为马克思经济基础与上层建筑思想产生的重要依据之一。

（二）思想形成的理论来源

18 世纪以来至 19 世纪初期，西方世界出现了一些新理论、学说，尽管它们带有历史和阶级的局限性，但是，在不同程度上也提出不少合理的新思想，从而为马克思经济基础与上层建筑思想的产生提供了思想材料和理论来源。

1. 资产阶级古典经济学。资产阶级古典经济学对马克思经济基础与上层建筑思想的形成发挥重要的作用。古典经济学提出劳动价值论，这是以经济学的形式肯定了劳动作为主体活动的创造能力。当然，劳动创造财富要与一定的自然条件相结合。配第认为"土地是财富之母，而劳动则为财富之父和能动的要素"③。资产阶级古典经济学家在经济学上的这些判断具有重大的哲学意义。劳动本质上是属于人的，突出了主体性原则；劳动是不能脱离自然界的，突出了客观性原则；劳动本身突出了实践性原则。古典经济学的观点为马克思经济基础与上层建筑思想的理论内涵准备了根本的理论原则，或者说，马克思经济基础与上层建筑思想的理论原则可以从这里找到思想材料和理论来源。古典经济学家比较深入地探讨了分工问题。斯密认为"分工和交换是人们相互联系的纽带，人们在劳动中通过分工、交换，便构成一定的社会关系"④。分工的程度是社会进步程度的标志，而且，古典经济学家对资本主义社会的阶级结构和对立状况进行了经济上的分析。李嘉图通过分析工资

---

① 中共中央马克思恩格斯列宁斯大林著作编译局. 马克思恩格斯文集：第 4 卷 ［M］. 北京：人民出版社，2009：301.

② 中共中央马克思恩格斯列宁斯大林著作编译局. 马克思恩格斯全集：第 42 卷 ［M］. 北京：人民出版社，1979：128.

③ 威廉·配第. 《赋税论》《献给英明人士》《货币略论》 ［M］. 北京：商务印书馆，1963：71.

④ 黄楠森. 马克思主义哲学史 ［M］. 北京：高等教育出版社，1998：11.

和利润、利润和地租的对立，进一步揭示了资本主义社会各阶级之间对立的经济根源。这些探索及其形成的观点、理论为马克思科学揭示经济、政治和文化的本质及其之间的辩证关系准备了思想材料。马克思经济基础与上层建筑思想的内容，比如，社会是关系的社会，社会结构是关系的结构，社会经济结构是社会结构的基础和根源等可以在此找到理论来源。

2. 英、法空想社会主义和复辟时代法国历史学家的历史理论。19 世纪初期，资产阶级社会的物质基础和固有矛盾日益暴露，社会形态的发展和更替是一种自然的历史过程。空想社会主义者触及了社会存在和发展的物质基础问题，认为政治制度应该由社会经济状况来说明。圣西门指出，"政治是关于生产的科学"①，他强调任何社会联合的目的是生产，社会大厦的基础是所有制，所以政府的形式并非社会的本质，所有制问题才是社会的本质。傅立叶也把生产的发展看作是社会制度更替的根本原因所在。空想社会主义者看到阶级斗争在历史发展中的作用，并且指出无产阶级与资产阶级斗争的根本原因在于物质利益，资产阶级能够对无产阶级进行剥削的秘密在于"私有制"，在于他们对财产的控制，无产阶级作为"无财产者"斗争的最大目的在于"财产"。"复辟时代法国历史学家"对阶级斗争的历史发展做了具体的考察，他们指出，财产关系是阶级关系的基础。他们不赞同"政治机构决定社会生活"的理论，试图证明财产关系是社会政治制度和统治思想的现实基础。基佐认为，社会状况是由财产关系、公民生活所决定的，因此，"要了解政治制度，就必须研究这个社会中的各个阶层及其相互关系。要了解这些不同的社会阶层，就应该理解土地关系的性质"②。法国复辟时期的历史学家还研究了思想潮流和社会环境之间的关系，他们认为思想、学说以及宪法本身，都服从于环境，"只要当它们能够成为工具和人民利益的保证的时候，人民才会接

---

① 中共中央马克思恩格斯列宁斯大林著作编译局. 马克思恩格斯文集：第 3 卷 ［M］. 北京：人民出版社，2009：530.

② 普列汉诺夫. 普列汉诺夫哲学著作选集：第 2 卷 ［M］. 上海：三联书店，1962：526.

受它们"①。恩格斯曾经高度评价法国历史学家的这些思想、观念，他指出，把重大的政治历史事件看作历史上起决定作用的东西的这种观念，曾经支配着以往的整个历史观，"只有法国复辟时代的资产阶级历史编纂学家才使之发生动摇"②。可见，空想社会主义者和法国历史学家显露出天才的思想，这为马克思经济基础与上层建筑思想的产生提供了重要的思想材料。

3. 德国古典哲学。德国古典哲学是马克思经济基础与上层建筑思想的重要理论来源。首先，德国古典哲学的哲学基本问题研究对马克思经济基础与上层建筑思想的形成有重要影响。德国古典哲学认为哲学中最重要的问题是思维和存在、主体和客体的关系问题，就是确立"谁为第一性，谁为第二性"的问题，这是它们的历史贡献。费尔巴哈之前，盛行思维决定存在的唯心主义观点。费尔巴哈的巨大历史功绩是批判了唯心主义，确立存在决定思维的思想，恢复了唯物主义的权威，"使唯物主义重新登上王座"③。不管唯心主义还是唯物主义，哲学的基本问题，具体到社会历史观领域，就是社会存在与社会意识的问题，就是经济、政治和文化三者之间的关系问题。这推动马克思去思考社会历史领域"谁为第一性，谁为第二性"的问题，特别是费尔巴哈的唯物主义观点，直接影响马克思对经济、政治和文化做出唯物主义的理解。其次，德国古典哲学丰富的辩证法思想对马克思经济基础与上层建筑思想有重要影响。德国古典哲学全面而深刻地研究了辩证的发展观，用辩证法代替了形而上学，把整个世界描写为一个不断运动、变化和发展的过程。具体到社会历史领域，他们就是把社会历史看作一个发展的、有内在联系的过程。特别是黑格尔，他是"第一个想证明历史中有一种发展、有一种内在

---

① 普列汉诺夫. 普列汉诺夫哲学著作选集：第 2 卷 [M]. 上海：三联书店，1962：528.
② 中共中央马克思恩格斯列宁斯大林著作编译局. 马克思恩格斯文集：第 9 卷 [M]. 北京：人民出版社，2009：166.
③ 中共中央马克思恩格斯列宁斯大林著作编译局. 马克思恩格斯全集：第 21 卷 [M]. 北京：人民出版社，1965：313.

联系的人"①，他认为社会历史是一个有规律的发展过程，并且去揭示这些规律。他不满意用人的思想、意见来说明历史的观点，认为在历史人物动机背后还有应当加以探究的动力。显然，马克思经济基础与上层建筑思想从此得到极其丰厚的理论来源，正如恩格斯所指出的，黑格尔"这个划时代的历史观是新的唯物主义世界观的直接的理论前提"②。

在马克思主义诞生以前，世界上还没有一种哲学和思想学说能够深刻阐述和科学揭示历史本质和社会发展规律。马克思在工人阶级斗争实践和对人类先进文化思想的批判继承中创立了马克思主义，实现了人类认识史上的伟大变革。马克思经济基础与上层建筑思想的产生是哲学上的革命性变革，也是人类认识史上优秀成果的继承和发展。18世纪到19世纪初期哲学和社会科学中的一些合理观点、思想是马克思经济基础与上层建筑思想的直接理论来源。

二、思想形成过程"全景"展示

基础与上层建筑概念是马克思借用的一对概念，具有比喻义性质。在马克思的决定论思想中，基础并非一直就是指经济基础、物质利益或生产关系，上层建筑也并非一直就是指政治的上层建筑和思想的上层建筑。恰恰相反，在早期，马克思把"国家"视为基础，即把国家、法和宗教等视为基础，认为这是起决定作用的东西，观察和思考的开端应该从这里开始，问题的解决也需要从这里开始。换言之，马克思是从"国家"入手，或说从关注国家开始，对国家本身和相关一系列问题进行研究，然后得出生产关系的科学概念，形成生产关系的总和，即经济基础决定上层建筑的思想，揭示社会历史的本质和发展规律，走向"国家的深处"。马克思对基础（经济基础）与上层建筑概念及其思想的理解经历了一个发展、变化的历史过程。当然，马克思经

---

① 中共中央马克思恩格斯列宁斯大林著作编译局. 马克思恩格斯文集：第2卷［M］. 北京：人民出版社，2009：602.

② 中共中央马克思恩格斯列宁斯大林著作编译局. 马克思恩格斯文集：第2卷［M］. 北京：人民出版社，2009：602.

济基础与上层建筑思想不是马克思在某一个时候提出来而后又放弃或改变的思想，自从形成这种观点，马克思一以贯之坚持这种思想。

马克思从"国家"走向"国家的深处"，来确立经济基础决定上层建筑思想。"国家"指政治的上层建筑和思想的上层建筑，"国家的深处"，则指决定国家的生产关系、经济基础与上层建筑的辩证关系、社会历史的本质和发展规律。"国家"不是一个"深处的东西"，我们必须从"国家"走向"国家的深处"，才能真正理解"国家"，而这个深处的东西就是生产关系，只有生产关系才能解释国家，以及揭示社会历史的本质和规律。在此，笔者从文本角度梳理马克思对"国家"的研究，阐述马克思从国家进入对生产关系的研究，并从生产关系的角度和层面对经济基础与上层建筑的关系进行探讨。

《评普鲁士最近的书报检查令》给马克思提供了一个讨论分析国家的起点。每个人都生活在国家、社会中，随时面对国家和社会的问题，所以，对"国家"的思考是每个"国民"非常正常的事情。19世纪40年代，威廉四世执掌普鲁士政府，他加强了对国家的思想控制。在这种政治背景下，马克思博士毕业后，谋求教职失败，他投身于实际的政治斗争中。马克思关注国家，发表了关于国家问题的一些文章，如《评普鲁士最近的书报检查令》。这是马克思写的第一篇政论性质的文章，它关涉国家本身和相关的问题。这篇文章关注出版自由问题，涉及的是国家问题。这里，马克思要求普鲁士政府应该允许出版自由，废除书报检查制度，进而抨击封建专制主义制度，矛头直指德国国家。这篇文章的发表表明马克思开始从事政治斗争，从这开始，马克思就国家的一系列问题进行方方面面的评论和批判，也是马克思经济基础与上层建筑思想脉络的开端。

马克思在《评普鲁士最近的书报检查令》中对国家的思考，开始是受德国当时的大背景的影响。黑格尔认为国家是"伦理理念的实现"①"国家是绝对自在自为的理性东西"②，黑格尔派认为国家是理性的体现。马克思刚开始

---

① 黑格尔. 法哲学原理 [M]. 北京：商务印书馆，1961：10.
② 黑格尔. 法哲学原理 [M]. 北京：商务印书馆，1961：253.

的时候，深受黑格尔派的影响，他也持着这种思想，重视理性、理念，轻视物质利益。马克思认为国家是世界理性的现实，国家的本质是好的，真正的国家会平等地对待它们的国民。既然国家的本质是理性，而理性的本质是自由，"自由是全部精神存在的类的本质"①，所以国家应该允许出版自由，这才是符合国家的本性。但是，普鲁士的现实与马克思的国家思想产生了冲突，普鲁士国家没有出版自由，反而推行文化专制主义。这是令马克思产生疑惑的地方，但此时的马克思还没有质疑国家的本质，质疑国家的"理性"本性，他并没有产生"国家由一个其他什么东西决定"的思想。他认为国家也是至高无上的，社会和家庭的方方面面是由国家决定的，不是其他的东西决定国家，而是国家决定其他的东西。

马克思在《莱茵报》时期，在《关于林木盗窃法的辩论》中，他的思想有了改变。他探讨了物质利益问题，他看到了物质利益的作用，看到了物质利益决定国家和法。这与当时普鲁士国家的实际情况有关，19世纪初期，普鲁士农民生活非常困难，林木盗窃问题日趋严重，普鲁士政府却对林木盗窃者严加惩罚。为什么普鲁士政府要站在林木所有者这一边去惩罚林木盗窃者？马克思发现，这是因为普鲁士政府是代表林木所有者的物质利益的，这时候，"林木占有者的利益应该成为左右整个机构的灵魂""一切国家机关都应该成为林木占有者的耳、目、手、足，为林木占有者的利益探听、窥视、估价、守护、逮捕和奔波"②。在这里，马克思看到了私人利益的重要性，人们都是按照自己的私人利益来判断一个事物的。普鲁士国家的法律是依照林木占有者的要求来制定的，以至于普鲁士国家和法都服从于剥削者的个人利益。马克思对国家的理解发生了颠覆性的变化，这是一个极大的转变。本来是国家决定个人、家庭和社会，国家是一个决定者，而在这里马克思认为国家和法

---

① 中共中央马克思恩格斯列宁斯大林著作编译局. 马克思恩格斯全集：第1卷 [M]. 北京：人民出版社，1956：67.

② 中共中央马克思恩格斯列宁斯大林著作编译局. 马克思恩格斯全集：第1卷 [M]. 北京：人民出版社，1956：160.

却是由物质利益决定的。马克思的这种变化是"倒因为果，倒果为因，把决定性的因素变为被决定的因素，把被决定的因素变为决定性的因素"①，这为以后形成的经济基础决定上层建筑思想走出了关键性的一步。

当然，由于马克思一直受黑格尔国家观的影响，他认为国家是理性的实现，所以这时马克思头脑中发生了矛盾，在情感上不能接受这个研究发现的现实结果。所以，他从国家的本性、本质出发，把这种私人利益对国家和法的控制情况视之为"下流的唯物主义"，是"违反人民和人类精神的罪恶"②。

在《摩塞尔记者的辩护》中，马克思对国家的看法向唯物主义方向又迈进了一步。他在情感上接受私人利益对国家的决定作用，并且认为普鲁士国家制度和管理原则的产生有它的客观基础，这种客观基础就是决定普鲁士国家制度的不以个人意志为转移的客观关系。他说："在研究国家生活现象时，很容易走入歧途，即忽视各种关系的客观本性，而用当事人的意志来解释一切。但是存在着这样一些关系，这些关系决定私人和个别政权代表者的行动，而且就像呼吸一样地不以他们为转移。"③ 马克思认为，如果发现这种"客观关系"，以此为"客观基础"，我们就会正确认识国家的一个相关问题，"只要我们一开始就站在这种客观立场上，我们就不会忽此忽彼地去寻找善意或恶意，而会在初看起来似乎只有人在活动的地方看到客观关系的作用"④。

在《关于林木盗窃法的辩论》中，马克思探讨了物质利益问题，他看到了物质利益的作用，看到了物质利益决定国家和法。在《摩塞尔记者的辩护》中，马克思分析认为普鲁士国家制度和管理原则产生有它的客观基础，这种客观基础就是决定普鲁士国家制度的不以个人意志为转移的客观关系。

---

① 中共中央马克思恩格斯列宁斯大林著作编译局. 马克思恩格斯全集：第 1 卷［M］. 北京：人民出版社，1956：369.
② 中共中央马克思恩格斯列宁斯大林著作编译局. 马克思恩格斯全集：第 1 卷［M］. 北京：人民出版社，1956：180.
③ 中共中央马克思恩格斯列宁斯大林著作编译局. 马克思恩格斯全集：第 1 卷［M］. 北京：人民出版社，1956：216.
④ 中共中央马克思恩格斯列宁斯大林著作编译局. 马克思恩格斯全集：第 1 卷［M］. 北京：人民出版社，1956：216.

在《莱茵报》时期，马克思质疑黑格尔的国家观，即以世界理性来解释国家。他通过研究发现，国家的一些行为、决策有它的客观原因、客观基础，各种客观关系决定国家的存在。在《黑格尔法哲学批判》中，马克思对这种思想进行了更加明确的表述，"我的研究得出这样一个结果：法的关系正像国家的形式一样，既不能从它们本身来理解，也不能从所谓人类精神的一般发展来理解，相反，它们根源于物质的生活关系，这种物质的生活关系的总和，黑格尔按照 18 世纪的英国人和法国人的先例，称之为'市民社会'"[1]。马克思从理论上总结了它在《莱茵报》时期的工作经验，得出了这个重要的结论：不是国家决定市民社会，而是社会决定国家。在这个时候，马克思对物质利益决定国家和法已经形成比较明确的思想。

由于马克思头脑中有物质利益和客观关系的这种思想，这种思想与他后来通过经济学的研究所得出的经济关系、生产关系的概念非常接近和吻合，所以我们完全可以说，就在此时马克思其实形成了比较正确的经济基础决定上层建筑的思想。恩格斯评论说，"马克思从黑格尔的法哲学出发，得出这样一种见解：要获得理解人类历史发展过程的锁钥，不应当到被黑格尔描绘成'大厦之顶'的国家中去寻找，而应当到黑格尔所那样蔑视的'市民社会'中去寻找"[2]。特别是对长子继承制和私有财产的分析，马克思认为国家制度只是"私有财产的国家制度"[3]，私有财产决定国家制度，决定长子继承制。《黑格尔法哲学批判》所说的土地占有制支配长子继承制，其实已经涉及市民社会这个概念最核心的内涵，即所有制的问题，当然，这里的私有制仅仅界限于它的一种形式——土地占有制。

马克思并不明确阐释这里的"市民社会"，即"物质的生活关系的总和"

---

① 中共中央马克思恩格斯列宁斯大林著作编译局. 马克思恩格斯全集：第 13 卷 [M]. 北京：人民出版社，1962：8.

② 中共中央马克思恩格斯列宁斯大林著作编译局. 马克思恩格斯全集：第 16 卷 [M]. 北京：人民出版社，1964：409.

③ 中共中央马克思恩格斯列宁斯大林著作编译局. 马克思恩格斯全集：第 1 卷 [M]. 北京：人民出版社，1956：380.

就是经济关系、生产关系，一直到《1844年政治经济学手稿》中，他从副本的研究转入正本的研究，即从事政治经济学的研究，揭示了市民社会比较确定的物质内容。马克思认为，"私有财产的运动——生产和消费——是以往全部生产的运动的感性表现，也就是说，是人的实现或现实。宗教、家庭、国家、法、道德、科学、艺术等，都不过是生产的一些特殊的方式，并且受生产的普遍规律的支配"①。在这里，马克思突出了私有财产即所有制问题，接触到市民社会这个概念的最核心部分。在《神圣家族》中，马克思更加"接近了"自己的生产关系的基本思想，他说，"实物是为人的存在，是人的实物存在，同时也就是人为他人的定在，是他对他人的人的关系，是人对人的社会关系"②。这里所讲的这种"关系"在生产过程中，就是人们的社会生产关系。马克思强调生产关系的重要性，他认为，历史的发源地不在于"天上的云雾中"，而只在于"尘世的粗糙的物质生产中"③，即生产关系、经济基础中。

到了《德意志意识形态》，马克思实际上形成生产关系，这个马克思主义特有的概念。他对生产关系的阐述已经非常成熟，他明确论述："从市民社会出发来阐明各种不同的理论产物和意识形态，如宗教、哲学、道德等，并在这个基础上追溯它们产生的过程。"④"这个市民社会是全部历史的真正发源地和舞台。"⑤ 这里，马克思是用"交往""市民社会"这些术语表达完全的生产关系的概念和内容。也在这里，他对生产关系概念进行更加深入的分析，

---

① 中共中央马克思恩格斯列宁斯大林著作编译局. 马克思恩格斯全集：第42卷 [M]. 北京：人民出版社，1979：121.

② 中共中央马克思恩格斯列宁斯大林著作编译局. 马克思恩格斯全集：第2卷 [M]. 北京：人民出版社，1957：52.

③ 中共中央马克思恩格斯列宁斯大林著作编译局. 马克思恩格斯全集：第2卷 [M]. 北京：人民出版社，1957：191.

④ 中共中央马克思恩格斯列宁斯大林著作编译局. 马克思恩格斯全集：第3卷 [M]. 北京：人民出版社，1956：42-43.

⑤ 中共中央马克思恩格斯列宁斯大林著作编译局. 马克思恩格斯全集：第3卷 [M]. 北京：人民出版社，1956：40.

提到了生产关系的核心内容所有制，并做了如下的概括："分工发展的各个不同阶段，同时也就是所有制的各种不同形式。"① 这里讲的所有制就是生产关系的法律用语，用它来表述生产关系的思想，表明马克思已经抓住生产关系这种概念的关键，标志着马克思的生产关系概念的真正形成。在《德意志意识形态》中，马克思的生产关系的概念还没有完全确定，他分别用市民社会以及交往、交往关系、交往方式、交往形式等，来表述生产关系的概念。

在《哲学的贫困》中，马克思开始用生产关系的概念代替了其他的术语。生产关系从此成了马克思主义一个特殊的、基本的科学概念，它表述所有制关系、分配关系以及人之间地位关系等。生产关系在生产力、生产关系（经济基础）和上层建筑三者关系中起着连接两头的作用，社会结构、社会形态都要通过生产关系来得以说明。可以这么说，生产关系概念的成熟，标志着马克思的经济基础与上层建筑思想的形成，标志着历史唯物主义思想体系的形成。打开历史之谜大门的钥匙在于生产力与生产关系、经济基础与上层建筑这两对范畴、两个规律之中，它们共同决定社会历史的形成和发展，决定社会结构和社会形态的变化。

生产关系就是经济基础，经济基础就是指生产关系，但经济基础这个概念出现的时间较晚。上层建筑这个概念第一次出现是在《德意志意识形态》中，这是 19 世纪 40 年代的事情。经济基础这个概念到 19 世纪 50 年代中后期才出现和使用，如在《1857—1858 年的经济学手稿》《资本论》中。当然，在《〈政治经济学批判〉序言》中，马克思使用经济基础与上层建筑概念，对经济基础与上层建筑的思想做了精辟的概括，这种概括成为经典论述。从此，经济基础与上层建筑成为历史唯物主义的专门化概念。

从《黑格尔法哲学批判》到《德意志意识形态》，马克思对经济、政治和文化三者之间关系的理解是一样的，即认为经济决定政治和文化。经济基础决定上层建筑，上层建筑又反作用于经济基础。这种思想形成后就没有改

---

① 中共中央马克思恩格斯列宁斯大林著作编译局. 马克思恩格斯全集：第 3 卷 [M]. 北京：人民出版社，1956：25.

变。在《哲学贫困》《共产党宣言》时，在 1851—1852 年《路易·波拿巴的雾月十八日》时，在《1857—1858 年经济学手稿》《资本论》时，马克思都是如此认为。如在 1851—1852 年《路易·波拿巴的雾月十八日》，马克思说，"在不同的所有制形式上，在生存的社会条件上，耸立着由各种不同情感、幻想、思想方式和世界观构成的整个上层建筑。整个阶级在它的物质条件和相应的社会关系的基础上创造和构成这一切"①。如在《资本论》中（1894 年，《资本论》第 3 卷），马克思说，"但是，这种由生产关系本身产生的经济制度的全部结构，以及它的独特的政治结构，都是建立在上述的经济形式上的。任何时候，我们总是要在生产条件的所有者同直接生产者的直接关系……当中，为整个社会结构，从而也为主权和依附关系的政治形式，总之，为任何当时的独特的国家形式，找出最深的秘密，找出隐蔽的基础"②。从这里，我们可以看到，马克思的经济基础与上层建筑思想是一以贯之，它们是一种形成和发展的过程，这个思想的脉络一直没有变化。

可见，马克思对经济决定政治、文化的论述都是一致的，这是说，从《黑格尔法哲学批判》以来，马克思一贯认为经济决定政治、文化。我们唯一可以看出的是，这种经济基础与上层建筑的思想是一个持续性的历史发展过程。换言之，我们如果认为思想有差别，这里的区别无非在于思想论述的简单与详细、生涩与熟练、隐晦与明确而已。

三、思想的形成"节点"和"发展阶段"界说

马克思经济基础与上层建筑思想的形成是一种历史性的变革，这种思想自然有它的形成"节点"，并且，马克思经济基础与上层建筑思想经历了几个发展阶段，是一个动态变化、持续深入的过程。

---

① 中共中央马克思恩格斯列宁斯大林著作编译局. 马克思恩格斯全集：第 8 卷 [M]. 北京：人民出版社，1961：149.

② 中共中央马克思恩格斯列宁斯大林著作编译局. 马克思恩格斯全集：第 25 卷 [M]. 北京：人民出版社，1974：891-892.

（一）思想的形成"节点"

大概在 1844 年，即在《黑格尔法哲学批判》《德法年鉴》时期，马克思创立了经济基础与上层建筑思想，这个时期可称为马克思思想的断裂期。此时，马克思首次提出家庭和市民社会是国家的基础和前提的唯物主义观点，在《黑格尔法哲学批判》中，马克思指出，"黑格尔想使'自在自为的普遍物'——政治国家——不为市民社会所决定，而相反地使它决定市民社会"①。马克思对此进行了批判，这不过是"一种错觉：似乎政治国家是规定者，其实它却是被规定者"②。马克思在批判黑格尔法哲学的过程中，得出市民社会是国家和法的基础和前提的结论，这是马克思经济基础与上层建筑思想的发端，也是历史唯物主义的开端。

在《〈政治经济学批判〉序言》中，马克思曾回忆这种思想的转变，他说，"我写的第一部著作是对黑格尔法哲学的批判性的分析，……我的研究得出这样一个结果：法的关系正像国家的形式一样，既不能从它们本身来理解，也不能从所谓人类精神的一般发展来理解，相反，它们根源于物质的生活关系"③。对此，恩格斯曾做这种同样说明，他说，马克思"在《德法年鉴》（1844 年）里已经把这些看法概括成如下的意思：决不是国家制约和决定市民社会，而是市民社会制约和决定国家，因而应该从经济关系及其发展中来解释政治及其历史，而不是相反"④。这里的物质的生活关系就是"市民社会"，就是后来形成的生产关系概念。马克思要求到政治经济学中去寻找理解和解释法、国家等的秘密，这是一种颠倒、一种断裂。

这种观点是颠覆性的。在《德法年鉴》之前，马克思强调"国家"具有

① 中共中央马克思恩格斯列宁斯大林著作编译局. 马克思恩格斯全集：第 1 卷 [M]. 北京：人民出版社，1956：358.
② 中共中央马克思恩格斯列宁斯大林著作编译局. 马克思恩格斯全集：第 1 卷 [M]. 北京：人民出版社，1956：369-370.
③ 中共中央马克思恩格斯列宁斯大林著作编译局. 马克思恩格斯全集：第 13 卷 [M]. 北京：人民出版社，1962：8-9.
④ 中共中央马克思恩格斯列宁斯大林著作编译局. 马克思恩格斯全集：第 21 卷 [M]. 北京：人民出版社，1965：247-248.

决定性、根本性意义，他认为"国家"才是"基础"。马克思对国家、法、宗教的理解，他还是把国家、法等视为"基础"，认为国家、法等是根本性东西，决定其他一切，比如，社会、家庭等；生产关系、经济、物质利益这些不是"基础"，也不是"上层"，甚至是被忽视和否定的概念。这里，马克思认为"国家"是基础。人们现在认为，经济基础决定上层建筑，上层建筑对经济基础有反作用。这里，经济基础是指生产关系的总和，上层建筑包括政治上层建筑和思想上层建筑，有政治设施、制度、思想、国家、法、宗教和哲学等。

从上述可知，在《莱茵报》时期之前，马克思是黑格尔派，强调自我意识和理性，他认为国家是理性的国家，理性决定国家，国家决定一切。这个阶段，马克思是不知道经济问题的重要性以及经济的基础地位和作用的。在这段时间，马克思已经论述了哲学、宗教、法、国家等的重要性，分别赋予这些以基础的地位。在《莱茵报》时期，马克思的思想认识发生了变化。马克思碰到物质利益问题，"第一次遇到要对所谓物质利益问题发表意见的难事"①，与对手的辩论，认识到经济问题的重要性，"关于林木盗窃和地产析分的讨论……官方论战……辩论，是促使我去研究经济问题的最初动因"②，到了写《黑格尔法哲学批判》的时候，就能正确阐明市民社会与国家之间的关系。从而，马克思确定了市民社会的决定作用，市民社会是"基础"。基础从"国家"转到了"市民社会"，而"国家"成了上层建筑。对此，马克思说得比较明确，"我以往的研究还不容许我对法兰西思潮的内容本身妄加评判"③，所以，他"从社会舞台退回书房"进行自我清算。这表明了马克思以前真的是不懂"经济为何物"，而《黑格尔法哲学批判》是他思想的一个分

① 中共中央马克思恩格斯列宁斯大林著作编译局. 马克思恩格斯全集：第13卷［M］. 北京：人民出版社，1962：7-8.
② 中共中央马克思恩格斯列宁斯大林著作编译局. 马克思恩格斯全集：第13卷［M］. 北京：人民出版社，1962：7-8.
③ 中共中央马克思恩格斯列宁斯大林著作编译局. 马克思恩格斯全集：第13卷［M］. 北京：人民出版社，1962：7-8.

水岭。恩格斯对马克思的思想行程也做了一个相同的判断,恩格斯说,"马克思在波恩和柏林居住时期,……当时是黑格尔派……对经济政治学,他还一无所知,因而'经济形态'一词对他根本没有任何意义……我不认为在马克思 1837 年至 1842 年间读过的那些浪漫学派历史学家的著作中,可以找到这类东西的影子"①"我曾不止一次地听到马克思说,正是他对林木盗窃法和摩塞尔河地区农民处境的研究,推动他由纯政治转向研究经济关系"②。

总之在此之后,马克思从一位唯心主义者变成一位唯物主义者。在马克思的理论中,国家从基础变成了上层建筑,而经济成了经济基础。这是一个颠倒,决定者变成了被决定者,"规定其他东西的东西变成了被规定的东西,产生其他东西的东西变成了它的产品的产品"③"倒因为果,倒果为因,把决定性的因素变为被决定性的因素,把被决定性的因素变为决定性的因素"④。显然,这是一个思想的质变,非常了不起。

(二)思想的"发展阶段"界说

马克思创立经济基础与上层建筑思想,该思想经历了一个发展的过程。从思想形成史的角度,我们可以大致把这种思想的发展阶段做一个粗略的划分。

有学者从意识形态这个角度曾经给马克思的意识形态学说进行划分。意识形态属于上层建筑范畴和内容,所以,对意识形态思想划分其实也隐含了对经济基础与上层建筑思想的一种划分。他们认为,马克思意识形态学说的历史发展大致上可以划分为三个阶段:第一个阶段是意识形态学说的创立阶段,时间是 1845 年至 1856 年,这个时间段的代表作有《德意志意识形态》

---

① 中共中央马克思恩格斯列宁斯大林著作编译局. 马克思恩格斯全集:第 38 卷[M]. 北京:人民出版社,1972:480.

② 中共中央马克思恩格斯列宁斯大林著作编译局. 马克思恩格斯全集:第 39 卷[M]. 北京:人民出版社,1974:446.

③ 中共中央马克思恩格斯列宁斯大林著作编译局. 马克思恩格斯全集:第 1 卷[M]. 北京:人民出版社,1956:252.

④ 中共中央马克思恩格斯列宁斯大林著作编译局. 马克思恩格斯全集:第 1 卷[M]. 北京:人民出版社,1956:369.

《共产党宣言》和《路易·波拿巴的雾月十八日》；第二阶段是意识形态学说的深化阶段，时间是 1857 年至 1870 年；第三阶段是意识形态学说得到完整的论述阶段，这个时间段是 1871 年至 1895 年。① 笔者认为这种划分值得商榷。意识形态学说的起始之点不是在《德意志意识形态》，而是在《黑格尔法哲学批判》中。马克思的经济基础与上层建筑思想，这种思想的起始点不是《德意志意识形态》，而是《黑格尔法哲学批判》。也就是说，我们研究马克思的经济基础与上层建筑思想，《德意志意识形态》的确是非常重要的经典文本，但我们不能忽略了之前时期的一些文本，《黑格尔法哲学批判》《1844 年经济学哲学手稿》和《关于费尔巴哈的提纲》都有马克思经济基础与上层建筑思想的重要内容。

另外一些学者对上述这种意识形态学说的划分提出疑问，并且做出如下判断：《黑格尔法哲学批判》是马克思主义开始研究意识形态问题的起点，《1844 年经济学哲学手稿》则代表着马克思意识形态理论的初步形成，《德意志意识形态》则标志着马克思意识形态理论的基本形成，《资本论》则是马克思对意识形态理论的进一步发展和研究。②

笔者赞同这种说法，这种划分同样适用于经济基础与上层建筑思想。从马克思的经济基础与上层建筑思想的发展阶段来说，《黑格尔法哲学批判》是马克思经济基础与上层建筑思想形成的起始之点，是思想的"形成节点"；《德意志意识形态》标志着马克思经济基础与上层建筑思想的基本形成，经济基础决定上层建筑，上层建筑对经济基础又有反作用，在此已得到系统论述和精辟概括。马克思经济基础与上层建筑思想发展的第一阶段是从《黑格尔法哲学批判》到《德意志意识形态》时期，第二阶段是《德意志意识形态》到《资本论》时期，这是思想的一种继续和发展的过程。马克思在这个时期写了一些非常经典的文章，比如，《共产党宣言》《路易·波拿巴的雾月十八

① 俞吾金. 意识形态论［M］. 上海：上海人民出版社，1993：60.
② 张秀琴. 马克思意识形态理论的当代阐释［M］. 北京：中国社会科学出版社，2005：11.

日》《〈政治经济学批判〉序言》和一些经济学的手稿。第三阶段是《资本论》时期，这个时期既是对马克思经济基础与上层建筑思想的进一步研究，也是对这种思想的一种科学论证。这个时期，马克思经济基础与上层建筑思想从"假说"变成了"真理"。

当然，我们如果把这种划分僵化，那是得不偿失的。马克思经济基础与上层建筑思想是一个动态的发展过程。他对经济基础与上层建筑思想的论述从《黑格尔法哲学批判》开始就认为经济决定政治和文化，经济基础决定上层建筑，区别无非是从明白到明确，从晦涩到简练，从思考到实践而已。所以说，这种思想的形成过程可以划分出不同的发展阶段，但是不能过于在意。

四、"认识论断裂"批判

在马克思理论发展史上，有一个重大的理论事件，就是 20 世纪 60 年代，法国的结构主义者阿尔都塞提出了马克思理论中所谓"认识论断裂"的观点。这个观点在当时引起很大的争议，尽管否定的意见占了上风。阿尔都塞的"断裂论"并非没有支持者和继承人，在中国马克思主义理论中也长期占有重要的位置。中国有不少的马克思主义学者，对这个理论表现出赞同和钦佩，所以，我们对这种"断裂论"的批判很有必要。

阿尔都塞认为，在马克思的著作中存在一个"认识论断裂"，其断裂的位置就是 1845 年的《德意志意识形态》，断裂前后是彼此对立的意识形态（谬误）阶段和科学（真理）阶段。[①] 阿尔都塞强调马克思在 1845 年这个断裂点上创立历史唯物主义的同时，清算了自己以往的哲学信仰，从而创立了一种新的哲学，即辩证唯物主义。阿尔都塞鼓吹这是马克思同自己的决裂、断裂，即唯物主义与唯心主义的区别在性质上显然是谬误与科学的对立。可以说，阿尔都塞制造了"两个马克思"的神话。阿尔都塞的目的是否定

---

① 路易·阿尔都塞. 保卫马克思 [M]. 顾良，译. 北京：商务印书馆，2010：15-16.

马克思青年期著作的"科学"价值,把断裂前的马克思的思想称作"资产阶级意识形态"。

其实,阿尔都塞"断裂论"是一种理论失误。阿尔都塞的"断裂论"无论在内容上、在性质上的划分,还是在时间上的划分都是错误的。马克思的经济基础与上层建筑概念、思想的形成过程可以对此予以有力的反驳。

一种新思想的出现会有一个不断成熟和发展的过程,是一个不断突破自我的连续性和非连续性统一的过程。阿尔都塞只讲了非连续性的一面,就断定这是一种断裂,这是不恰当的。另一方面,从经济基础与上层建筑这个思想来看,这种断裂发生的时间应该是在黑格尔法哲学批判时期。这就是说,就内容、时间而论,阿尔都塞所谓马克思在 1844 年发生了"认识论断裂"的说法是完全不能成立的。而 1844 年、1845 年并没有发生认识论的断裂,我们从经济基础与上层建筑的思想发展来看,这种思想倒是一种继续和发展。我们可以从马克思对经济、政治和文化的论述来看到。

马克思在那时阐述了经济与政治和文化的关系,后来,随着政治经济学研究的发展,马克思的这种思想趋于成熟。在 19 世纪 50 年代末的时候,马克思在《〈政治经济学批判〉序言》中对经济、政治和文化有了精辟的概括,并且在《〈政治经济学批判〉序言》之后,马克思一直坚持这种观点。从《黑格尔法哲学批判》到《德意志意识形态》,我们可以看出,在这个时间段中,马克思对经济、政治和文化三者之间关系的理解是一样的,即认为经济决定政治和文化,经济基础决定上层建筑,这里没有断裂。接下来,在《哲学的贫困》《共产党宣言》时,在《路易·波拿巴的雾月十八日》时,在《1857—1858 年经济学手稿》《资本论》时,我们都可以看到这种决定论的思想。也就是说,马克思经济基础与上层建筑思想的脉络没有断,轨迹没有变。

我们如果真的要说马克思理论上的一个断裂,这个断裂也是发生在《德法年鉴》时期,在马克思写作黑格尔法哲学批判的时候。马克思自己也曾经这样说过,"德国的国家哲学和法哲学在黑格尔的著作中得到了最系统、最丰富和最完整的阐述；对这种哲学的批判不但是对现代国家和对同它联系着的现实的批判性分析，而且也是对到目前为止的德国政治意识和法意识的整个形式的最彻底的否定"①。黑格尔法哲学批判时期是思想形成的"关节点"，在这个时期的前后，马克思的经济、政治、文化的观点、思想是截然不同的。这种断裂是唯心主义与唯物主义的断裂，是意识形态与科学的区别。我们如果以此为分界，倒是可以把马克思的思想分为早期和晚期，分为不成熟的思想和成熟的思想。

马克思是决定论者，他的思想呈现出决定论的特征，基础和上层建筑是表示决定和被决定的一对范畴。现在提到的基础，就是指经济，提到的上层建筑就是说政治和文化。但是，在马克思的前期思想中，基础并非就是指经济，基础不是指经济，国家、法、宗教和哲学是决定者，它们是最重要的东西，它们是"基础"。经济与基础结合在一起使用有一个过程，于是，基础指经济，上层建筑包括政治的上层建筑和文化的上层建筑。这就是说，基础成了经济基础，而上层建筑就是指政治和文化。

的确，阿尔都塞绝对不是以"保卫马克思"为名而行颠覆马克思之实的，他批判的是"我们甚至没有读过马克思成熟时期的著作，因为我们太热衷于在马克思青年时期著作的意识形态火焰里重新发现自己炽烈的热情"②。但是，阿尔都塞推崇马克思成熟时期的著作，从而提出的"认识论断裂"却给一些人制造了"两个马克思"的神话。"两个马克思"造成了严重的后果，它甚至颠覆了历史唯物主义、马克思主义的根本。其实，马克思前后的思想是一以贯之的，这可以从马克思对经济、政治和文化的论述来得以明确，显然，制造"两个马克思"的神话是苍白无力的。

---

① 中共中央马克思恩格斯列宁斯大林著作编译局. 马克思恩格斯全集：第 1 卷 [M]. 北京：人民出版社，1956：459-460.
② 路易·阿尔都塞. 保卫马克思 [M]. 顾良，译. 北京：商务印书馆，2010：3-4.

第二节 思想创立：运用"哲学假说"方法

马克思经济基础与上层建筑思想的创立同历史唯物主义创立的关系是非常密切的。我们从生成论的角度来看，它们是在相互关照中生成的。我们从生成论的角度，才能深刻揭示马克思经济基础与上层建筑思想同历史唯物主义的关系。马克思经济基础与上层建筑思想是历史唯物主义思想的重要内容和组成部分，但是，从思想的生成逻辑来看，我们不能从此断定哪一个在前，哪一个在后，哪一个生成了哪一个，哪一个比哪一个更为重要。有可能是，马克思在它们之间的相互关照之中生成了马克思经济基础与上层建筑思想，生成了历史唯物主义，也就是说，在马克思经济基础与上层建筑思想得以形成的前提之下，历史唯物主义得以生成，在历史唯物主义形成的基础之上，马克思经济基础与上层建筑思想得以生成。马克思经济基础与上层建筑思想是科学的理论体系，系统完整、逻辑严密，自有其形成过程、理论渊源、理论原则、主要内容。我们把握这种科学理论，必须从历史唯物主义的形成过程、理论渊源、理论原则、主要内容中来把握。反过来也是如此，我们要把握马克思经济基础与上层建筑思想与历史唯物主义的关系，即前者对后者的地位、作用、实质，后者对前者的地位、作用、实质。在马克思经济基础与上层建筑思想同历史唯物主义的相互关照之中，揭示既使前者得以形成，也使后者得以形成。

在这部分内容中，我们阐述马克思经济基础与上层建筑思想得以形成的方法问题，是要结合历史唯物主义的形成的。马克思采用"哲学假说"的方法使得马克思经济基础与上层建筑思想创立，也使得历史唯物主义得以形成。马克思经济基础与上层建筑思想的形成是对历史之谜的回答，这种"假说"是解答历史之谜的"假说"。解答历史之谜是指揭示人类社会的本质和历史发展的规律。马克思的历史唯物主义，揭示了人类社会的本质和历史发展的规律，这是对人类社会最伟大的贡献。但是，马克思对社会本质、历史规律的揭示经历了一个从错误到正确、从谬论到科学的过程。这个过程是哲学"假说"的过程。他运用哲学"假说"的思维形式、思维方法，勇于假说、善于假说，对人和社会进行深入分析，最后发现社会历史的本质和规律。他的哲学假说经历如下过程：人的本质，从理性的、精神的人到感性的、直观的人再到实践的、社会的人；社会的本质，从理性决定社会，再到生产关系决定社会。马克思运用哲学假说的方法，立足实践，形成历史唯物主义理论，从而打开了历史的大门，解答了历史之谜。

一、历史之谜和假说

恩格斯说，"只要自然科学运用思维，它的发展形式就是假说"[①]，整个科学也是如此，离不开"假说"这种形式。哲学属于广义上的科学，所以这句话同样适合于哲学，也就是说，哲学可以采用假说的形式，而且在必要时应该采用假说的形式。哲学理论的提出本身就是一个假说的过程，采用哲学假说的方式可以解答历史之谜。历史之谜，是指社会历史的本质和规律，解答历史之谜就是揭示社会历史的本质和规律。社会历史"不过是追求着自己目的的人的活动而已"[②]，所以探究社会历史的本质和规律就要着眼于人和由人组成的社会，我们要对人和社会进行分析，对人和社会分析透彻了，科学理论就可以形成，历史之谜的谜底也就可以揭晓了。解答历史之谜属于哲学层面上的思考，解答历史之谜的假说就是指哲学假说。马克思的历史唯物主义，就是勇于提出哲学假说、善于提出哲学假说的结果。马克思对人的假说经历了这样一个过程：从理性的、精神的人到感性的、直观的人，再到实践

---

① 中共中央马克思恩格斯列宁斯大林著作编译局. 马克思恩格斯文集：第 9 卷 [M]. 北京：人民出版社，2009：493.

② 中共中央马克思恩格斯列宁斯大林著作编译局. 马克思恩格斯文集：第 1 卷 [M]. 北京：人民出版社，2009：295.

的、社会的人。他对社会的假说过程：从理性决定社会，再到生产关系决定社会。

一般而言，哲学假说是指在提出和回答哲学问题方面的新"说法"、新理论、新观点，是理论上、哲学上的假设、假定。但是，这里理性的人、感性的人等都不是马克思自己首先提出的，在此，我们应该对"提出哲学假说"进行一个界定。笔者认为，提出哲学假说从内容上说包括两种类型：一种类型是指在理论上提出前人没有提过的"说法"，说出一些新的东西，"言前人所未言"，提出假说的人就是创新的人，是发现者、发明家；另外一种类型是指后人接受前人已经提出的假说，进行论证，包括证实和证伪。这种接受假说也可以视为提出假说，当然，后人对前人的这种假说必须重新论证，可以证实，也可以证伪。如果后人仅仅是接受假说没有重新论证，这种接受假说就不能视为提出假说。非常明确，这里重要的地方不在于是谁提出的假说，而在于对这种假说的论证。这就是说，重要的地方不在于"谁"，而在于"提出"和"论证"。

马克思深受黑格尔和费尔巴哈思想的影响，马克思接受他们的思想，并提出自己的论证，那么这种情况也可以视为马克思自己提出哲学假说。黑格尔提出人是理性的人，费尔巴哈提出人是感性的人，马克思曾经予以接受，但是马克思提出自己的论证，最后加以证伪，认为人是实践的人。同样，马克思最初认为社会是理性的社会，社会由国家、法和宗教等决定，后来加以证伪，认为社会由生产关系决定，并且予以证实。梳理马克思的思想脉络，我们可以认为，他对历史之谜的解答，即对人和社会本质的揭示采取了哲学假说的形式：人的本质方面，从理性的人、精神的人到感性的人、直观的人，最后到实践的人、社会的人；社会的本质方面，从理性决定社会，比如，国家、法、宗教决定社会到生产关系决定社会。

哲学假说，作为一种思维形式、思维方法，表示的是一个过程，用动词表示应是"假设、假定"，如假设、假定什么，此时的哲学假说还没有正确和错误之分，因为它们还没有论证或论证完毕。作为名词的哲学假说，它又指的是一种结果。那么，哲学假说从性质上讲就有两种形式，即科学的哲学假说和错误的哲学假说，证伪和证实是评判它们的依据。被证伪的假说是错误的假说，被证实的假说是科学的假说。在这个证伪和证实的论证过程中，证实了的哲学理论就从假说变成了真理，对解释世界和改造世界产生重大的积极作用。这些采用假说形式的哲学理论的区别仅仅在于，有的哲学理论能够从假说变成真理，这是一个从"假"到"真"的过程，而有的假说却不能从假说变成真理，"假"变不成"真"。马克思假设的理性的人、感性的人就是错误的哲学假说，而实践的人就是科学的哲学假说；理性决定社会是错误的哲学假说，而生产关系决定社会就是科学的哲学假说。列宁曾说过，"自从《资本论》问世以来，唯物主义历史观已经不是假设，而是科学地证明了的原理"①。自从《资本论》诞生以后，经过了论证，历史唯物主义就不仅是一种哲学假设、假说，而是一种科学的哲学假说，一种科学理论、真理。马克思运用哲学假说的方式，研究人和社会的本质，从错误的哲学假说到科学的哲学假说，最后走向历史的深处。

"哲学家们只是用不同的方式解释世界，问题在于改变世界。"② 马克思指出，哲学的意义在于发挥解释世界和改变世界的功能，哲学既要回过头看看过去，进行反思，也要抬起头看看前方，展望未来。哲学是要超越现实的，对问题的种种解答其实就是各种各样的假说。马克思主义创始人承认理论假说、哲学假说的存在和必要，马克思的理论本身就明显采用哲学假说的方法，这表明马克思"勇于提出假说"。但是，"假说"不是"胡说"，不是随便说，提出假说和进行论证都是极其严肃的事情，这要求人们"要善于提出假说"。正如列宁在评价马克思历史唯物主义思想的时候所说的，"这在那时暂且还只是一个假设，但是，是一个第一次使人们有可能以严格的科学态度对待历史

---

① 中共中央马克思恩格斯列宁斯大林著作编译局. 列宁专题文集·论辩证唯物主义和历史唯物主义 [M]. 北京：人民出版社，2009：163.

② 中共中央马克思恩格斯列宁斯大林著作编译局. 马克思恩格斯文集：第1卷 [M]. 北京：人民出版社，2009：502.

问题和社会问题的假设"①，这意味着，提出假说和论证假说需要真正具备科学的和社会的条件。因此，列宁认为，这种哲学假说的论证一直到了《资本论》写作的完成，它才从假说变成了真理，这些都表明提出假说和论证假说之难。

马克思在他的哲学假说和论证过程中，揭示了历史唯物主义的形成秘密，找到了解答历史之谜的钥匙，从而打开了历史的大门。历史唯物主义的形成秘密在于从人出发，基于社会存在，立足实践。人、社会存在和实践是马克思形成历史唯物主义的关键概念，也是马克思形成历史唯物主义这种科学理论的哲学假说的三个切入点。人、社会存在和实践是一种"三而一、一而三"的状况。马克思认为，人是社会实践中的人，实践是以人为主体的对客体的对象化活动，社会本质上是实践的，人的本质是社会关系的总和，这种关系的总和是在社会实践中形成的。割裂人、社会、实践三者的这种关系或是单独强调其中的一个方面所导致的后果，就不能真正理解三者之中的一者。比如，人本学、人类学、人道主义也都讲人，强调人的本质、意义、价值，强调从人出发，但是它们并不能科学地认识三者的关系，特别是不了解实践，所以它们并不了解人，也就没有正确解决人与社会、人与自然的关系，没有达到对人与世界关系的科学把握。

二、关于人与自然关系的假说

人是社会中的人，但是人类形成于自然界中，存在和发展于自然界中，人与自然界的关系和人与社会的关系都是哲学关注的问题，哲学理论是对人与自然、人与社会关系问题的回答。所以，这里就产生对自然界的关注、对自然界的探讨的问题，就会产生关于人与自然关系的哲学假说。在人与自然的关系上，学界有两种哲学态度：一种态度是从自然出发，一种态度是从人

---

① 中共中央马克思恩格斯列宁斯大林著作编译局. 列宁专题文集·论辩证唯物主义和历史唯物主义 [M]. 北京：人民出版社，2009：160.

出发。这两种哲学态度、立场其实就是两种哲学假设、假说。自古希腊、罗马以来，在探讨人与自然、世界的关系的时候，人们往往把重点放在了自然、世界这一方。一些哲学假说都是"从自然出发"，讲自然，而没有讲"人"的自然，即使在论述人的时候，也多是讲"自然"的人。它们或者是把自然、世界当作了脱离人活动的世界，或者是把人看成了自然、世界的附属物。前一种情况导致人们在思考自然、世界的时候，只有自然而没有人，直接忽略了人。我们探索自然，是为知识而求知识，满足求知欲，没有探讨人与自然的关系。这种观点是物的观点，因为它不是从人出发，而是从自然出发，从物出发。后一种情况却导致了神学的形成和昌盛，人成了神的附属物，因为，这个自然、世界是神创造的。在后一种情况中，人们虽然考虑了人的问题，但是人是卑微的，是不完整的，是需要神的救赎的，显然也没有真正做到从人出发。在对待人与自然、世界关系的时候，上述的两种情况、两种观点都不是从人出发的，没有从人的角度思考人与自然、世界的关系。

在思考人与自然、世界关系的时候，我们到底是要从自然出发，还是从人出发？的确，我们从人出发可能会抑或不会真正认识人的本质和社会历史的本质。但是，我们如果不从人出发，那就肯定会导致这种状况，即不可能真正认识人的本质和社会历史的本质。这就是从人出发所具有的重要意义和价值所在，所以说，从自然出发还是从人出发，这是根本性的问题。

马克思站在了后一方面，从人出发，在人与自然的关系上，他一直是假设、假定从人出发，提出了关于从人出发的哲学假说。自人类形成与存在以来，人们开始关注自身、思考自身。从古到今，西方世界的思想家和哲学家们对人的有关论述也很多。苏格拉底说，"认识你自己"。人类关心自己，这种关心并不必然导致对自身有正确的认识。但是，西方的一些思想家有关人的论述构成了马克思"从人出发"的立场、态度的思想前提和思想材料，正如列宁所说的，"马克思主义……绝不是离开世界文明发展大道而产生的一种故步自封、僵化不变的学说……他的学说的产生正是哲学、政治经济学和社会主义极伟大的代表人物的学说的直接继续"①。一些思想家关于人的论述对马克思影响很大，比如，普罗泰戈拉认为，"人是万物的尺度"；亚里士多德认为，"人是政治动物"；康德认为，"人是目的"；费尔巴哈认为，"人是人的最高尺度"；等等。所以，马克思在假设到底从哪个出发的时候，他选择了人，从人出发，只有解决了"从人出发"还是"从自然出发"这个问题，才具备了正确解释人和自然的一个大前提。只有以人为出发点，马克思才有可能去科学地思考和揭示人的本质。

三、对人的假说和论证

从人出发，是马克思的立场和态度，马克思不会"目中无人"，但是，"人类的各种知识中，最有用而最不完备的就是关于'人'的知识"②。马克思并非一下子就科学地把握了人的本质，其实，他对人的论述也经历了一个过程，即从理性、精神的人到感性的、直观的人再到社会的、实践的人。马克思的思想是有源之水、有本之木，它对本国和整个西方的思想具有一种继承和批判的关系。马克思的思想渊源在于德国古典哲学，德国古典哲学关于人的阐释对他有很深的影响，特别是黑格尔和费尔巴哈的关于人的思想。马克思接受黑格尔和费尔巴哈思想的过程，其实就是进行哲学假说的过程。理性的人和感性的人，这是黑格尔和费尔巴哈的哲学假说，马克思予以接受，也作为自己的哲学假说，并且进行论证，最终予以证伪。马克思提出了自己的哲学假说，即实践的人，并且进行了自己的论证，最终予以证实。

马克思第一次论述人的时候，把人定义为理性的人，这种假设有历史和现实的原因。黑格尔认为，理性、理念是人、社会和历史的本质，所以他理解的人是理性的人。"人的本质，人，在黑格尔看来＝自我意识。"③ 这种自我

① 中共中央马克思恩格斯列宁斯大林著作编译局. 列宁专题文集·论马克思主义［M］. 北京：人民出版社，2009：66-67.
② 卢梭. 论人类不平等的起源和基础［M］. 北京：商务印书馆，1962：62.
③ 中共中央马克思恩格斯列宁斯大林著作编译局. 马克思恩格斯文集：第1卷［M］. 北京：人民出版社，2009：207.

意识就是绝对知识、绝对精神。"人只是以精神的形式出现。"① "因为只有精神才是人的真正的本质，而精神的真正的形式则是能思维的精神，逻辑的、思辨的精神。"② 黑格尔重视"劳动"这个概念，把劳动看作人的本质，看作人的自我确证的本质，但是"黑格尔唯一知道并承认的劳动是抽象的精神的劳动"③。黑格尔把理性和精神看作人的本质。在思考人的本质的时候，马克思最初认为人是理性的人，理性是人的本质，他认为，人是"精神存在物"，强调人的精神本性，在与卢格的通信中，他指出，"人是能思想的存在物"④，这是对人的一种哲学假说。但是，马克思通过论证对这种假说进行了否定，对青年黑格尔派的思想"意识或自我意识被看成是唯一的人的本质"⑤ 进行了批判。因为在现实生活中，这种假说不能解决现实问题。这种理性的人的解释不能解决让他疑惑的问题。

于是，"青年马克思在费尔巴哈的直接影响下，离开黑格尔的理性的人，转向对现实的人的研究"⑥。马克思转向了费尔巴哈。费尔巴哈恢复了唯物主义权威，他认为，人是人最高的本质，从人和自然出发去思考问题。他所理解的人是生物学、自然学意义上的人，是感性的、直观的人。的确，费尔巴哈也讲理性，他认为，"思维力是认识之光，意志力是品性之能量，心力是爱"⑦，这就是说，人的本质是理性、意志和心。他认为，"真正的存在着，

---

① 中共中央马克思恩格斯列宁斯大林著作编译局. 马克思恩格斯文集：第 1 卷 ［M］. 北京：人民出版社，2009：204.

② 中共中央马克思恩格斯列宁斯大林著作编译局. 马克思恩格斯文集：第 1 卷 ［M］. 北京：人民出版社，2009：204.

③ 中共中央马克思恩格斯列宁斯大林著作编译局. 马克思恩格斯文集：第 1 卷 ［M］. 北京：人民出版社，2009：205.

④ 中共中央马克思恩格斯列宁斯大林著作编译局. 马克思恩格斯全集：第 1 卷 ［M］. 北京：人民出版社，1956：409.

⑤ 中共中央马克思恩格斯列宁斯大林著作编译局. 马克思恩格斯文集：第 10 卷 ［M］. 北京：人民出版社，2009：15.

⑥ 陈先达. 陈先达文集：第 2 卷 ［M］. 北京：中国人民大学出版社，2006：168.

⑦ 陈先达. 陈先达文集：第 2 卷 ［M］. 北京：中国人民大学出版社，2006：173.

是思维着的、爱着的、愿望着的存在着"①。但是他没有把人仅仅局限于精神范围。他说,"人与动物不同,绝不只在于人有思维。人的整个本质是有别于动物的"②。这里所说的人的整个本质,指的是人的类本质,即人是类存在物。费尔巴哈不满于把人的本质归结为理性、意志和精神,他进而把这个"类"作为基础,这表明,他已经开始意识到从人与人的联系来解释人的本质。可见,他不再从精神,而是从人的"类生活"来说明人的本质,"并把人看成是感性的人、感性的对象"③。

马克思深受费尔巴哈的影响,也主张"人的根本就是人本身"④"人是人的最高本质"⑤,也就是说,他认为人是感性的人,人是直观的人。但是,马克思很快对这种假说进行了否定。因为在关于人的论述中,费尔巴哈认为,人的本质在于类和类生活,这种"类生活"的集中体现在宗教和爱,但是这种爱是无法实现的一种幻想。在《关于费尔巴哈的提纲》中,马克思批判了费尔巴哈的直观的人的思想,"因此,本质只能被理解为'类',理解为一种内在的、无声的、把许多个人自然地联系起来的普遍性"⑥。其实,费尔巴哈所理解的人是自然的人,生物学意义上的人。其原因在于,"费尔巴哈不满意抽象的思维而喜欢直观;但是他把感性不是看作实践的、人的感性的活动"⑦。马克思从感性的、直观的人转向了实践的、社会的人,他认为,"各个人的出发点总是他们自己,不过当然是处于既有的历史条件和关系范围之

---

① 陈先达.陈先达文集:第 2 卷 [M].北京:中国人民大学出版社,2006:173.

② 陈先达.陈先达文集:第 2 卷 [M].北京:中国人民大学出版社,2006:173.

③ 陈先达.陈先达文集:第 2 卷 [M].北京:中国人民大学出版社,2006:173.

④ 中共中央马克思恩格斯列宁斯大林著作编译局.马克思恩格斯文集:第 1 卷 [M].北京:人民出版社,2009:11

⑤ 中共中央马克思恩格斯列宁斯大林著作编译局.马克思恩格斯文集:第 1 卷 [M].北京:人民出版社,2009:11.

⑥ 中共中央马克思恩格斯列宁斯大林著作编译局.马克思恩格斯文集:第 1 卷 [M].北京:人民出版社,2009:501.

⑦ 中共中央马克思恩格斯列宁斯大林著作编译局.马克思恩格斯文集:第 1 卷 [M].北京:人民出版社,2009:501.

内的自己，而不是玄想家们所理解的'纯粹的'个人"①。在《关于费尔巴哈的提纲》中，他对人的本质做了如下表述，"人的本质不是单个人所固有的抽象物，在其现实性上，它是一切社会关系的总和"②。人的本质与社会关系的总和有关，人的本质要在社会关系的总和中得到说明，而在社会关系的总和中，最为重要的是生产关系，马克思认为，"个人怎样表现自己的生活，他们自己就是怎样。因此，他们是什么样的，这同他们的生产是一致的：既和他们生产什么一致，又和他们怎样生产一致"③。在这段话中，他阐述了社会关系和生产实践的重要性，可见，他对人的理解转到了社会的人、实践的人这个角度。在这里，马克思认为人是实践的人，这是一种伟大的假设，并对此进行了科学论证。

黑格尔和费尔巴哈分别认为"理性的人"和"感性的人"才是"现实的人"，这两种说法遭到马克思的批判。他们所谓的"现实的人"都不现实，还是"抽象的人"，这是因为，黑格尔的绝对理性是一种抽象的无，由绝对理性引申而来的人是一种抽象物；费尔巴哈所说的人是"离开一定历史条件的纯感性存在物，因此是抽象的人；他所说的类本质是一种抽象的本质"④。真正现实的人是从事实践活动的人，是社会中的人。马克思认为这是对人的科学认识。他对人做这种论述，本身就是一种假设，先进行假设，然后对这种假设进行论证，通过事实和逻辑，证明了这个论断的正确和科学性。

四、对社会的假说和论证

马克思不仅思考"人"的问题，而且他始终思考"社会"这个问题。其

---

① 中共中央马克思恩格斯列宁斯大林著作编译局. 马克思恩格斯文集：第 1 卷 [M]. 北京：人民出版社，2009：571.
② 中共中央马克思恩格斯列宁斯大林著作编译局. 马克思恩格斯文集：第 1 卷 [M]. 北京：人民出版社，2009：501.
③ 中共中央马克思恩格斯列宁斯大林著作编译局. 马克思恩格斯文集：第 1 卷 [M]. 北京：人民出版社，2009：520.
④ 陈先达. 陈先达文集：第 1 卷 [M]. 北京：中国人民大学出版社，2006：118.

实，我们也只有把人和社会结合在一起同时加以思考，才能真正理解人和社会，理解二者之中的其一。这里的社会概念是指人类的社会现象、结构和发展过程，并不是马克思所讲的"市民社会"这个概念，"市民社会"是指生产关系。这里所说的社会概念包括社会结构、政治制度、社会发展状况等，关涉社会形态和社会有机体。决定社会发展的本质力量是什么？这里就涉及社会存在问题。费尔巴哈有关人的本质阐述对马克思人学思想产生了很大的影响，但是费尔巴哈不懂政治，"正如施达克所说，政治是费尔巴哈'通不过的区域'"①。对此，马克思也说过，"费尔巴哈的警句只有一点不能使我满意，这就是：他过多地强调自然而过少地强调政治"②。所以，关于社会、国家、政治制度的思想，黑格尔对马克思有很深的影响。在思考社会时，马克思先是假定理性决定社会，到后来，反对用理性来解释社会，所以他反对政治制度决定社会的观点。他认为，并不是国家和法决定社会，而是市民社会决定社会。最后，马克思假定财产关系即生产关系决定社会，并且进行了论证，理论论证和实践都证明了生产关系决定社会。

黑格尔用绝对理念、绝对精神来解释历史、世界、社会，认为一切都是绝对理念、绝对精神的外化和显现，从绝对理念、绝对精神开始而又复归于绝对理念、绝对精神。他用理性解释对人的理解、对社会的理解，人是理性的人，社会就是理性的社会。马克思在《博士论文》中也强调理性和自我意识的重要性，用理性和自我意识来解释人和世界，包括人类社会。但是这种解释给他带来了苦恼，因为这种解释不能解决他的疑惑。马克思在现实生活中遇到了"苦恼的疑问"，那就是他希望理性战胜现实，普遍利益战胜私人利益，但是在现实生活中，总是现实战胜理性，现实的法和国家战胜理想的法和国家，理性在现实面前显得极其软弱无力。后来，马克思假设"市民社会"

---

① 吴晓明，陈立新. 马克思主义本体论研究 [M]. 北京：北京师范大学出版社，2012：174.
② 中共中央马克思恩格斯列宁斯大林著作编译局. 马克思恩格斯全集：第27卷 [M]. 北京：人民出版社，1972：442-443.

决定社会，即市民社会决定国家和法等。在《〈政治经济学批判〉序言》中，他追述《黑格尔法哲学批判》思想时说，"我的研究得出这样一个结果：法的关系正像国家的形式一样，既不能从它们本身来理解，也不能从所谓人类精神的一般发展来理解，相反，它们根源于物质的生活关系，这种物质的生活关系的总和，黑格尔按照18世纪的英国人和法国人的先例，概括为'市民社会'"①。正如列宁所讲，"马克思一次也没有利用这些生产关系以外的任何因素来说明问题"②，他把"社会关系归结于生产关系"③，这种假设、假定，这种哲学假说能够科学地解释社会现象和社会本质。从此，马克思对这种研究逐渐深入、深刻，逐渐把握真理，揭示规律。

在继续论证市民社会决定国家和法的过程中，马克思对生产关系进行了深入的研究，并且提出社会存在的概念。他认为，"不是人们的意识决定人们的存在，相反，是人们的社会存在决定人们的意识"④。社会存在不是一个抽象的概念，它有具体所指，内涵比较丰富。人类社会的形成和发展需要具备最基本的三个条件：自然界、人和物质资料的生产方式。三者缺一，就不可能形成一个人类社会和人化世界。这三者都属于社会存在范畴，也就是说，社会存在包括自然界、人和物质资料的生产方式。但是，从根本上说，决定人类社会的性质和发展的是物质资料的生产方式，物质资料生产方式是社会发展的决定力量。马克思认为，"物质生活的生产方式制约着整个社会生活、政治生活和精神生活的过程"⑤。生产方式是生产力和生产关系的统一体，在

---

① 中共中央马克思恩格斯列宁斯大林著作编译局. 马克思恩格斯文集：第2卷［M］. 北京：人民出版社，2009：591.
② 中共中央马克思恩格斯列宁斯大林著作编译局. 列宁专题文集：论辩证唯物主义和历史唯物主义［M］. 北京：人民出版社，2009：162.
③ 中共中央马克思恩格斯列宁斯大林著作编译局. 列宁专题文集：论辩证唯物主义和历史唯物主义［M］. 北京：人民出版社，2009：161.
④ 中共中央马克思恩格斯列宁斯大林著作编译局. 马克思恩格斯文集：第2卷［M］. 北京：人民出版社，2009：591.
⑤ 中共中央马克思恩格斯列宁斯大林著作编译局. 马克思恩格斯文集：第2卷［M］. 北京：人民出版社，2009：591.

这个统一体中，生产力是处理人和自然界之间关系的一种能力，而生产关系是人与人之间的关系。生产力是最终的决定力量，"无论哪一个社会形态，在它所能容纳的全部生产力发挥出来以前，是决不会灭亡的；而新的更高的生产关系，在它的物质存在条件在旧社会的胎胞里成熟以前，是决不会出现的"①。在这里，生产力的作用已经得到了深刻和透彻的表达。生产关系对生产力也有反作用，但是这是在生产力决定作用下的反作用，是第二位的作用。另外，生产方式中生产关系的总和构成社会的经济基础，经济基础决定上层建筑，上层建筑由经济基础决定。

科学解释、揭示人和社会的本质，离不开实践，实践是解决历史之谜的关键。人与社会的矛盾、人与自然的矛盾的产生和解决全部在于实践，正是由于实践这个概念，马克思解决了关于"人"的问题和"社会"的问题，"在劳动发展史中找到了理解全部社会史的钥匙"②。当然，他对实践的理解也经历了一个历史过程，马克思把实践的观点引入了认识论，而且引入了历史观。实践既与认识对立、对应，又与社会生活对应。从实践与认识之间关系的角度讲，他认为，"人的思维是否具有客观的真理性，这并不是一个理论的问题，而是一个实践的问题"③ "凡是把理论引向神秘主义的神秘东西，都能在人的实践中以及对这种实践的理解中得到合理的解决"④。历史唯物主义认为，实践是与认识对立、对应的概念，认识是一个思想、思维的过程，而实践是一个客观的物质过程。实践不是认识，认识也不是实践，但是认识不能脱离实践而单独存在，认识不是从天上掉下来的，也不是在自己的大脑中凭空产生的，认识不是无源之水、无本之木，它有深刻的实践根源。实践是

---

① 中共中央马克思恩格斯列宁斯大林著作编译局. 马克思恩格斯文集：第 2 卷 [M]. 北京：人民出版社，2009：592.

② 中共中央马克思恩格斯列宁斯大林著作编译局. 马克思恩格斯文集：第 4 卷 [M]. 北京：人民出版社，2009：313.

③ 中共中央马克思恩格斯列宁斯大林著作编译局. 马克思恩格斯文集：第 1 卷 [M]. 北京：人民出版社，2009：500.

④ 中共中央马克思恩格斯列宁斯大林著作编译局. 马克思恩格斯文集：第 1 卷 [M]. 北京：人民出版社，2009：501.

认识的来源、动力、目的和认识真理性的根本标准。此外，实践又是一个与社会生活对应的概念。马克思认为，"全部社会生活在本质上是实践的"①。人类、社会的形成都是通过实践形成的，"社会——不管其形式如何——是什么呢？是人们交互活动的产物"②，这表明，实践是社会的存在方式、生存本体。恩格斯也认为，劳动这种实践"是整个人类生活的第一个基本条件，而且达到这样的程度，以至我们在某种意义上不得不说：劳动创造了人本身"③。历史唯物主义认为，实践是人改造物质世界的对象性活动，是人运用物质的力量对客观世界的改造。这是主体的人和客体的物质世界之间的一种互相作用，是主体、中介到客体的客观过程。从此，我们能够得到这样一种最根本的认识，即实践的观点是历史唯物主义的基本观点，实践的原则是历史唯物主义最根本的原则。

列宁曾经说过，"马克思的全部天才正是在于他回答了人类先进思想已经提出的种种问题"④。人类先进思想都是对问题的解答，并且在解答原有问题的基础上产生新的问题，这种解答问题和提出问题其实就是理论上、哲学上的假说，是一个假设、假定的过程，是一个证伪、证实的过程。马克思勇于假说、善于假说，他所能做到的、做得比较好的就是他的这种哲学假说通过引进实践概念进行论证并且得到了实践证明，哲学假说变成科学真理。这种哲学假说、科学理论成为指导人类实践的锐利思想武器。

总之，马克思的历史唯物主义揭示了社会历史的本质和发展规律，是

---

① 中共中央马克思恩格斯列宁斯大林著作编译局. 马克思恩格斯文集：第 1 卷 ［M］. 北京：人民出版社，2009：501.

② 中共中央马克思恩格斯列宁斯大林著作编译局. 马克思恩格斯文集：第 10 卷 ［M］. 北京：人民出版社，2009：42.

③ 中共中央马克思恩格斯列宁斯大林著作编译局. 马克思恩格斯文集：第 9 卷 ［M］. 北京：人民出版社，2009：550.

④ 中共中央马克思恩格斯列宁斯大林著作编译局. 列宁专题文集：论马克思主义 ［M］. 北京：人民出版社，2009：66.

"科学思想中的最大成果"①。一百多年来，还没有任何一种理论像它那样深刻地影响着人类发展的进程，改变社会历史面貌，这是对人类社会最伟大的贡献。但是，马克思并不是天生的历史唯物主义者，他对社会发展规律的揭示和社会发展理论的概括经历了一个从错误到正确、从谬论到科学的过程，这个过程是哲学"假说"的过程。他运用哲学假说这种思维形式、思维方法，对人和社会进行深入分析，最后发现社会历史的本质和规律，也就是说，他对社会规律的揭示经历了一个不断试错的过程，不断假设、假定，建立假说，然后进行论证，包括证伪和证实，从错误的哲学假说到科学的哲学假说，渐渐地离真理越来越近，最后达到对真理的把握、对规律的揭示。马克思运用哲学假说的方法，立足实践，形成历史唯物主义理论，从而打开了历史的大门，解答了历史之谜。

第三节　恩格斯的理论贡献

我们研究马克思，必然也要研究恩格斯；研究马克思的思想，必然也要研究恩格斯的思想。我们在这里的第二章部分就引出恩格斯，在文章以后其他章节，都会论述恩格斯。马克思创立了历史唯物主义的经济基础与上层建筑思想，但是，恩格斯也做出了杰出的贡献。可以毫无疑问地说，马克思、恩格斯共同创立了经济基础与上层建筑思想。我们知道，这种思想的创立是在《黑格尔法哲学批判》《德法年鉴》时期，也就是在此时，恩格斯从另一种道路上得出了与马克思一样的结果。恩格斯与马克思是互相启发、互相借鉴，在经济基础与上层建筑思想的创建中，马克思发挥了主要的作用，而恩格斯也起到了重要的作用。

---

① 中共中央马克思恩格斯列宁斯大林著作编译局. 列宁专题文集：论马克思主义［M］. 北京：人民出版社，2009：68.

一、"同创互补"过程

马克思、恩格斯共同创立经济基础与上层建筑思想，恩格斯在其中发挥了重要的作用。西方世界，研究马克思学说的某些人，把马克思和恩格斯的差别和特点夸大为理论上的对立。其实，马克思和恩格斯既是两个人，又是一个人，"从理论角度来说，他们是一个人，是同一学说、同一理论、同一主义的共同创造者"①，他们共同创造了历史唯物主义、经济基础与上层建筑思想。历史上从无合作共创理论达到如此完美境界的，马克思、恩格斯做到了，他们共同创造了经济基础与上层建筑思想，共同诞生了历史唯物主义。

恩格斯说"当我1844年夏天在巴黎拜访马克思时，我们在一切理论领域中都显出意见完全一致，从此就开始了我们共同的工作"②。马克思的《黑格尔法哲学批判》（包括导言）以及《论犹太人问题》，恩格斯的《政治经济学批判大纲》以及《英国工人阶级状况》，这些著作在马克思、恩格斯的经济基础与上层建筑思想史中具有重要的地位。

恩格斯自认是第二小提琴手，但是，恩格斯在经济基础与上层建筑思想上面毫不逊色于马克思这个第一小提琴手。1843年，恩格斯在《德法年鉴》上发表了《政治经济学批判大纲》，1844年发表了《英国工人阶级状况》，阐述了经济的决定作用，物质利益在社会生活中的重要性。恩格斯阐述了经济决定政治、文化的观点，故而，马克思有一个论断，在《〈政治经济学批判〉序言》中，他说，"自从弗里德里希·恩格斯批判经济学范畴的天才大纲（在《德法年鉴》上）发表以后，我同他不断通信交换意见，他从另一条道路（参看他的《英国工人阶级状况》）得出同我一样的结果"③。

在经济基础与上层建筑思想的形成中，恩格斯在有些方面给予马克思非

---

① 陈先达. 恩格斯与马克思主义 [J]. 教学与研究，1995（4）：18-25.
② 中共中央马克思恩格斯列宁斯大林著作编译局. 马克思恩格斯全集：第21卷 [M]. 北京：人民出版社，1965：247-248.
③ 中共中央马克思恩格斯列宁斯大林著作编译局. 马克思恩格斯全集：第13卷 [M]. 北京：人民出版社，1962：9-10.

常重要的帮助。对此，马克思也曾经有过一些论述。在恩格斯的小册子《社会主义从空想到科学的发展》法文版导言，他说，"弗里德里希·恩格斯……在1844年就以……《政治经济学批判大纲》引起了注意。……他用德文写了《英国工人阶级状况》（1845），这是一部重要的著作，其意义由马克思在《资本论》中做了充分的估计"①。

恩格斯有自己的实践经历、理论思考和思想进路，在英国工业中在曼彻斯特接触无产阶级，观察到经济事实是决定性的历史力量，是现代阶级对立所产生的基础。恩格斯指出了物质、利益的重要性，强调物质利益在历史中的作用，1842年，在《国内危机》中，恩格斯说，物质利益"而总是有意无意地为指出历史进步方向的原则服务"②，又如，"这个革命的开始和进行将是为了利益"③，所谓革命无非是追求利益。在《政治经济学批判大纲》《英国工人阶级状况》中，他是处处"从经济关系及其发展中来解释政治及其历史"④。恩格斯在分析英国经济状况和社会状况的时候，发现经济事实、经济利益是形成现代阶级对立的基础，是政党形成和党派斗争的基础，因而也是全部政治历史的基础。1885年，在《关于共产主义者同盟的历史》中，他说，"我在曼彻斯特时异常清晰地观察到，迄今为止在历史著作中根本不起作用或者只起极小作用的经济事实，至少在现代世界中是一个决定性的历史力量……"⑤。

① 中共中央马克思恩格斯列宁斯大林著作编译局. 马克思恩格斯全集：第19卷［M］. 北京：人民出版社，1963：259.
② 中共中央马克思恩格斯列宁斯大林著作编译局. 马克思恩格斯全集：第1卷［M］. 北京：人民出版社，1956：547.
③ 中共中央马克思恩格斯列宁斯大林著作编译局. 马克思恩格斯全集：第1卷［M］. 北京：人民出版社，1956：551.
④ 中共中央马克思恩格斯列宁斯大林著作编译局. 马克思恩格斯全集：第21卷［M］. 北京：人民出版社，1973：247-248.
⑤ 中共中央马克思恩格斯列宁斯大林著作编译局. 马克思恩格斯全集：第21卷［M］. 北京：人民出版社，1965：247.

　　青年的恩格斯深刻影响青年的马克思①，青年的恩格斯是青年的马克思的
重要启发者，特别是在经济学批判上，恩格斯达到的程度是极高的。马克思
当时用哲学分析的形式对社会问题进行考察，而恩格斯则从经济学的角度进
行分析，从另外一条道路得出了与马克思同一的结论。从《政治经济学批判
大纲》中，我们看出，恩格斯对经济学文献分析非常熟悉，经济分析的能力
非常强。这里的原因在于恩格斯拥有马克思所没有的东西，即恩格斯有工厂
实践的经历和经济方面巨大的信息。《政治经济学批判大纲》对马克思产生了
重大的影响，甚至说，成为马克思一系列的经济学研究和经济学著作的前导。
没有恩格斯这方面的帮助，马克思不可能做到对资本主义体系的精确阐发。

　　由于马克思、恩格斯各自的研究和共同的见解，1845—1846 年，他们合
作了《德意志意识形态》。《德意志意识形态》不是他们思想的转变或思想的
开始，它仅是马克思、恩格斯较早就已经形成的经济基础与上层建筑思想的
一种系统的表达。《德意志意识形态》绝不是所谓的思想的断裂，它是思想的
延续和发展，对此，恩格斯曾有这样一个论述，说明经济基础决定上层建筑
的思想早在此之前相当长的时间里就已经形成。在《共产党序言》1888 年英
文版序言中，恩格斯说，对于经济决定政治和文化的思想，"我们两人早在
1845 年前的几年中就已经逐渐接近了这个思想。……但是到 1845 年春我在布
鲁塞尔重新会见马克思时，他已经把这个思想整理出来，并且用几乎像我在
上面的叙述中所用的那样明晰的语句向我说明了"②。正如上文所讲，恩格斯
于 1844 年夏天在巴黎拜访马克思时，他们在一切理论领域中意见都完全一
致，从此就开始了他们共同的工作。对此，在《关于共产主义者同盟的历史》

---

① G. S. JONES. Engels and the Genesis of Marxism ［J］. New Left Review, 1977：106；S.
　 H. RIGBY. Engels and the Formation of Marxism：History, Dialectics and Revolution ［M］.
　 Manchester：Manchester University Press, 1992；DOUGLAS KELLNER. Engels, Modernity,
　 and Classical Social Theory ［A］//STEGER, TERRELL CARVER （eds）. Engels after
　 Marx. University Park：The Pennsylvania State University Press, 1999.
② 中共中央马克思恩格斯列宁斯大林著作编译局. 马克思恩格斯全集：第 21 卷 ［M］. 北
　 京：人民出版社, 1965：408-409.

中，恩格斯已有一个相同的说法，他说，当他们1845年春天在布鲁塞尔再次会见时，"马克思已经从上述基本原理出发大致完成了发挥他的唯物主义历史理论的工作，于是我们就着手在各个极为不同的方面详细制定这些新观点了"①。

1845—1846年这段时间，马克思、恩格斯共同合作了《神圣家族》和《德意志意识形态》，他们系统论述了经济、政治和文化三者之间的关系，认为经济决定政治和文化，经济基础决定上层建筑，这表明该思想得以系统形成。1859年1月，马克思写了《〈政治经济学批判〉序言》，概括了他们的经济基础与上层建筑思想。紧随其后，1859年8月，恩格斯写了《卡尔·马克思〈政治经济学批判〉》，阐述对经济基础与上层建筑的理解，也是对马克思的经济基础与上层建筑思想的呼应。恩格斯引用马克思的论述，认为"这个原理的最初结论就给一切唯心主义，甚至给最隐蔽的唯心主义当头一棒。关于一切历史性的东西的全部传统的和习惯的观点都被这个原理否定了"②。恩格斯对经济基础与上层建筑的理解从来没有偏离、远离、背离马克思，从来没有否定马克思的理解，而马克思也从来没有否定恩格斯的理解。他们共同阐述了一致的观点、思想。值得一提的是，恩格斯的《反杜林论》，马克思亲自写了其中一章，显然，马克思是完全同意恩格斯的《反杜林论》的内容，甚至可以说，这就是马克思、恩格斯共同写就的。《反杜林论》通篇非常明确地表达出经济基础决定上层建筑的思想。

二、晚年的捍卫

经济基础决定上层建筑，上层建筑反作用于经济基础，从19世纪40年代初形成这种思想一直到19世纪90年代逝世，恩格斯这50年来都是如此认

① 中共中央马克思恩格斯列宁斯大林著作编译局. 马克思恩格斯全集：第21卷［M］. 北京：人民出版社，1965：247-248.
② 中共中央马克思恩格斯列宁斯大林著作编译局. 马克思恩格斯全集：第13卷［M］. 北京：人民出版社，1962：527.

为。也就是说，恩格斯在晚年并没有否定经济的决定作用，晚年恩格斯的思想与他之前的思想是统一、一致的。19世纪40年代前中期，与马克思大概同时，恩格斯也完成了两个转变，从民主主义变为共产主义，从唯心主义变为唯物主义，从另一种道路上得出了与马克思一样的结果。他们指出决定社会发展的原因在于生产力与生产关系，经济基础与上层建筑的矛盾运动，生产力决定生产关系，经济基础决定上层建筑，但是，生产关系也反作用于生产力，上层建筑也反作用于经济基础。晚年时期，恩格斯坚持捍卫经济基础与上层建筑思想，当然，在捍卫该思想的时候，恩格斯也丰富了上层建筑反作用思想。

（一）坚持经济基础"决定"上层建筑思想

在《反杜林论》《路德维希·费尔巴哈和德国古典哲学的终结》等著作中，恩格斯关于经济决定政治、文化的阐释，是"经济决定论"的思想。恩格斯认为在经济、政治、文化三者的关系中，经济制约决定，支配着政治、文化，而政治和文化取决于经济。比如，1876年，在《反杜林论》中，恩格斯说，"这里十分清楚地表明，杜林先生所说的作为'经济情况的决定性的原因'的'直接的政治暴力'，反而是完全受经济情况支配的"[①]；1876年，在《反杜林论》中，恩格斯说，"军队的全部组织和作战方式以及与之有关的胜负，取决于物质的即经济的条件"[②]；1885年，在《关于共产主义者同盟的历史》中，恩格斯说，"迄今为止在历史著作中根本不起作用或者只起极小作用的经济事实，至少在现代世界中是一个决定性的历史力量"[③]。接下来，笔者分析恩格斯的晚年书信，这些书信包括给布洛赫、施密特、梅林、博尔吉乌斯的书信等。我们看看，恩格斯是否否定了以前的经济决定政治、文化的观

---

① 中共中央马克思恩格斯列宁斯大林著作编译局. 马克思恩格斯全集：第20卷［M］. 北京：人民出版社，1973：188.

② 中共中央马克思恩格斯列宁斯大林著作编译局. 马克思恩格斯全集：第20卷［M］. 北京：人民出版社，1973：186—187.

③ 中共中央马克思恩格斯列宁斯大林著作编译局. 马克思恩格斯全集：第21卷［M］. 北京：人民出版社，1965：247.

点，推翻了经济基础决定上层建筑的思想？比如，1890 年，在《恩格斯致约·布洛赫》中，恩格斯说，"根据唯物史观，历史过程中的决定性因素归根到底是现实生活的生产和再生产"①；1890 年，在《恩格斯致康·施密特》中，恩格斯说，"经济发展对这些领域的最终支配作用，在我看来是无疑的"②；1894 年，在《恩格斯致符·博尔吉乌斯》中，恩格斯说，"我们认为，经济条件归根到底制约着历史的发展"③。恩格斯坚持他们原有的决定论思想。

虽然说，在晚年书信中，恩格斯也提到过这些说法：经济是前提和条件，政治、文化也是前提和条件；经济是原因，政治和文化也是原因；等等。但是，我们不能认为恩格斯推翻了以前的经济决定政治、文化的思想，恩格斯不过是对忽视或歪曲政治、文化重要性作用的一种纠正性的说明和表述，这种说明和表述完全没有否定经济的决定性作用，也就是在晚年书信中，我们可以看到，恩格斯多次强调经济的决定性作用。显然，晚年书信中的论述，还是一个基调、一个声音，还是一个意思，那就是，经济决定政治、文化，不是政治、文化决定经济，直到恩格斯逝世之前不久，还是如此。在 1895 年的《卡·马克思〈1848 年至 1850 年的法兰西阶级斗争〉一书导言》中，恩格斯指出，经济状况是"真正的基础"④，并且，他说，"从而按照作者的观点，把政治事件归结于终究是经济原因的作用"⑤。这意味着，一切社会变迁和政治变革的终极原因，应当在经济条件的变化中寻找，"把政治冲突归结于

---

① 中共中央马克思恩格斯列宁斯大林著作编译局. 马克思恩格斯全集：第 37 卷 [M]. 北京：人民出版社，1971：460-461.

② 中共中央马克思恩格斯列宁斯大林著作编译局. 马克思恩格斯全集：第 37 卷 [M]. 北京：人民出版社，1971：489-490.

③ 中共中央马克思恩格斯列宁斯大林著作编译局. 马克思恩格斯全集：第 39 卷 [M]. 北京：人民出版社，1974：199.

④ 中共中央马克思恩格斯列宁斯大林著作编译局. 马克思恩格斯全集：第 22 卷 [M]. 北京：人民出版社，1965：592.

⑤ 中共中央马克思恩格斯列宁斯大林著作编译局. 马克思恩格斯全集：第 22 卷 [M]. 北京：人民出版社，1965：591.

由经济发展所造成的现有各社会阶级以及各阶级集团的利益的斗争"①。

恩格斯前后的思想是一以贯之的,绝不是晚年思想与早期思想的"断裂",这种"断裂"不是客观事实,而是人为的恶意结果。大家知道,在历史唯物主义思想史上,出现"两个马克思"这样的重大理论事件,其实,也出现"两个恩格斯"这样的重大理论事件,虽然并无"两个恩格斯"这种用词,但却有这种意思,于是笔者干脆就使用了这个用词。所谓的"两个恩格斯",就是指晚年恩格斯的思想不同于前期的思想。这里所讲的晚期的思想与早期的思想的区别,当然不是一般的区别,而是根本性的区别,所以,才有"两个恩格斯"这种说法,才有这种概括。所谓的"两个恩格斯",可以指两方面的内容,一个是指恩格斯的科学共产主义思想的变化,即有关阶级斗争和暴力革命思想的变化;一个是指恩格斯的历史唯物主义思想的变化,即经济决定论的变化。本书专门关注后一个方面,但是,由于这两个问题是相关的,所以,也会涉及第一个方面的问题。

"两个恩格斯"这个说法曾引起很大争议,它导致了很多学者进行批判。他们通过梳理和论证,认为前期的恩格斯和晚期的恩格斯也是同一、一致的,这些思想并没有发生根本性的变化,否定"两个恩格斯"的意见占了上风。但是,这种晚年恩格斯思想出现根本性变化的说法,却并非没有支持者,于是才出现"两个恩格斯"的论调。可以看到,一些学者在解读所谓晚年恩格斯的某某思想的时候,显然,这是把这个晚年认为是截然不同的前期。他们创造出"晚年恩格斯问题"。无须否认,"两个恩格斯"的说法在中国马克思主义理论中长期占有重要的位置,中国有不少的马克思主义学者,赞同这种研究和观点,所以,我们对这种"两个恩格斯"的批判具有重要的理论意义。在恩格斯的前期和晚年,即19世纪40年代以来至19世纪90年代,恩格斯的经济、政治和文化三者之间的论述并没有出现根本性的变化,即没有从经济决定论变为相互决定论或多元决定论。晚年的恩格斯仍然强调经济根本性的

---

① 中共中央马克思恩格斯列宁斯大林著作编译局. 马克思恩格斯全集:第22卷 [M]. 北京:人民出版社,1965:592.

基础地位和作用。

1895 年，在《卡·马克思〈1848 年至 1850 年的法兰西阶级斗争〉一书导言》中，恩格斯指出，马克思和他自己的有些看法错了。于是，有人认为，恩格斯否定阶级斗争，认为社会发展的动力是生产力与生产关系之间的矛盾，恩格斯提倡议会斗争的合法道路，和平长入社会主义，摒弃了暴利革命的思想。这难道是说，恩格斯的关注点从生产力与生产关系转向了经济基础与上层建筑？恩格斯并不是否定阶级斗争，否定暴力革命。生产力与生产关系的关系和作用，恩格斯是承认的，另外还有一个就是经济基础与上层建筑的关系和作用，他也是承认的。他并不是从经济基础与上层建筑转向了生产力与生产关系，生产力与生产关系、经济基础与上层建筑是相辅相成和共同存在的两对关系、两对矛盾，它们构成社会发展的动力，形成社会发展的规律，这是客观的事实。恩格斯对生产力与生产关系，以及经济基础与上层建筑的论述并没有或偏或废，他认为经济决定政治和文化，经济基础决定上层建筑，这种论述不是一朝一夕的事情，而是几十年以来始终如此。

（二）阐述了丰富的上层建筑"反作用"思想

晚年恩格斯捍卫了马克思的经济基础与上层建筑思想，极其丰富了"反作用"思想，这是恩格斯的重大历史贡献。我们只有既坚持经济基础对上层建筑的决定作用，又承认上层建筑对经济基础的反作用，这种辩证的"决定论"才是新唯物主义和现代的唯物主义，即历史唯物主义。

马克思对上层建筑反作用的论述是相当明确的，是从"国家"走向"国家的深处"，又回到"国家"的。所谓回到"国家"，一是指在理解生产关系的时候，没有离开"国家"；二是指承认和强调"国家"即上层建筑的地位和作用。马克思从"国家"入手研究经济基础与上层建筑的关系，从"国家"走向"国家的深处"。但是，在历史唯物主义形成的过程中，由于当时斗争形势的需要，马克思着重强调了经济基础的决定作用而较少论述上层建筑的反作用，这给某些人创造了"歪曲"和"进攻"这种思想的机会。

马克思辩证决定论思想遭到一些人的误解和污蔑，他们认为马克思的经济基础与上层建筑思想是纯粹的"经济决定论""经济唯物主义"等，这歪曲了马克思的思想。马克思逝世后，恩格斯捍卫马克思的辩证决定论思想，强调了上层建筑的独立性和反作用，在19世纪八九十年代，恩格斯通过晚年书信丰富了他们的上层建筑思想。在恩格斯关于历史唯物主义的书信中，我们重点关注以下几封：致康·施密特（1890年8月5日）、致约·布洛赫（1890年9月21—22日）、致康·施密特（1890年10月27日）、致弗·梅林（1893年7月14日）、致符·博尔吉乌斯（1894年1月25日）。

在这些书信中，恩格斯分析了马克思经济基础与上层建筑思想被人误读的原因，他说，"青年们有时过分看重经济方面，这有一部分是马克思和我应当负责的。我们在反驳我们的论敌时，常常不得不强调被他们否认的主要原则，并且不是始终都有时间、地点和机会来给其他参与交互作用的因素以应有的重视"[1]。19世纪四五十年代，马克思为了反驳唯心史观，摆正社会存在与社会意识的关系，正确认识社会存在对社会意识的地位和作用，强调物质生产、经济发展对社会发展的决定作用，的确对政治和文化的反作用强调不够。恩格斯认为，"当时是应当这样做的"[2]。

在这些书信中，恩格斯多次阐述上层建筑对经济基础的反作用，比如，在《恩格斯致康·施密特》中，他指出，"经济运动会替自己开辟道路，但是它也必定要经受它自己所造成的并具有相对独立性的政治运动的反作用"[3]"国家权力对于经济发展的反作用可能有三种：它可以沿着同一方向起作用，……它可以沿着相反方向起作用，……"[4]。恩格斯强调，既要明确经济对政治和文化的决定作用，又要重视政治和文化对经济的反作用，这才是唯

---

[1] 中共中央马克思恩格斯列宁斯大林著作编译局. 马克思恩格斯全集：第37卷［M］. 北京：人民出版社，1971：462.

[2] 中共中央马克思恩格斯列宁斯大林著作编译局. 马克思恩格斯全集：第39卷［M］. 北京：人民出版社，1974：94.

[3] 中共中央马克思恩格斯列宁斯大林著作编译局. 马克思恩格斯全集：第37卷［M］. 北京：人民出版社，1971：487.

[4] 中共中央马克思恩格斯列宁斯大林著作编译局. 马克思恩格斯全集：第37卷［M］. 北京：人民出版社，1971：487.

物论和辩证法的统一。经济主义是两者之中缺一的，他讽刺"所有这些先生们所缺少的东西就是辩证法"①。

小结

上述可见，马克思、恩格斯共同创立了历史唯物主义的经济基础与上层建筑思想，马克思、恩格斯的经济基础与上层建筑思想是"同创互补"的关系。这是为了说明，在经济基础与上层建筑的思想上，他们是同一、一致的。当然，证明这种"同一"的关系，除了这里的这种思想史的梳理外，还有另外一种思路，就是从"决定"的内涵上去分析，这个放在本书下面一章即第三章进行分析。这种思想关系的"同一"具有重要的理论意义和现实意义。马克思、恩格斯的思想关系，是历史唯物主义甚至是马克思主义发展史上的一个核心问题。关于马克思、恩格斯的关系，我们可以分为"对立"与"同一"两种观点，其他的一些说法，也无非是这两种观点稍加变化而已，比如，有学者认为，马克思、恩格斯的关系可以分为对立论、一致论、差异论和多变论。② 马克思、恩格斯的关系是同一，还是差异、对立，各有各的说法，如果马克思、恩格斯思想不一致，不同一，也就无共同创造历史唯物主义、马克思主义之说，这会颠覆历史唯物主义、马克思主义的根本。所以，我们阐明马克思、恩格斯两人思想的一致、同一具有重大的理论意义。经济基础与上层建筑思想是马克思、恩格斯最重要的思想，这种思想揭示社会历史发展的规律，构成了历史唯物主义理论的根本，从而构成了马克思主义的根本，这种思想能够代表和体现马克思主义的理论本质。马克思、恩格斯关系的"同一"的树立也就是要去分析、讨论马克思、恩格斯最重要思想即经济基础与上层建筑的同一、一致。这种思想"同"；马克思、恩格斯的思想关系则"同"，这种思想"异"，马克思、恩格斯的思想关系则"异"。这在下面第三章和第六章再会做出详细分析。

---

① 中共中央马克思恩格斯列宁斯大林著作编译局. 马克思恩格斯全集：第 37 卷 ［M］. 北京：人民出版社，1971：491.

② 王凤才，袁芃. MEGA2 中的马克思恩格斯关系问题 ［J］. 探索与争鸣，2016（2）：23-30.

第三章

马克思经济基础与上层建筑思想的内涵实质

经济基础决定上层建筑，上层建筑又反作用于经济基础，这是马克思关于经济基础与上层建筑二者关系的经典论述，这一论述也已经成为历史唯物主义的基本原理。然而，学界过去和现在依然存在对经济基础与上层建筑二者关系机械化和教条化的理解，并由此导致一定程度上的误解。究其原因，首先，有人对经济基础和上层建筑概念的理解有偏差；其次，没有真正认识到"决定"的内涵和实质。在此，笔者力图在厘清概念的基础上，将该思想展现为一种辩证的"决定论"。不同于第二章思想史的分析，本章从"决定论"概念的角度，揭示恩格斯的经济基础与上层建筑思想，从而论证马克思、恩格斯经济基础与上层建筑思想是一致的，具有"同一"的关系。这是两种思路和方法，是相辅相成的，共同构成一个完整的、无懈可击的阐述马克思、恩格斯经济基础与上层建筑思想是"同一"关系的论证体系。

第一节　"基础""上层建筑""决定"概念的界定

有些概念是有历史的，比如，政治这个概念，可以追溯到古希腊，又如意识形态这个概念，虽说是由 18 世纪法国科学家创造的，但是这个概念的历史也可以追溯到更早时代。有些概念比较奇特，比如，经济基础与上层建筑这一对概念，它们是"没有历史的"。"基础"与"上层建筑"是一对借用的概念，具有比喻义性质。基础和上层建筑是马克思借用的一对词汇，用来体现一种决定与被决定的关系，后来，转化成经济基础与上层建筑概念，用来表述经济、政治和文化的内涵以及它们之间的关系。经济基础与上层建筑成了一对比较固定性的概念，变为历史唯物主义的专有化概念。有些学者对这对概念的词义来源和比喻义的性质、特征进行研究。

一、"基础"与"上层建筑"：概念的比喻义

基础与上层建筑具有比喻意义，是比喻性概念。20 世纪 50 年代，在讨论经济基础与上层建筑理论问题的时候，有学者就提出，这两个概念不过是马克思借用过来讨论物质关系和思想关系的一对概念，是比喻义概念，具有比喻义特征，"马克思借用了'基础'与'上层建筑'的比喻"[1]。当然，这时的重点不是在比喻性概念这里，而在于经济基础与上层建筑到底是单一的经济基础和上层建筑，还是综合的经济基础与上层建筑。到了 20 世纪七八十年代，以及 21 世纪之后，不少学者写过一些文章，涉及对经济基础与上层建筑的比喻意义的讨论，梳理马克思在什么意义上使用这对比喻性的概念，指出这对概念具有比喻义来源。[2] 他们认为，基础与上层建筑不是专门化的概念，而是一种从比喻意义上使用的概念。

基础和上层建筑，顾名思义，它们分别是指在一个结构中，下面、下层的东西和上面、上层的东西。下面、下层的东西称为基础，上面的东西就是

---

① 王子野. 必须正确解释"基础"和"上层建筑"的概念 [J]. 哲学研究, 1957（1）：46-59.

② 朱光潜. 上层建筑和意识形态之间关系的质疑 [J]. 国内哲学动态, 1979（7）：4-5；袁绪程. 关于"经济基础"概念的再认识 [J]. 国内哲学动态, 1982（11）：15-17；胡为雄. 重新理解马克思的"上层建筑"概念 [J]. 教学与研究, 2008（7）：64-70；王晓升. "经济基础"和"上层建筑"二分法献疑：马克思的社会结构理论再思考 [J]. 江苏社会科学, 2012（1）：28-34.

上层建筑，没有这种基础，是不可能有上面、上层的东西存在其上的，另外，基础不牢，上面的东西也会坍塌。这意味着基础对上层建筑的重要意义，当然，上层建筑也有自身的意义。马克思借用这对词汇，用来表述经济、政治和文化的内涵以及它们之间的关系。后来，经济成为基础，基础指称经济，于是，基础与上层建筑概念转化成经济基础与上层建筑的概念，以至于，它们成了一对比较固定性的概念。这就是说，这对概念具有比喻义性质，后来变为历史唯物主义的专有化概念。我们就是从这个比喻义性质上来讲，基础（经济基础）与上层建筑是"没有历史的"。

基础与上层建筑只是"比喻义"，有些人据此而认为经济基础与上层建筑的划分具有相对性，两者之间是你中有我，我中有你。经济基础与上层建筑的关系不是一种外在的关系，而是一种内在的关系，这种认识值得商榷。马克思认为经济、政治和文化各有自己的定义和内容，经济基础与上层建筑的概念有自己的边界和范围。

在关于基础与上层建筑的论述中，马克思多次用原因、内容和本质来论说基础，用结果、形式和现象来论说上层建筑。也就是说，在基础与上层建筑两者的关系中，基础是原因、内容和本质，而上层建筑是结果、形式和现象，显然，基础决定了上层建筑。马克思的基础与上层建筑的思想与其他的一些思想一样是一种具有决定论特征的思想。我们顺便提及，马克思对一个事物的分析，一般会涉及原因和结果、内容和形式、现象和本质，原因决定结果，内容决定形式，本质决定现象。所以，在这种决定论思想里，必然有一种东西是决定者，而另一种东西是被决定者，当然，这种被决定的东西也会对决定的东西发生反作用，它们是一种互相作用、互相影响的关系。这种思想既体现了唯物主义的一元论，又体现了历史辩证法。马克思就借用了基础和上层建筑这对概念，用来体现他的决定论思想。

二、"决定"的使用困境

在西方，"决定"这个词语好像不是一个好的词语，人们反对用这个词语来下批判，比如说，当它被用来解读、解释历史，有论者就非常不满。决定被认为具有宿命论色彩，命定是一种迷信，是一种宗教的判断。比如，他们反对历史是一种决定论的说法，他们认为"决定"二字过于极端，有预示的嫌疑，有历史宿命论的后果。波普尔就是一个典型代表，他秉持反历史决定论的思想，完全否定了社会规律的存在和预测社会历史的可能性。他认为，"历史进程受到人类知识进步的强烈影响，而知识增长本身无规律可言，因而在历史领域，预见是不可能的"①。他的重要观点是社会历史无规律，社会历史不可重演，社会历史不可预测，所以，"决定"二字绝对不能用。在中国，我们对决定的理解比较整体和笼统，不像西方那样极端，这种"先天性"的困境倒是可以破除。

但是，"决定"的使用还有其他困境。有论者倒是肯定一种"决定"的关系，但是，他们反对经济决定论，认为这是一种把经济绝对化的思想，是还原论、机械唯物主义。比如，马克思、恩格斯在世的时候，一些资产阶级学者对他们思想的误解和曲解。他们认为，政治和文化对经济也有作用，这种作用并非仅仅是"被决定"。经济决定政治和文化，经济基础决定上层建筑，许多论者对这种观点的批驳是相当激烈的。或者说，这里存在的对经济、政治和文化三者之间关系的不同理解，其实是对经济决定论的含义，或者甚至说就是对"决定"本身含义的不同理解。

三、概念的"文本"梳理

梳理马克思的著作，我们可以发现，经济基础与上层建筑概念出现的时间有早有晚。相比于经济基础这个概念，上层建筑概念出现的时间较早，上层建筑概念第一次出现是在《德意志意识形态》中，这是 19 世纪 40 年代中期的事情。而经济基础这个概念到 19 世纪 50 年代中后期才出现和使用，比如说，在《1857—1858 年的经济学手稿》《〈政治经济学批判〉序言》《资本

---

① 杨耕. 马克思主义历史观研究 [M]. 北京：北京师范大学出版社，2012：186.

论》等著作中。在《〈政治经济学批判〉序言》中，经济基础与上层建筑第一次同时出现。在这里，马克思使用经济基础与上层建筑概念，对经济基础与上层建筑思想做了精辟的概括，而这种概括也就成了经典论述。从而，经济基础与上层建筑思想成为历史唯物主义的基本原理，经济基础与上层建筑成为历史唯物主义的专门化概念。

当然，这里讲的概念出现的早晚，是指基础和上层建筑这对名词与术语出现的时间的早晚，其实，从经济基础与上层建筑的概念和内涵这个角度来讲，经济基础与上层建筑的概念和思想是同时出现的，也就是说，有经济基础思想就有上层建筑思想，有上层建筑思想就有经济基础思想。它们是两个对应的概念，应该是同时出现的。

（一）"基础"概念

马克思借用基础和上层建筑这对概念比喻经济、政治、文化以及三者之间的关系。在马克思的著作中，基础、经济基础、上层建筑都有出现和使用，这里有不同的使用情况，有单独出现过基础这个概念，单独出现过上层建筑这个概念，也有单独出现经济基础这个概念，当然，也有同时出现基础与上层建筑这对概念，同时出现经济基础与上层建筑这对概念。

如果单独出现基础这个概念，基础就是前提、条件的意思，这是直接借用了构造学、建筑学的比喻意义，这是基础与上层建筑这个概念本来的、自身的含义。没有基础就没有上层建筑，所以说，基础是一个前提和条件，于是，基础这个概念经常单独出现和使用。基础是前提和条件的意思，这种用法不是马克思的专用和创造。在马克思的著作中出现大量"基础"这个词语，都是表示前提与条件的意思。

单独出现基础这个概念的时候，基础可以是与经济无关的，并不是说基础就是指经济，这时的基础还不是经济基础，基础变成经济基础有一个过程。这里的基础是前提、条件的意思，这是借用了基础与上层建筑这对概念最基本的意思。

(二) 单独出现的 "经济基础" "上层建筑" 概念

1. 单独出现的 "经济基础" 概念

在马克思的理解中，当经济被视为基础时，就有了经济基础这个概念，基础变成了经济基础。在 19 世纪 50 年代后期，马克思开始单独使用这个概念，它比较多出现在马克思论述经济学的著作中，当然这些著作同时也是哲学著作，比如，在《1857—1858 年经济学手稿》中，马克思提到经济基础这个术语，他说，"资产阶级以前的历史以及它的每一阶段也有自己的经济和运动的经济基础……"①。在《资本论》中，马克思多次提到经济基础这个术语，在《法兰西内战》中也有，比如说，在《资本论》第 1 卷中，马克思说，"这种斗争以负债封建主的破产，他们的政治权力随着它的经济基础一起丧失而告终"②；在《资本论》第 3 卷中，马克思说，"不过，这并不妨碍相同的经济基础……而在现象上显示出无穷无尽的变异和程度差别……"③；在《法兰西内战》中，马克思指出，"因此，公社应当成为根除阶级的存在所赖以维持，从而阶级统治的存在所赖以维持的那些经济基础的工具"④。从这些论述中可以看出，马克思所讲的经济基础就是指经济方面、经济内容、经济因素、物质利益等。

2. 单独出现的 "上层建筑" 概念

在马克思的著作中有单独出现上层建筑的概念，有时候，上层建筑的概念指政治、文化这些意思，有的时候，上层建筑也指其他意思。上层建筑即使单独出现，不管是否指政治和文化，这时候，在一个句子其他的字词之中一般会出现表示基础的一个东西，不过是没有明确出现基础这个概念而已，

---

① 中共中央马克思恩格斯列宁斯大林著作编译局. 马克思恩格斯全集：第 46 卷 (上) [M]. 北京：人民出版社，1979：487-488.

② 中共中央马克思恩格斯列宁斯大林著作编译局. 马克思恩格斯全集：第 23 卷 [M]. 北京：人民出版社，1972：156.

③ 中共中央马克思恩格斯列宁斯大林著作编译局. 马克思恩格斯全集：第 25 卷 [M]. 北京：人民出版社，1974：891-892.

④ 中共中央马克思恩格斯列宁斯大林著作编译局. 马克思恩格斯全集：第 17 卷 [M]. 北京：人民出版社，1963：361-362.

这说明，上层建筑一般没有被单独使用的习惯。我们举两个例子来说明这种情况。一个例子，上层建筑指政治、文化的，在 1861—1863 年写成的手稿《剩余价值理论》第 1 册第 4 章"关于生产劳动和非生产劳动"中，马克思说，"物质生产领域中的对立，使得由各个意识形态阶层构成的上层建筑成为必要，这些阶层的活动不管是好是坏，因为是必要的，所以总是好的"①。这里虽然没有出现基础这个概念，但是表达基础这个概念和含义的东西是物质生产领域。另外一个例子，上层建筑不是指政治、文化的，比如，在《共产党宣言》中，马克思说："无产阶级是现代社会的最下层，它如果不摧毁压在自己头上的，由那些组成官方社会的阶层所构成的全部上层建筑，就不能抬起头来，挺起腰来。"② 这里也没有出现基础这个概念，但是，无产阶级显然是构成了这里上层建筑所对应的基础的含义和内容。这里的基础和上层建筑是指不同的社会阶层，底层的人是社会的基础，而上层的人则构成上层建筑。这就是说，当出现上层建筑概念的时候，总会出现基础这个东西，不管是明的出现基础这个概念，还是出现暗表示基础的东西，上层建筑一般不单独表示什么。这是合乎这对概念的借用性质的，没有基础这个前提，哪来的上层建筑？所以，上层建筑一般是与基础一起表示一对事物的。这点不像基础，基础可以单独使用，表达前提、条件的意思，与前提、条件通用。

（三）一起出现的"基础"与"上层建筑"概念

上层建筑单独出现的次数不多，毕竟上层建筑是基础的上层建筑，上层建筑概念出现的时候，一般会出现基础这个概念。上文已经讲过，这就有点不像基础概念。当基础与上层建筑一同出现的时候，基础与上层建筑多是指经济与政治、文化的内容以及三者之间的关系，这时，经济与基础就联系起来，成为经济基础概念。话也说回来，既然基础与上层建筑是借来的、具有

① 中共中央马克思恩格斯列宁斯大林著作编译局. 马克思恩格斯全集：第 26 卷 [M]. 北京：人民出版社，1972：298.

② 中共中央马克思恩格斯列宁斯大林著作编译局. 马克思恩格斯全集：第 4 卷 [M]. 北京：人民出版社，1958：477.

比喻义的概念,那么,上层建筑这个概念既可以指与经济相对应的政治和文化,又可以指其他。

在马克思的文章中,上层建筑多数时候是指政治和文化。在《德意志意识形态》中,第一次出现上层建筑术语,在这个时候出现"基础"这个概念,也就是说,在这里第一次出现基础与上层建筑这对借用而来的概念。马克思说,"但是这一名称始终标志着直接从生产和交往中发展起来的社会组织,这种社会组织在一切时代都构成国家的基础以及任何其他的观念的上层建筑的基础"①。这里的上层建筑是指国家,以及其他的观念的东西,基础就是指从生产和交往中发展起来的社会组织,即市民社会,市民社会成了基础。我们来看看第二次出现的基础与上层建筑,这是在《路易·波拿巴的雾月十八日》中,在此,马克思说,"在不同的所有制形式上,在生存的社会条件上,耸立着由各种不同情感、幻想、思想方式和世界观构成的整个上层建筑。整个阶级在它的物质条件和相应的社会关系的基础上创造和构成这一切"②。这里的上层建筑是指思想、情感、世界观这些政治上、观念上的东西,而基础是指经济、物质这方面的东西,即所有制、物质条件等。此外,在《法兰西内战》和《资本论》中,马克思也多次论及上层建筑。

当然,上层建筑与基础同时出现,上层建筑也有不指政治、文化的时候,基础也有不指经济的时候。也就是说,除了表示政治、文化这个意思,上层建筑还可以有其他的用法和意思,比如说,马克思也把信用与虚拟资本说成是上层建筑,"伦敦的政府机关刊物《经济学家》写道,'在这种资本的狭小基础上利用信贷建立起来的巨大上层建筑,不能不使人担忧'"③。他说:"一般说来,商人和银行家自己的资本只是据以建立起巨大的上层建筑物的基

---

① 中共中央马克思恩格斯列宁斯大林著作编译局. 马克思恩格斯全集:第 3 卷 [M]. 北京:人民出版社,1956;41.

② 中共中央马克思恩格斯列宁斯大林著作编译局. 马克思恩格斯全集:第 8 卷 [M]. 北京:人民出版社,1961;149.

③ 中共中央马克思恩格斯列宁斯大林著作编译局. 马克思恩格斯全集:第 11 卷 [M]. 北京:人民出版社,1962;606.

础，而且，这个基础同他们投入周转的并用来从事他们的经营的他人资本不成任何比例。"① 又如，马克思指出，劳动的产品构成了上层建筑的物质基础，他说："这种剩余产品是除劳动阶级外的一切阶级存在的物质基础，是社会整个上层建筑存在的物质基础。"②

（四）一起出现的"经济基础"与"上层建筑"概念

当基础与上层建筑同时出现的时候，它们指的是经济、政治、文化三者之间的内容，那经济必然是基础，政治和文化成为上层建筑，绝对不会出现政治和文化是基础，而经济是上层建筑的这种情况。这在《德意志意识形态》中就已经表现得非常明白，后来，马克思在《〈政治经济学批判〉序言》中就直接使用经济基础和上层建筑的概念了。在 1859 年的《〈政治经济学批判〉序言》中，马克思对经济基础与上层建筑概念一同使用的原话如下，"……这些生产关系的总和构成社会的经济结构，即有法律的和政治的上层建筑竖立其上并有一定的社会意识形式与之相适应的现实基础。……随着经济基础的变革，全部庞大的上层建筑也或慢或快地发生变革"③。在这里，第一次出现了经济基础与上层建筑这对概念，马克思精辟阐述了经济基础与上层建筑的辩证关系。

有学者认为，马克思没有论述二者之间的决定关系，对经济基础是否决定上层建筑没有明确表述。这种观点是错误的，的确，马克思在这里没有出现"经济基础决定上层建筑"这样的文字，但是经济基础决定上层建筑的意思是非常明显的。在这里，马克思还从社会存在和社会意识的角度分析了经济、政治和文化，用社会存在决定社会意识来阐明经济、政治和文化的关系，马克思说，"物质生活的生产方式制约着整个社会生活、政治生活和精神生活

---

① 中共中央马克思恩格斯列宁斯大林著作编译局. 马克思恩格斯全集：第 48 卷［M］. 北京：人民出版社，1985：399.

② 中共中央马克思恩格斯列宁斯大林著作编译局. 马克思恩格斯全集：第 47 卷［M］. 北京：人民出版社，1979：216.

③ 中共中央马克思恩格斯列宁斯大林著作编译局. 马克思恩格斯全集：第 13 卷［M］. 北京：人民出版社，1962：8-9.

的过程"①。毋庸置疑，在《〈政治经济学批判〉序言》中，马克思关于经济基础决定上层建筑这种"决定论"的思想是非常明确的。

第二节　辩证的"决定论"

有些学者认为马克思没有前后一贯的关于经济、政治和文化关系的思想，或认为马克思没有明确的"决定论"思想。要对此做出回应，我们需要回到、深入马克思的文本，通过文本梳理、概括可知，马克思经济基础与上层建筑思想是"决定"论思想。如何理解这个"决定"的内容和实质，这显得尤为重要，当然，马克思的"决定论"是辩证的"决定论"。

一、经济基础"决定"上层建筑

历史唯物主义认为经济基础决定上层建筑，如何理解这个"决定"，或者是，在"决定"这个判断词（判断关系的概念）形成之前，他们只能说，历史唯物主义的创立者马克思、恩格斯对经济、政治和文化三者之间关系的论述有哪些，这些论述能否梳理和概括出一个描述三者关系的判断词。按照这个思路，我们对马克思、恩格斯的文本进行分析，发现他们对经济基础与上层建筑的论述体现出明显的"决定"论思想。这里的"决定"是指前提、条件、基础，产生、创造、根源，制约、规定、支配，是指原因与结果里的原因、内容与形式里的内容。"决定"就是判断词（判断关系的概念），而这些就是决定这个判断词的内涵和实质。

马克思指出经济决定政治、文化，经济基础决定上层建筑，"决定"是它

____

① 中共中央马克思恩格斯列宁斯大林著作编译局. 马克思恩格斯全集：第13卷［M］. 北京：人民出版社，1962：8-9.

114

们之间关系的判断词（判断关系的概念）。这是从经济、政治和文化三者的关系中去进行判断得出的结果，不是从基础与上层建筑本来词义上抽象进行的判断。这也就是说，在马克思的文本中，马克思如何表述这种"决定论"关系？他用了哪些词语来阐述经济、政治、文化之间是一种"决定论"关系？"决定"是一个判断词（概念），这个判断词（概念）包括哪些内容？笔者对此进行了较为详细的梳理和概括。我们不去较真在马克思借用之前，基础与上层建筑这对概念本身是否就是具有决定论的意思，而是从马克思对经济、政治、文化三者关系论述中来认识基础与上层建筑的关系。

（一）从前提、条件、基础这些方面来论述经济

马克思确认经济的重要地位和重大作用，把经济看成是政治、文化的前提、条件和基础。比如，在《黑格尔法哲学批判》中，马克思说，"家庭和市民社会是国家的前提"①，家庭和市民社会"它们是国家的……【必要条件】"②。而至于用基础来说明经济，把经济视为基础，这种论述很多，限于文章的篇幅，我们不再详细举例。

前提、条件和基础属于"决定"的范畴。在马克思的论述中，我们可以看到他把经济称为前提、条件和基础。从政治和文化需要经济这个前提、条件和基础，没有经济作为前提、条件和基础就不会有政治和文化这个角度来看，前提、条件和基础就有了一种"决定"的味道。前提、条件和基础属于"决定"的内涵。的确，这些表述并不能完全包括经济决定政治和文化的所有内容，这种对经济的论述并不能明确看出经济决定政治和文化，也就是说，前提、条件和基础没有明显的"决定"色彩，"决定"的程度不高，更不是"决定"的同义词，但是，"决定"范畴中肯定包括前提、条件和基础这些内容。

---

① 中共中央马克思恩格斯列宁斯大林著作编译局. 马克思恩格斯全集：第1卷［M］. 北京：人民出版社，1956：250.
② 中共中央马克思恩格斯列宁斯大林著作编译局. 马克思恩格斯全集：第1卷［M］. 北京：人民出版社，1956：252.

（二）从活动者、原动力来论述经济

马克思把经济看成是活动者和原动力。活动者或者是原动力，都是指施动者，对其他事物施加影响，作用于其他事物。马克思认为经济是施动者，对其他的政治和文化施加影响，作用于政治和文化，比如，1843 年，在《黑格尔法哲学批判》中，他说，"它们才是真正的活动者"①"它们才是原动力"②。经济既然是活动者和原动力，那么政治和文化就是这种活动者和原动力的结果。这里的论述其实与下面的产生、创造、根源、发源地等有些相似相近。

（三）从产生、创造、根源、发源地来论述经济与政治、文化

马克思认为经济产生、创造政治和文化，经济是政治和文化的根源和发源地，政治和文化是经济的产物。1843 年在《黑格尔法哲学批判》中，马克思说，"国家是从作为家庭和市民社会的成员而存在的这种群体中产生出来的"③"这些现实的关系决不是国家政权创造出来的，相反地，它们本身就是创造国家政权的力量"④。在《德意志意识形态》中，马克思说，"这个市民社会是全部历史的真正发源地和舞台"⑤。在《政治经济学批判〈序言〉》中，马克思说，法、国家等"它们根源于物质的生活关系，这种物质的生活关系的总和，……概括为'市民社会'"⑥。在《共产党宣言》中，1847 年，

① 中共中央马克思恩格斯列宁斯大林著作编译局. 马克思恩格斯全集：第 1 卷［M］. 北京：人民出版社，1956：250.
② 中共中央马克思恩格斯列宁斯大林著作编译局. 马克思恩格斯全集：第 1 卷［M］. 北京：人民出版社，1956：251.
③ 中共中央马克思恩格斯列宁斯大林著作编译局. 马克思恩格斯全集：第 1 卷［M］. 北京：人民出版社，1956：252-253.
④ 中共中央马克思恩格斯列宁斯大林著作编译局. 马克思恩格斯全集：第 3 卷［M］. 北京：人民出版社，1956：377-378.
⑤ 中共中央马克思恩格斯列宁斯大林著作编译局. 马克思恩格斯全集：第 3 卷［M］. 北京：人民出版社，1956：40.
⑥ 中共中央马克思恩格斯列宁斯大林著作编译局. 马克思恩格斯全集：第 13 卷［M］. 北京：人民出版社，1962：8.

马克思说，"你们的观念本身是资产阶级的生产关系和所有制关系的产物"①。

产生、创造、根源、发源地这些表述属于"决定"的范畴。这些表述与前提、条件、基础的表述有相同和相同之处，不过这些表述更加突出经济的地位和作用，这些表述相比而言，在程度上有所递进。政治、文化不能产生经济，政治、文化不是根源和发源地。这些用法的确表述了经济对政治和文化的"决定"关系，但是，同样这些表述不能包括"决定"的全部内涵，而且，这种"决定"的程度还不是很高。我们如果强行认为这种关系是一种极其强烈的决定关系，还是有些勉强的。因为，某物产生、创造某另外一物，是另外一物的根源、发源地，而另外一物是某一物的产物，这并不能说明某一物"决定"了另外某一物。

（四）从制约、规定、支配来论述经济与政治、文化

马克思认为经济、政治、文化三者的关系中，经济制约、规定、决定、支配着政治、文化，比如，早在《黑格尔法哲学批判》中，马克思指出，"留下一种错觉：似乎政治国家是规定者，其实它却是被规定者"②。在《黑格尔法哲学批判》中，马克思说，"黑格尔想使'自在自为的普遍物'——政治国家——不为市民社会所决定，而相反地使它决定市民社会"③。在《1844年经济学哲学手稿》中，马克思说，"宗教、家庭、国家、法、道德、科学、艺术等，都不过是生产的一些特殊的方式，并且受生产的普遍规律的支配"④。在《德意志意识形态》中，马克思认为，"……已经充分证明资产阶级的发财致富丝毫也不决定于政治，而是政治完全决定于资产

---

① 中共中央马克思恩格斯列宁斯大林著作编译局. 马克思恩格斯全集：第4卷［M］. 北京：人民出版社，1958：485.
② 中共中央马克思恩格斯列宁斯大林著作编译局. 马克思恩格斯全集：第1卷［M］. 北京：人民出版社，1956：369-370.
③ 中共中央马克思恩格斯列宁斯大林著作编译局. 马克思恩格斯全集：第1卷［M］. 北京：人民出版社，1956：358.
④ 中共中央马克思恩格斯列宁斯大林著作编译局. 马克思恩格斯全集：第42卷［M］. 北京：人民出版社，1979：121.

阶级的发财致富……"①。马克思在《政治经济学批判〈序言〉》中说，"物质生活的生产方式制约着整个社会生活、政治生活和精神生活的过程"②。这里的论述明确指出经济决定政治和文化。

　　制约、规定、支配这些论述突出呈现和展示"决定"的内涵和实质，在"决定"的范畴中，这些表述的程度是最高的。马克思认为，经济与政治、文化之间的关系是一种单向性的"决定"与"被决定"的关系，他不是既承认经济的决定作用，又承认政治、文化的决定作用，他并非持着相互决定论。经济是决定性因素，经济决定政治和文化。马克思指出，不管这种政治和文化的力量多么强大、作用多么巨大，经济对政治、文化的优越、优先地位是明显的。马克思的这些表述强调了经济对政治、文化的必然性，从而解释了经济与政治、文化之间的矛盾运动，揭示出经济基础决定上层建筑、上层建筑适应经济基础的社会发展根本规律。

　　（五）从"服从""相适应"来说明上层建筑的地位

　　马克思认为，政治和文化要服从经济，政治和文化要与经济相适应。马克思在《论犹太人问题》中说，"国家不得不重新承认市民社会，恢复它，服从它的统治"③。在《德意志意识形态》中，马克思说，"现代国家是与这种现代私有制相适应的"④。在《政治经济学批判〈序言〉》中，也讲到相适应，马克思说，"这些生产关系的总和构成社会的经济结构，即有法律的和政治的上层建筑竖立其上并有一定的社会意识形式与之相适应的现实基础"⑤。

---

① 中共中央马克思恩格斯列宁斯大林著作编译局. 马克思恩格斯全集：第3卷［M］. 北京：人民出版社，1956：415-416.

② 中共中央马克思恩格斯列宁斯大林著作编译局. 马克思恩格斯全集：第13卷［M］. 北京：人民出版社，1962：8.

③ 中共中央马克思恩格斯列宁斯大林著作编译局. 马克思恩格斯全集：第1卷［M］. 北京：人民出版社，1956：428.

④ 中共中央马克思恩格斯列宁斯大林著作编译局. 马克思恩格斯全集：第3卷［M］. 北京：人民出版社，1956：70.

⑤ 中共中央马克思恩格斯列宁斯大林著作编译局. 马克思恩格斯全集：第13卷［M］. 北京：人民出版社，1962：8-9.

这里服从和相适应的这种表述，就是决定论意义上的概念。一个东西必须服从于另一个东西，那么，另一个东西肯定是决定这个东西的；同样的，一个东西要与另一个东西相适应，那么，另一个东西是决定这个东西的。这两个词语的概念能够表达出决定的意思。

（六）从内容和形式角度来论述经济基础与上层建筑的关系

内容与形式，这是表达决定与被决定关系的一对范畴，内容决定形式，当然，内容也要表现于形式。马克思从内容与形式角度来论述经济与政治、文化的关系。马克思把经济形容成内容，而把政治和文化形容为形式。在《1844 年经济学哲学手稿》中，马克思指出，"宗教、家庭、国家、法、道德、科学、艺术等，都不过是生产的一些特殊的方式"[1]。在《德意志意识形态》中，马克思指出，"国家……是该时代的整个市民社会获得集中表现的形式"[2] "国家不外是资产者为了在国内外相互保障自己的财产和利益所必然要采取的一种组织形式"[3]。1846 年，在《马克思致巴·瓦·安年柯夫》中，马克思指出，"有一定的市民社会，就会有不过是市民社会的正式表现的一定的政治国家"[4]。从内容与形式的角度，马克思阐释了经济与政治和文化的决定与被决定的关系。

综上所述，马克思的"决定"内涵相当丰富，也是极其明确的。"决定"的内涵包括前提、条件、基础，产生、创造、根源、发源地，制约、规定、支配，原因与结果里的原因、内容与形式里的内容，等等。这些论述并不冲突、排斥，它们统一于"决定"的内涵和实质之中。其实，这些是对"决定"内涵和实质不同方面的展示，它们也表达出在"决定"程度上的差别。

---

[1] 中共中央马克思恩格斯列宁斯大林著作编译局. 马克思恩格斯全集：第 42 卷 [M]. 北京：人民出版社，1979：121.

[2] 中共中央马克思恩格斯列宁斯大林著作编译局. 马克思恩格斯全集：第 3 卷 [M]. 北京：人民出版社，1956：70-71.

[3] 中共中央马克思恩格斯列宁斯大林著作编译局. 马克思恩格斯全集：第 3 卷 [M]. 北京：人民出版社，1956：70-71.

[4] 中共中央马克思恩格斯列宁斯大林著作编译局. 马克思恩格斯全集：第 27 卷 [M]. 北京：人民出版社，1972：477.

也就是说，"决定"是一个度，有一个范围和空间，这里面存在程度上的差别，所谓"决定"与"被决定"的关系，是第一性与第二性的区别而已。在关于经济基础（生产关系）与上层建筑的论述中，我们随处可看到马克思的这些观点，即生产关系是决定者，国家、法、宗教和哲学是被决定者，生产关系比国家、法、宗教和哲学这些更为重要。马克思就是这种决定论者。政治、文化的重要性是不言而喻的，但是，把政治、文化摆在经济之前、之上，鼓动政治决定论、文化决定论，这是错误的思想。我们解读马克思这种思想的重大意义就在于清醒地认识经济的根本地位和重要作用，从而能够在实践中科学地处理经济、政治和文化三者之间的关系。

二、上层建筑"反作用"于经济基础

《德法年鉴》时期之后，马克思对上层建筑概念的理解有一个丰富、充实内容的过程。但是，不管马克思的上层建筑概念的理解是如何的狭隘还是丰富，他在论述上层建筑与经济基础关系的时候，既强调经济基础对上层建筑的决定作用，又强调上层建筑对经济基础的反作用。马克思的经济基础与上层建筑思想是辩证的"决定论"。

刚开始的时候，马克思认为上层建筑仅仅包括政治上层建筑，如国家和法。这种理解未免比较狭隘，到了写作《1844年经济学哲学手稿》的时候，他对上层建筑的内涵有所丰富，上层建筑的外延就有所扩大。他说"私有财产的运动——生产和消费——是以往全部生产的运动的感性表现，也就是说，是人的实现或现实。宗教、家庭、国家、法、道德、科学、艺术等，都不过是生产的一些特殊的方式，并且受生产的普遍规律的支配"[1]。这个时候，他提到了道德、科学和艺术等，把上层建筑仅仅包括政治上层建筑如国家和法扩充到既包括政治上层建筑也包括思想的上层建筑、各种社会意识形式，如道德、科学和艺术等。在《德意志意识形态》中，马克思第一次明确阐述上

---

① 中共中央马克思恩格斯列宁斯大林著作编译局. 马克思恩格斯全集：第42卷［M］. 北京：人民出版社，1979：121.

层建筑的概念，他认为，市民社会"这一名称始终标志着直接从生产和交往中发展起来的社会组织，这种社会组织在一切时代都构成国家的基础以及任何其他观念的上层建筑的基础"①。这里的上层建筑指"国家"和"其他观念的上层建筑"。

但是，不管何时，马克思经济基础与上层建筑思想是始终如一的、有始有终的辩证的"决定论"。马克思既讲"决定作用"，又讲"反作用"，认为经济决定政治、文化，同时，对政治和文化，马克思给予了充分的重视，他认为，政治和文化对经济有反作用。马克思在 19 世纪的四五十年代如此，之后也是如此。笔者引用一段《德意志意识形态》的文字，来阐述马克思的"反作用"思想。一般来说，我们认为《德意志意识形态》时期标志着马克思、恩格斯共同创立了历史唯物主义，这段文字是这样的，"这种历史观就在于：从直接生活的物质生产出发阐述现实的生产过程，把同这种生产方式相联系的，它所产生的交往形式即各个不同阶段上的市民社会理解为整个历史的基础，从市民社会作为国家的活动描述市民社会，同时从市民社会出发阐明意识的所有各种不同的理论产物和形式，如宗教、哲学、道德等，而且追溯它们产生的过程。这样做当然就能够完整地描述事物了（因而也能够描述事物的这些不同方面之间的相互作用）"②。在此文本中，马克思关于历史观的描述语段可谓经典，这段文字其实也是马克思对经济基础与上层建筑思想的论述。这段文字强调经济基础决定上层建筑，即文字中所述的那样把市民社会（生产关系）理解为整个历史的基础，从市民社会（生产关系）出发阐明宗教、哲学、道德等。同时，马克思肯定了上层建筑之间以及上层建筑与经济基础之间的相互作用，就是引用里面所述的括号里面的文字，即"因而也能够描述事物的这些不同方面的相互作用"，可以看出上层建筑对经济基础

---

① 中共中央马克思恩格斯列宁斯大林著作编译局. 马克思恩格斯全集：第 3 卷 ［M］. 北京：人民出版社，1956：40-41.

② 中共中央马克思恩格斯列宁斯大林著作编译局. 马克思恩格斯文集：第 1 卷 ［M］. 北京：人民出版社，2009：544.

的反作用。

关于"反作用"的论述，我们可以再举几个例子，比如，在《不列颠在印度的统治》一文中，马克思这样阐述上层建筑对经济基础的反作用，他说，"我们在亚洲各国经常可以看到，农业在某一个政府统治下衰落下去，而在另一个政府统治下又复兴起来。收成的好坏在那里决定于政府的好坏，正像在欧洲决定于天气的好坏一样"①。又如，在《国际工人协会成立宣言》中，他说，"但是，土地巨头和资本巨头总是要利用他们的政治特权来维护和永久保持他们的经济垄断的"②。又如在《路易·波拿巴的雾月十八日》和《资本论》中，马克思精辟论述了上层建筑对经济基础的反作用。在《资本论》第3卷中，他阐述上层建筑的反作用，"从直接生产者身上榨取无酬剩余劳动的独特经济形式，决定着统治和从属的关系，这种关系是直接从生产本身产生的，而对生产发生决定性的反作用"③。换言之，在一定条件下，上层建筑表现为主要决定性的反作用，它能在某种限度内改变经济基础。

马克思辩证阐述了经济基础与上层建筑二者之间的关系，马克思重视上层建筑的"反作用"，对此，恩格斯做了清晰的说明，"只须看看马克思的《路易·波拿巴的雾月十八日》，那里谈到的都是政治斗争和政治事件所起的特殊作用"④"或者看看《资本论》，……那里表明，肯定是政治行动的立法起着多么重大的作用……如果政治权力在经济上是无能为力的，那么我们又为什么要为无产阶级的政治专政而斗争呢?"⑤。总之，马克思对经济基础决

---

① 中共中央马克思恩格斯列宁斯大林著作编译局. 马克思恩格斯全集：第 9 卷 [M]. 北京：人民出版社，1961：146.

② 中共中央马克思恩格斯列宁斯大林著作编译局. 马克思恩格斯全集：第 16 卷 [M]. 北京：人民出版社，1964：13.

③ 中共中央马克思恩格斯列宁斯大林著作编译局. 马克思恩格斯全集：第 25 卷 [M]. 北京：人民出版社，1974：891.

④ 中共中央马克思恩格斯列宁斯大林著作编译局. 马克思恩格斯全集：第 37 卷 [M]. 北京：人民出版社，1971：490-491.

⑤ 中共中央马克思恩格斯列宁斯大林著作编译局. 马克思恩格斯全集：第 37 卷 [M]. 北京：人民出版社，1971：490-491.

定上层建筑思想的论述是明确的，同时，马克思对上层建筑反作用于经济基础思想的论述也是明确的。认为马克思没有明确的决定论的思想是毫无根据的，认为马克思是机械的"决定论"的思想也是误解或者是污蔑的。

马克思把基础与上层建筑放在一起使用，在经济、政治和文化三者关系之中，经济是基础，所以称为经济基础，政治和文化成了上层建筑。马克思指出，经济基础决定上层建筑，上层建筑对经济基础又有反作用，不过，上层建筑对经济基础发生的反作用不是决定作用。在决定作用和反作用的关系中，它们的地位和力量是不同的，决定作用大于反作用。

三、"决定"的内涵解读

如上所述，马克思的"决定"内涵相当丰富，也是极其明确的。"决定"的内涵可以包括前提、条件、基础，产生、创造、根源，制约、规定、支配，原因与结果里的原因、内容与形式里的内容，等等。这些论述并不冲突、排斥，它们统一于"决定"的内涵和实质之中。其实，这些是对"决定"内涵和实质不同方面的展示，它们也表达出在"决定"程度上的差别。也就是说，"决定"是一个度，有一个范围和空间，这里面存在程度上的差别，所谓"决定"与"被决定"的关系，是第一性与第二性的区别而已。在当今时代，这种理解显得非常重要，在社会主义现代化建设中，只有对"决定"做此理解，理论上的解释才显得有说服力，实践上也更有巨大的指导作用。

笔者认为，我们无须挖空心思研究经济基础比上层建筑重要到什么程度，经济基础决定上层建筑决定到什么程度。"决定"是经济基础与上层建筑之间的判断词，经济基础与上层建筑哪个更加重要？当然是经济基础重要。经济基础到底比上层建筑重要到什么程度，我们不要抽象地予以精确化。经济基础是第一性的，上层建筑是第二性的，至于经济基础对上层建筑的决定性，决定到什么程度，这要看具体的情况。换言之，在有的时候，这种决定程度高一些，有的时候，决定程度会重要些，这要看具体的社会实践。我们唯一明确的是经济基础与上层建筑都重要，只要明白，经济基础与上层建筑都不是能够忽视的。但是，在经济基础与上层建筑的比较中，经济基础比上层建筑更重要，这构成了历史唯物主义的一条基本原理。

这并不是想推翻我们已有的对"决定"的理解和研究成果，而是说，我们对"决定"内涵的理解，从文本的角度进行解读，从而梳理出"决定"的内涵，这不失为一个思考的思路。这种思路与已有的解读和研究成果没有根本的排斥，不过，它也打开了理论研究的新的阐述空间。我们对马克思经济基础与上层建筑思想的文本解读不够，没有或者说很少从马克思经典著作中梳理出这种经济基础与上层建筑之间关系的判断。这种不足，导致我们现在马克思经济基础与上层建筑思想被人们简单化和污名化。

四、对"决定论"曲解的辨析

马克思经济基础与上层建筑思想是辩证的"决定论"，不是机械的"经济决定论"、调适论、相互决定论、"取代论""上层建筑决定论"。马克思经济基础与上层建筑思想揭示社会本质和规律的"独特探索"，明确了经济基础决定上层建筑，这是"经济决定论"思想，不是"政治决定论""文化决定论"。这种思想不是机械的"经济决定论"、经济唯物主义，而是辩证的"经济决定论"，也不是"调适论""相互决定论""取代论"和"上层建筑决定论"。我们如果把马克思经济基础与上层建筑思想混同于这些理解，那就会"差之毫厘、谬以千里"。

（一）非机械的"经济决定论"

19 世纪 90 年代，一些机会主义者和资产阶级思想家歪曲马克思的经济基础与上层建筑思想，认为马克思只讲生产力、生产关系，只讲经济，只讲技术，忽视政治、思想、社会心理等，他们把马克思的经济基础与上层建筑思想曲解为"经济唯物主义"，认为是纯"经济决定论"。这种解读和污蔑对该思想造成极坏的影响，在实践中也造成了一些不良后果。第二国际的一些理论家也在不同程度上偏离了马克思经济基础与上层建筑思想，他们成了持"经济决定论"的人。他们夸大经济基础的决定作用，忽视了上层建筑的反作用，把历史唯物主义视为经济唯物主义，比如，拉法格，就是如此。现在，仍有不少的研究认为马克思经济基础与上层建筑思想是经济决定论，这种理解很有市场。他们把马克思的经济基础与上层建筑思想理解成纯"经济决定论"，拥有一种机械的唯物主义思想。

经济基础与上层建筑是一种辩证的关系，马克思的经济基础与上层建筑思想是辩证的"决定论"。19世纪四五十年代，马克思为了反驳唯心史观，创立了经济基础决定上层建筑的思想。唯心史观是一种颠倒社会存在和社会意识的思想，而马克思的经济基础与上层建筑思想摆正了社会存在与社会意识的关系，让人们正确认识社会存在与社会意识的地位和作用。马克思的经济基础与上层建筑思想是新的唯物主义和现代的唯物主义，马克思强调物质生产、经济发展对社会发展的决定作用，同时，对政治和文化也给予了充分的重视。在《德意志意识形态》中，马克思曾有这种论述：事物的这些不同方面之间存在"相互作用"①，这里面包含了他对经济基础与上层建筑关系的辩证理解。恩格斯捍卫马克思的经济基础与上层建筑思想，并且发展、丰富了该思想，这种捍卫和发展，特别是对上层建筑的精辟论述集中体现在他的晚年通信之中。马克思、恩格斯共同创造了经济基础与上层建筑思想，这种思想是辩证的"决定论"思想。

"决定"是经济基础与上层建筑之间关系的判断词。经济基础与上层建筑中经济基础更加重要，经济基础决定了上层建筑，经济基础到底比上层建筑重要到什么程度，马克思没有抽象地予以精确化。在有的时候，决定程度高一些，有的时候，决定程度会重要些，这要看具体的社会实践，唯一能够明确的，是经济基础比上层建筑更为重要。

马克思认为经济基础决定上层建筑，同时，他也强调上层建筑反作用于经济基础。我们既要看到经济基础的第一性作用，也要看到上层建筑的第二性作用，这是一个历史辩证法。虽然，在早期，他毕竟对上层建筑反作用的

---

① 中共中央马克思恩格斯列宁斯大林著作编译局. 马克思恩格斯文集：第1卷 [M]. 北京：人民出版社，2009：544.

论述较少，但是，马克思关于经济基础与上层建筑辩证关系的断定一直是明确的，是前后一致的。

（二）非"调适论"、非"相互决定论"

有研究认为马克思既承认经济基础的巨大作用，又承认上层建筑的巨大作用，认为经济、政治和文化三者之间互相作用并且互相决定。比如，结构主义提出多元论，对几个要素并排强调等；分析主义认为经济基础与上层建筑区分具有相对性。这种理解是错误的，这就否定了经济的"决定"作用。

马克思不同意经济基础与上层建筑之间是一种相互调适的作用。所谓的"谁也不决定谁，谁也决定不了谁"，或者它们的互相决定、它们的互相调适，随时随地发生变化，这些都是错误的观点。上层建筑对经济基础有着重大的影响和反作用，但是，马克思明确指出，经济基础是第一性的，上层建筑是第二性的，马克思自始至终强调经济基础的决定作用。① 他们在强调上层建筑反作用的时候，仍然没有一丝一毫否定经济基础的决定作用，文化、道德和意识形态等，是在第一性的决定作用下才起着第二性的作用。

经济基础与上层建筑二者是一种对立统一的辩证关系，但二者的关系不是平行、并列的关系。在社会结构中，经济结构处于基础地位，政治结构和文化结构是基础之上的上层建筑，所以，经济结构又称为经济基础，而政治结构和文化机构分别被称为政治的上层建筑和思想的上层建筑。经济基础与上层建筑的关系是决定和被决定的关系，这里存在一种主体与从属的关系。

（三）非"取代论"

经济基础与上层建筑的辩证关系，一是经济基础的决定作用，二是上层建筑的反作用，这两个结论缺一不可，否则就不能正确理解这种思想。马克思从不否认经济基础的根本性和决定作用，但是，也不否定上层建筑的重要性和巨大反作用。对经济基础重要性的认识，马克思没有忽视、削弱，而只

---

① 中共中央马克思恩格斯列宁斯大林著作编译局. 马克思恩格斯文集：第 10 卷［M］. 北京：人民出版社，2009：586.

有重视、加强，同样，对上层建筑的认识也是如此。在经济基础与上层建筑的统一体中，经济基础并不可以取代上层建筑。上层建筑不是经济基础的显现，不能简单地还原为经济基础，上层建筑有上层建筑自身的重要作用，它的作用，经济基础取代不了。也就是说，经济基础取代不了上层建筑，上层建筑也取代不了经济基础，经济"决定论"不是经济"取代论"。经济是基础，但不是全部和一切，经济基础不能取代上层建筑。经济基础与上层建筑是对立统一的辩证关系。

在一个结构中，基础的重要性不容否认，但基础不是全部，结构是基础与上层建筑的统一体，只有基础与上层建筑同时存在，才会形成一个完整的结构。有时，基础不是一个结构的目的和价值所在，上层建筑才是一个结构的意义和价值所在。比如，一个房子的地基和上层建筑部分，一座雕塑的底盘和雕像，房子的上层建筑部分和雕塑的雕像才是这个结构的意义和价值所在，虽然基础不牢，地动山摇，但上层建筑是一个更值得关注的所在。这就是说，在一个社会结构中，上层建筑的意义不仅仅在于它对经济基础的反作用，更在于它本身的价值。人们的社会生活既包括经济生活，又包括政治生活和文化生活；人们的社会实践活动既要解决经济问题，又要解决政治问题和文化问题，这就是上层建筑本身的意义和价值。

上层建筑的意义不仅在于它对经济基础的反作用，还在于它本身就是社会结构、社会生活和社会实践的一部分。在经济、政治和文化的三者关系中，我们既要重视经济关系，又要重视政治和文化的关系，解决好政治和文化方面的问题。这是社会生活和社会实践的问题和目的之所在，也是社会生活和社会实践的本质之所在。

（四）非"上层建筑决定论"

有些人认为，上层建筑在社会中占据最为重要的位置，发挥最为重要的作用。早期西方马克思主义就强调上层建筑的重要性，直至后来文化唯物主义凸显政治、文化的地位，以至有些人鼓吹"上层建筑论"。卢卡奇、葛兰西等人认为时代条件不同，经济基础与上层建筑的地位、作用就有所不同，所以，重视的程度应该有所不同。卢卡奇、葛兰西都强调上层建筑的作用和重要性，都认为上层建筑中的意识是根本性的，意识和文化起决定性作用。法兰克福学派的一些思想家认为生产力在现代并不重要，重要的是上层建筑、道德和交往。"上层建筑决定论"与马克思经济基础与上层建筑思想大相径庭，这种观点是错误的。我们可以说，上层建筑决定论与纯经济决定论、经济主义都是机械决定论，上层建筑决定论是对经济主义的反动，但这不过是从一个极端走到了另一个极端。

批判上层建筑决定论是明确的，当然，我们也应更加思考上层建筑的性质和作用。人们片面夸大上层建筑，特别是意识的作用，这是错误的。马克思经济基础与上层建筑思想不是经济决定论、经济绝对论、经济唯物主义、唯经济至上主义，但是，它确认经济必然性是人类历史进程中的"中轴线"。① 马克思重视社会结构当中经济结构的第一性地位和根本作用，这种思想真正揭示了社会的本质和发展规律。经济基础与上层建筑的地位和作用是不变的，但是，我们对二者重视的程度应该发生变化，这种说法具有比较重要的当代价值。经济基础与上层建筑是一种辩证的关系，强调二者和重视它们之间的关系，这是马克思主义的观点，这里，我们需要进一步加深认识。

总之，我们在马克思关于经济基础与上层建筑思想的阐述中，包含了丰富的历史辩证法思想。社会意识相对独立性的思想，社会意识反作用于社会存在、上层建筑反作用于经济基础的思想，无不体现了历史发展的辩证法。有人把此理解成机械决定论或庸俗的经济决定论，这是毫无根据的。马克思经济基础与上层建筑思想蕴含了社会历史是人的活动和环境的辩证统一，是社会历史制约性和历史主体性的辩证统一，是社会发展规律的普遍性和各个民族发展道路特殊性的辩证统一，是历史发展的必然性和偶然性的辩证统一，等等。

---

① 杨耕. 马克思主义历史观研究 [M]. 北京：北京师范大学出版社，2012：80.

第三节　恩格斯的"决定论"思想

在第二章中，我们论述马克思经济基础与上层建筑思想形成的时候，笔者阐明恩格斯的重要贡献，指出马克思与恩格斯共同创立了历史唯物主义的经济基础与上层建筑思想，他们是"同创互补"的关系，在这种过程中，恩格斯做出了重要的理论贡献，这是思想史的梳理。这里分析恩格斯的经济基础与上层建筑的"决定"思想，恩格斯也是"决定论"者，所以，在阐述"决定"内涵和实质的时候，笔者既阐述马克思的"决定论"思想，又论述恩格斯的"决定论"思想。马克思、恩格斯经济基础与上层建筑思想是一致的，具有"同一"的关系。

一、经济基础与上层建筑关系："决定"及其内涵

恩格斯所阐述的经济基础决定上层建筑，这里的"决定"指什么，我们如何理解恩格斯"决定"的内涵？笔者在下文中叙述了五点内容，恩格斯"决定"的内涵就体现在这里。恩格斯的"决定"就是指前提、条件，产生、产物、根源，制约、决定、支配，就是指原因和内容。这些就非常清楚地表达出这个"决定"的内涵和实质。

（一）用前提和条件这些词语来论述经济

在恩格斯的文章中，他有时把经济称为前提和条件，经济既然是"前提"又是"条件"，也就是说经济是必不可少的，必需、必要的，没有经济这个前提和条件就没有其他的政治、军事、文化。恩格斯把经济称为前提和条件，本书举几个出处，比如，1876 年，在《反杜林论》中，恩格斯说，"没有什

么东西比陆军和海军更依赖于经济前提"①; 也在《反杜林论》中, 恩格斯说, "军队的全部组织和作战方式以及与之有关的胜负, 取决于物质的即经济的条件"②; "在任何地方和任何时候, 都是经济的条件和资源帮助'暴力'取得胜利"③。又比如, 1890 年, 在《恩格斯致约·布洛赫》中, 他说, "其中经济的前提和条件归根到底是决定性的"④, 这里的前提、条件表达相似的意思。前提和条件属于"决定"的范畴, "决定"可能或者应该包括前提、条件这些内容和性质。

前提、条件这些表述是对"决定"的内涵一个方面的展示, 前提、条件被"决定"包含, 当然, 前提、条件不是"决定"的同义词。经济是前提、条件的这种表述, 我们并不能认为经济决定政治和文化。前提、条件远远没有达到"决定"所包含的程度和涉的范围, "决定"的内涵还有其他一些不同方面的意思, 它们是体现出"决定"程度上的差别的。

(二) 用产生、引导、发展、产物、根源等来论述经济与政治、文化的关系

恩格斯指出, 经济、经济力量是"本原的东西"⑤, 他认为经济产生、创造政治和文化, 经济是政治和文化的根源和发源地, 政治和文化是经济的产物。恩格斯用产生、引导、发展、产物、根源等来论述经济与政治、文化的关系。

我们先来看恩格斯的几个论述, 这是从产生、引导、发展的角度来论述经

---

① 中共中央马克思恩格斯列宁斯大林著作编译局. 马克思恩格斯全集: 第 20 卷 [M]. 北京: 人民出版社, 1971: 182.

② 中共中央马克思恩格斯列宁斯大林著作编译局. 马克思恩格斯全集: 第 20 卷 [M]. 北京: 人民出版社, 1971: 186.

③ 中共中央马克思恩格斯列宁斯大林著作编译局. 马克思恩格斯全集: 第 20 卷 [M]. 北京: 人民出版社, 1971: 187.

④ 中共中央马克思恩格斯列宁斯大林著作编译局. 马克思恩格斯全集: 第 37 卷 [M]. 北京: 人民出版社, 1971: 461.

⑤ 中共中央马克思恩格斯列宁斯大林著作编译局. 马克思恩格斯全集: 第 20 卷 [M]. 北京: 人民出版社, 1971: 189.

济对政治、文化等的地位和意义的。比如，1859 年，在《卡尔·马克思〈政治经济学批判〉》中，恩格斯说，"每个事件都证明，每次行动怎样从直接的物质动因产生，而不是从伴随着物质动因的辞句产生，相反地，政治辞句和法律辞句正像政治行动及其结果一样，倒是从物质动因产生的"①；又如，1886 年，在《法学家的社会主义》中，恩格斯说，"人们的一切法律、政治、哲学、宗教等观念归根结蒂都是从他们的经济生活条件、从他们的生产方式和产品交换方式中引导出来的"②；又如，1883 年，在《在马克思墓前的讲话》中，恩格斯说，"直接的物质的生活资料的生产，因而一个民族或一个时代的一定的经济发展阶段，便构成为基础，人们的国家制度、法的观点、艺术以至宗教观念，就是从这个基础上发展起来的"③。恩格斯指出，政治、文化这些东西是经济的产物，它们的根源在经济。我们来看恩格斯的其他几个论述。比如，1876 年，在《反杜林论》中，恩格斯说，"以往的全部历史，都是阶级斗争的历史；这些互相斗争的社会阶级在任何时候都是生产关系和交换关系的产物，一句话，都是自己时代的经济关系的产物"④；又如，1876 年，也是在《反杜林论》中，恩格斯说，任何学说"它的根源深藏在经济的事实中"⑤。

总之，产生、引导、发展、根源、产物，这些表述应该包含在"决定"的内涵之中，这些表述揭示了经济与政治、文化的关系，与前面的前提、条件的论述没有矛盾，它们是一致的。这些表述与前提、条件的表述有相通和相同之处，这些表述可能在程度上有所递进而已。但是，同样的，这些表述

---

① 中共中央马克思恩格斯列宁斯大林著作编译局. 马克思恩格斯全集：第 13 卷 [M]. 北京：人民出版社，1962：527.

② 中共中央马克思恩格斯列宁斯大林著作编译局. 马克思恩格斯全集：第 21 卷 [M]. 北京：人民出版社，1965：548.

③ 中共中央马克思恩格斯列宁斯大林著作编译局. 马克思恩格斯全集：第 19 卷 [M]. 北京：人民出版社，1963：374-375.

④ 中共中央马克思恩格斯列宁斯大林著作编译局. 马克思恩格斯全集：第 20 卷 [M]. 北京：人民出版社，1971：29.

⑤ 中共中央马克思恩格斯列宁斯大林著作编译局. 马克思恩格斯全集：第 20 卷 [M]. 北京：人民出版社，1971：19.

不能包括"决定"的全部内涵，我们如果认为这种关系是一种极其强烈的决定关系，还是有些勉强的。某物产生、创造另外一物，是另外一物的根源、发源地，而另外一物是某物的产物，这并不能完全说明某物决定了另外一物。比如，父母和孩子的关系，父母对子女的"决定"性和"决定"作用又有多少？可见，这些表述还没有达到必然性和规律性的程度。

（三）用决定、制约、支配来论述经济对政治、文化的关系

恩格斯认为在经济、政治、文化三者的关系中，经济制约、决定、支配着政治、文化，而政治和文化取决于经济。比如，1876 年，在《反杜林论》中，恩格斯说，"这里十分清楚地表明，杜林先生所说的作为'经济情况的决定性的原因'的'直接的政治暴力'，反而是完全受经济情况支配的"①"军队的全部组织和作战方式以及与之有关的胜负，取决于物质的即经济的条件"②；1885 年，在《关于共产主义者同盟的历史》中，恩格斯说，"迄今为止在历史著作中根本不起作用或者只起极小作用的经济事实，至少在现代世界中是一个决定性的历史力量"③。他在晚年书信中，也有很多这样的论述，比如，1890 年，在《恩格斯致约·布洛赫》中，恩格斯说，"根据唯物史观，历史过程中的决定性因素归根到底是现实生活的生产和再生产"④；1890 年，在《恩格斯致康·施密特》中，恩格斯说，"经济发展对这些领域的最终的支配作用，在我看来是无疑的"⑤；1894 年，在《恩格斯致符·博尔吉乌斯》

---

① 中共中央马克思恩格斯列宁斯大林著作编译局. 马克思恩格斯全集：第 20 卷 [M]. 北京：人民出版社，1971：188.

② 中共中央马克思恩格斯列宁斯大林著作编译局. 马克思恩格斯全集：第 20 卷 [M]. 北京：人民出版社，1971：186.

③ 中共中央马克思恩格斯列宁斯大林著作编译局. 马克思恩格斯全集：第 21 卷 [M]. 北京：人民出版社，1965：247.

④ 中共中央马克思恩格斯列宁斯大林著作编译局. 马克思恩格斯全集：第 37 卷 [M]. 北京：人民出版社，1971：460.

⑤ 中共中央马克思恩格斯列宁斯大林著作编译局. 马克思恩格斯全集：第 37 卷 [M]. 北京：人民出版社，1971：490.

中，恩格斯说，"我们认为，经济条件归根到底制约着历史的发展"①。

恩格斯认为，经济是决定性因素，而政治、文化取决于经济，它们之间的关系是决定与被决定的关系。不管这种政治和文化的力量多么强大，作用多么巨大，经济对于政治和文化的优先地位是明显的。这里的表述就非常清楚，经济决定政治和文化，政治和文化是受制于经济的。制约、决定、支配，这些论述突出体现和展示"决定"的内涵和实质，在"决定"的内容中，这些表述的程度是最高的。这是从必然性和规律性的层面上来揭示经济、政治、文化三者之间的关系的。也就是说，恩格斯的这些表述强调经济对政治、文化的必然性，从而解释了经济与政治、文化之间的矛盾运动，也揭示了经济基础决定上层建筑、上层建筑适应经济基础发展的根本规律。

（四）从原因和结果角度论述经济、政治、文化的关系

恩格斯用原因与结果的关系来说明经济与政治、文化的关系，把经济比喻成原因，把政治和文化比喻成结果，原因当然是决定结果的，所以，经济决定政治和文化。比如，在《反杜林论》中，恩格斯说，"一切社会变迁和政治变革的终极原因，不应当在人们的头脑中，在人们对永恒的真理和正义的日益增进的认识中去寻找，而应当在生产方式和交换方式的变更中去寻找；不应当到有关时代的哲学中去寻找，而应当到有关时代的经济学中去寻找"②。"生产方式和交换方式"这些经济条件、经济因素、经济关系是原因，它们的"变更"决定社会的发展和政治的变化；"社会变迁和政治变革"是结果。1877 年，在《卡尔·马克思》中，恩格斯说，"以前所有对于历史的见解，都以下述观念为基础：一切历史变动的最终原因，应当到人们变动着的思想中去寻求，并且在一切历史变动中，最重要的、决定全部历史的是政

---

① 中共中央马克思恩格斯列宁斯大林著作编译局. 马克思恩格斯全集：第 39 卷［M］. 北京：人民出版社，1974：199.

② 中共中央马克思恩格斯列宁斯大林著作编译局. 马克思恩格斯全集：第 20 卷［M］. 北京：人民出版社，1971：292.

治变动"①。他认为，阶级斗争、政治变动的动因在于"……当时存在的物质的、可以实际感觉到的条件，即各该时代社会借以生产和交换必要生活资料的那些条件"②。生产、经济的地位是明显的，政治和文化的东西不过是经济东西的结果。又如，1890 年，在《恩格斯致康·施密特》中，他说，"……哲学和那个时代的文学的普遍繁荣一样，都是经济高涨的结果"③；1895 年，在《〈卡尔·马克思 1848 至 1850 年的法兰西阶级斗争〉一书导言》中，他说，"……从而按照作者的观点，把政治事件归结于终究是经济原因的作用"④。恩格斯不满意的是，在判断当前发生的个别事件或一系列事件时，总是不能探索出终极的经济原因。⑤

在经济、政治和文化三者的关系中，经济是原因，而政治、文化是结果，原因是决定结果的，不可能出现经济是结果，而政治和文化是原因的情况，在恩格斯的晚年书信中，也出现过政治和文化是原因的这种论述。这些论述一般是出现在分析整个社会历史发展的时候，这时，经济是原因，政治和文化也是原因，也就是说，对整个社会历史发展起作用的，既有经济的因素，也有政治和文化的因素。但是，对整个社会历史发展起作用的经济、政治和文化三者的地位和力量是不同的，经济的力量最为强大，经济占据主导地位和发挥决定性作用。

（五）从内容和形式角度论述经济、政治、文化的关系

恩格斯把经济视为内容，而把政治和文化称为形式，从内容和形式的角

---

① 中共中央马克思恩格斯列宁斯大林著作编译局. 马克思恩格斯全集：第 19 卷［M］. 北京：人民出版社，1963：121.

② 中共中央马克思恩格斯列宁斯大林著作编译局. 马克思恩格斯全集：第 19 卷［M］. 北京：人民出版社，1963：122.

③ 中共中央马克思恩格斯列宁斯大林著作编译局. 马克思恩格斯全集：第 37 卷［M］. 北京：人民出版社，1971：490.

④ 中共中央马克思恩格斯列宁斯大林著作编译局. 马克思恩格斯全集：第 22 卷［M］. 北京：人民出版社，1965：591.

⑤ 中共中央马克思恩格斯列宁斯大林著作编译局. 马克思恩格斯全集：第 22 卷［M］. 北京：人民出版社，1965：591-592.

度对经济、政治和文化三者的关系进行论述，内容是决定形式的，所以，经济决定政治和文化。比如，1890 年，在《恩格斯致康·施密特》中，他说，"经济关系反映为法原则……法学家以为他是凭着先验的原理来活动，然而这只不过是经济的反映而已"①。他把经济视为内容，而其他的政治和文化是经济的"反映"即表现、形式。另外，恩格斯从必然性和偶然性的角度来论述经济与政治、文化的关系，这其实就是从内容和形式上来讲的，偶然性是必然性的补充和表现形式，必然性是偶然性的内容。比如，1894 年，在《恩格斯致符·博尔吉乌斯》中，他说，"在所有这样的社会里，都是那种以偶然性为其补充和表现形式的必然性占统治地位。在这里通过各种偶然性来为自己开辟道路的必然性，归根到底仍然是经济的必然性"②。恩格斯认为经济是必然性，而政治和文化是偶然性，也就是说，经济是内容，而政治和文化是形式，内容决定形式，必然性决定偶然性。另外，恩格斯还从目的和手段的角度来论述经济和政治、文化的关系，目的和手段的关系也可以视为内容和形式的关系，目的是内容，手段是形式。在经济、政治和文化三者的关系中，经济是内容，政治和文化是形式，政治和文化归根结底是围绕着经济进行的。比如，1895 年，在《路德维希·费尔巴哈和德国古典哲学的终结》中，恩格斯说，阶级和阶级斗争、阶级的产生是由于经济关系发生变化的，确切地说是由于生产方式发生变化，阶级斗争首先是为了经济利益而进行的，"政治权力不过是用来实现经济利益的手段"③。手段是为目的服务的，目的属于内容，而手段可以被视为形式。

总之，恩格斯与马克思对经济、政治、文化以及三者之间关系的理解，对基础与上层建筑的理解，是没有差别的。恩格斯分别从前提、条件，从产

---

① 中共中央马克思恩格斯列宁斯大林著作编译局. 马克思恩格斯全集：第 37 卷 [M]. 北京：人民出版社，1971：488.

② 中共中央马克思恩格斯列宁斯大林著作编译局. 马克思恩格斯全集：第 39 卷 [M]. 北京：人民出版社，1974：199-200.

③ 中共中央马克思恩格斯列宁斯大林著作编译局. 马克思恩格斯全集：第 21 卷 [M]. 北京：人民出版社，1965：344.

生、产物、根源，从决定、支配、制约，从原因和内容等含义上来理解经济。在恩格斯关于经济基础与上层建筑之间的关系思想中，基础指经济，所以基础变成了经济基础这个概念，而上层建筑是指政治和文化，经济基础决定上层建筑。经济与政治、文化有各自的界限，经济就是经济，经济不是政治或文化，同样政治和文化也是如此。但是，经济与政治、文化三者之间亦存在关系，经济决定政治和文化，经济与政治、文化的关系是一种决定性的关系。在一系列文章中，恩格斯对经济基础决定上层建筑这种表述是非常明确的。

二、马克思、恩格斯经济基础与上层建筑思想的"同一"说

马克思、恩格斯的经济基础与上层建筑思想关系是同一、一致的。如何判断和论证这种观点？这种思想"同一"关系的论据和论证，一要看思想是否可以定性，即看是否能有判断经济、政治和文化关系的判断词（概念），二要看思想史，即他们是否经历同创互补过程。这两种进路、方法是相辅相成的。对于论证思想的同一关系来说，它们不能偏废，缺一不可。它们共同构成一个完整的、无懈可击的论证体系。

所谓看判断词（判断关系的概念），这是指马克思、恩格斯用哪些词语来表述、阐释经济与政治、文化三者之间的关系，这些词语体现什么判断，是否包括在一个概念（判断词）中？其实，他们关于经济、政治、文化三者关系的判断词就是两个字：决定。找出这个"决定"到底包括哪些内容，这是非常重要的一个梳理和概括的过程。而至于思想史，这是指梳理他们的经济基础与上层建筑思想的形成和发展历史。从这个形成和发展的过程中，分析他们对经济、政治和文化之间关系的理解，揭示他们这种思想是否经历了一种"同创互补"的过程。当然，在这个过程中，马克思、恩格斯的论述也是有对这三者关系的这种"决定"意思上的概念判断的。但是，这是侧重于从一个过程来看的。也就是说，一个从"决定"这个判断关系的概念的内涵入手，一个从经济、政治和文化三者关系的思想形成史展开，这是对马克思、恩格斯经济基础与上层建筑思想"同一"关系论证的两个进路。总之，这是

两个不同的进路和方法，共同构成对"同一"关系的论证。

论证马克思、恩格斯经济基础与上层建筑思想的"同一"关系、"同创互补"过程具有极其重要的理论和现实意义。这种重要性在于，他们的这种思想、理论关系到历史唯物主义的创立以及整个马克思主义的形成，对这种思想、理论的同一性的理解直接关系到对历史唯物主义和马克思主义的理解。这种思想"同"，马克思、恩格斯的思想关系则"同"；这种思想"异"，马克思、恩格斯的思想关系则"异"。这种思想具有如此的重要性，是由它在历史唯物主义以及整个马克思主义中的地位决定的。这种思想地位、作用和意义如何？一些学者把马克思、恩格斯的思想进行了从宏观到微观、从总体到细节的比较。这里的"思想"包括很多内容，按照通俗的划分，就是指经济学、哲学、科学社会主义等。马克思、恩格斯的研究涉及经济、政治、文化、美学、宗教、道德、军事等领域。以至于，马克思、恩格斯的思想关系显得极其复杂。其实，经济基础与上层建筑思想分别是他们各自最重要的学说、观点，这种思想最能代表和体现他们各自的整个思想体系。这是因为该思想解释社会现象，揭示社会历史发展规律，是历史唯物主义的主要内容和核心部分；该思想贯穿整个思想体系三个部分，凸显整个思想体系的理论本质和最终价值。故而，经济基础与上层建筑思想同一，则各自的思想体系的关系就同一；经济基础与上层建筑思想相异，则各自的思想体系的关系就相异。

当今，国际学术界普遍认为马克思、恩格斯的思想并不是同一、一致的，马克思、恩格斯的理论不能概括为历史唯物主义，更不能称呼为马克思主义，这是说，马克思、恩格斯各有其说，说法各异，截然对立。在国内，受国际研究的影响，我们也是越来越质疑马克思、恩格斯思想的同一关系，"同一论"的观点有所削弱，"对立论"的声音有所增强。要打破"对立"的怀疑和声音，我们最先要做的就是从马克思、恩格斯的经济基础与上层建筑思想入手，论证这种思想的同一、一致，然后指出他们各自的整个思想体系的同一、一致，最后明确马克思、恩格斯共同创建了历史唯物主义以及整个马克思主义的理论体系。所以，本书研究马克思、恩格斯在经济基础与上层建筑思想方面的对立、差异或同一情况。对他们的经济基础与上层建筑思想做出同一或对立的判断，特别是对此做出"同一"的论证就显得刻不容缓。

我们知道，马克思和恩格斯"对立"的制造自有其原因、实质和方法。但是这种对立，只不过是"在应该把马克思和恩格斯看成一个人，即同一种理论的共同创造者的地方，他们把马克思和恩格斯看成两个人，即两种理论，两种主义"①。的确，马克思、恩格斯的经济基础与上层建筑思想不是两个思想、理论，而是一种思想、理论，在对经济、政治和文化三者的理解上，他们就犹如一个人，然后创造出一种理论。毋庸讳言，马克思、恩格斯的经济、政治和文化的论述存在一些差异和特点，但是，这种差异是融合的、互补的，他们共同创造了历史唯物主义的经济基础与上层建筑思想。

综上，经济基础与上层建筑思想是马克思、恩格斯各自最为重要的思想。我们说，马克思与恩格斯的思想关系是"同一"的，这突出体现在他们的经济基础与上层建筑思想方面，所以，分析、阐述马克思、恩格斯共同创造的这种"决定"论思想具有重要的理论意义与现实意义。既然判断关系的判断词（概念）的内涵与思想形成史梳理，这两种方法和进路是社会科学研究的通用方法，所以，本书就从这两个方面来展开分析、进行论述。

---

① 陈先达. 《1844 年经济学哲学手稿》和马克思主义 [J]. 中国人民大学学报，1988（1）：34-41.

第四章

马克思经济基础与上层建筑思想的
"理论原则"

马克思经济基础与上层建筑思想蕴含一些基本精神，可以称为"理论原则"，无疑，这也属于该思想内涵实质的范畴。的确，经济基础决定上层建筑，上层建筑反作用于经济基础，这是马克思经济基础与上层建筑思想的科学内涵，这一论述也已成为历史唯物主义的基本原理，但这一论述还不是该思想的全部科学内涵。如果如此，马克思经济基础与上层建筑思想就是一条干巴巴的原理，其实，马克思经济基础与上层建筑思想的内涵还具有鲜明的"理论原则"。马克思在论述经济、政治、文化及其之间关系的时候，广泛涉及并科学揭示人的问题、社会存在与社会意识关系问题、实践与认识的关系、实践与社会历史的关系问题；从而，马克思经济基础与上层建筑思想呈现出丰富的基本精神，即人为主体，基于社会存在和立足实践，或者说，其具有主体性、客观性和实践性的理论原则。马克思经济基础与上层建筑思想的科学性和真理性，充分体现在它的理论原则之中。理论原则可以成为立场、观点、方法，这对理解社会、认识历史和改造世界具有重要的指导意义。

马克思经济基础与上层建筑思想与历史唯物主义有着密切的联系，从生成论的角度来看，二者是在相互关照中得以形成的。经济基础与上层建筑思想是历史唯物主义的重要组成部分和核心内容，它具有历史唯物主义的所有理论原则，甚至说，历史唯物主义的理论原则主要是从经济基础与上层建筑思想中得到呈现和说明的。马克思经济基础与上层建筑思想的理论原则具有重大的方法论意义。我们可以把该思想甚至历史唯物主义的方法论概括为"三个出发"的方法论体系。

第一节　思想的理论原则

历史唯物主义是一个理论整体，它包括很多思想内容，比如说，关于社会存在与社会意识的思想，生产力与生产关系的思想，人民群众创造历史的思想，阶级、国家和革命方面的思想，还有经济基础与上层建筑的思想，等等。历史唯物主义理论的核心概念是人、社会存在和实践，其理论原则可以概括为主体性原则、客观性原则和实践性原则。作为历史唯物主义的重要组成部分和核心内容，经济基础与上层建筑思想具有历史唯物主义的所有理论原则。我们认定的理由在于历史唯物主义的理论原则是从其各个组成部分中提取出来的，不过这种提取并不是各个组成部分的理论原则的简单相加，而是历史唯物主义的各个组成部分也都拥有这些原则。从理论原则来说，历史唯物主义具有的，其各组成部分也都具有。马克思经济基础与上层建筑思想同历史唯物主义有着一个互相关照、彼此照应的过程和关系。可以这样说，马克思经济基础与上层建筑思想的理论原则主要不是从历史唯物主义的理论原则中推导出来的，而是自身内在具有的。历史唯物主义不同的组成部分对历史唯物主义的理论原则的"具有"和"呈现"可能是有所不同的，但这绝对不是一种组成部分的"无"与整体部分的"有"的区别。我们分析、阐释历史唯物主义的理论原则需要结合马克思的经济基础与上层建筑思想，与其同步进行，这显得尤为重要。

一、主体性原则

主体性原则是指人为主体，马克思经济基础与上层建筑思想凸显了主体在人、以人为本的基本精神。这种思想根本不是脱离人和人的主体性而纯粹谈论经济、政治和文化及其三者关系的观点、学说。经济、政治、文化的形成与人有关，人内在于经济、政治和文化，也就是说，人在其中、不在其外，该思想是绝对不会离开"人"的。马克思经济基础与上层建筑思想凸显人为主体的理论原则，人为主体是该思想的主要内容。这可以从三个方面来加以分析。

（一）从经济基础与上层建筑概念、内容自身来看

社会是社会关系的联结方式，而社会关系又是产生于交往活动。马克思认为，"社会不是由个人构成，而是表示这些个人彼此发生的那些联系和关系的总和"①　"社会——不管其形式如何——是什么呢？是人们交互活动的产物"②。这里的关系，指经济、政治、文化的关系，是由人参与其中所形成的关系；这里的活动，指经济、政治、文化的活动，是人参与其中所展现的活动。人必然通过交往活动而形成社会关系，社会不过是关系的社会，社会结构也不过是社会关系的结构。马克思指出，"以一定的方式进行生产活动的一定的个人，发生一定的社会关系和政治关系。……社会结构和国家总是从一定的个人的生活过程中产生的"③。经济基础与上层建筑即经济关系、政治关系、文化关系，是人所建立的关系，是人活动的结果。当然，也正是在这种社会关系之中，才确定人为之人的本质，即"人的本质不是单个人所固有的抽象物，在其现实性上，它是一切社会关系的总和"④。

"人"包含在经济基础与上层建筑的概念和内容之中。换言之，人的主体性体现在经济基础与上层建筑的概念和内容之中，经济基础与上层建筑的概

① 中共中央马克思恩格斯列宁斯大林著作编译局. 马克思恩格斯全集：第46卷（上）[M]. 北京：人民出版社，1979：220.
② 中共中央马克思恩格斯列宁斯大林著作编译局. 马克思恩格斯文集：第10卷 [M]. 北京：人民出版社，2009：43.
③ 中共中央马克思恩格斯列宁斯大林著作编译局. 马克思恩格斯文集：第1卷 [M]. 北京：人民出版社，2009：523-524.
④ 中共中央马克思恩格斯列宁斯大林著作编译局. 马克思恩格斯文集：第1卷 [M]. 北京：人民出版社，2009：501.

念和内容之中蕴藏着人的地位和作用。具体来讲，经济基础，是指由社会一定发展阶段的生产力所决定的生产关系的总和。这个定义来自马克思的这段文字，"人们在自己生活的社会生产中发生一定的、必然的、不以他们的意志为转移的关系，即同他们的物质生产力的一定发展阶段相适合的生产关系。这些生产关系的总和构成社会的经济结构，即有法律的和政治的上层建筑竖立其上并有一定的社会意识形式与之相适应的现实基础"①。经济基础就是生产关系，由于生产关系是构成一定社会的基础，故名经济基础。生产关系，是指人们在生产中以一定方式结合起来共同活动和互相交换其活动的社会联系和社会关系。这个定义来自马克思的如下论述，"人们在生产中不仅仅同自然界发生关系。他们如果不以一定方式结合起来共同活动和互相交换其活动，便不能进行生产。为了进行生产，人们便发生一定的联系和关系；只有在这些社会联系和社会关系的范围内，才会有他们对自然界的关系，才会有生产"②。生产关系体现人与人的关系，没有人，就没有生产关系，生产关系是属于人的概念，生产关系的主体是人。无疑，这个概念包含着人和突出人的主体性，这是不言而喻、显而易见的。

上层建筑，包括政治的上层建筑和思想的上层建筑，是指建立在经济基础之上的意识形态以及与其相适应的制度、组织和设施。马克思对上层建筑的论述，把其与经济基础放在一起进行，比如，"从市民社会作为国家的活动描述市民社会，同时从市民社会出发阐明意识的所有各种不同理论的产物和形式，如宗教、哲学、道德等，而且追溯它们产生的过程"③"在不同的财产形式上，在社会生存条件上，耸立着由各种不同的，表现独特的情感、幻想、思想方式和人生观构成的整个上层建筑。整个阶级在其物质条件和相应的社

---

① 中共中央马克思恩格斯列宁斯大林著作编译局. 马克思恩格斯文集：第 2 卷［M］. 北京：人民出版社，2009：591.

② 中共中央马克思恩格斯列宁斯大林著作编译局. 马克思恩格斯全集：第 6 卷［M］. 北京：人民出版社，1961：486.

③ 中共中央马克思恩格斯列宁斯大林著作编译局. 马克思恩格斯文集：第 1 卷［M］. 北京：人民出版社，2009：544.

会关系的基础上创造和构成这一切"①。上层建筑，包括意识形态以及与其相适应的制度、组织和设施，意识形态指政治法律思想、哲学、宗教、道德等。这些是相对于人而言，是人本身产生和具有的。"人们是自己的观念、思想等的生产者。"②"人们按照自己的物质生产率建立相应的社会关系，正是这些人又按照自己的社会关系创造了相应的原理、观念和范畴。"③它们存在于人的大脑之中，人的大脑是它们的生理基础和机能，它们不是神的启示，而是人的创造物。马克思指出，"思想、观念、意识的生产最初是直接与人们的物质活动，与人们的物质交往，与现实生活的语言交织在一起的。人们的想象、思维、精神交往在这里还是人们物质行动的直接产物。表现在某一民族的政治、法律、道德、宗教、形而上学等的语言中的精神生产也是这样"④"意识在任何时候都只能是被意识到了的存在，而人们的存在就是他们的现实生活过程。如果在全部意识形态中，人们和他们的关系就像在照相机中一样是倒立成像的，那么这种现象也是从人们生活的历史过程中产生的，正如物体在视网膜上的倒影是直接从人们生活的生理过程中产生的一样"⑤。同样，制度、组织和设施等也都是人的创造物，自然界中本来没有这些事物，是人创造了它们，没有人，就没有这些事物。可惜的是，唯心主义者"总是为自己造成关于自己本身、关于自己是何物或应当成为何物的种种虚假观念。他们按照自己关于神、关于模范人等观念来建立自己的关系。他们头脑的产物就

---

① 中共中央马克思恩格斯列宁斯大林著作编译局. 马克思恩格斯文集：第 2 卷［M］. 北京：人民出版社，2009：498.

② 中共中央马克思恩格斯列宁斯大林著作编译局. 马克思恩格斯文集：第 1 卷［M］. 北京：人民出版社，2009：524.

③ 中共中央马克思恩格斯列宁斯大林著作编译局. 马克思恩格斯文集：第 1 卷［M］. 北京：人民出版社，2009：603.

④ 中共中央马克思恩格斯列宁斯大林著作编译局. 马克思恩格斯文集：第 1 卷［M］. 北京：人民出版社，2009：524.

⑤ 中共中央马克思恩格斯列宁斯大林著作编译局. 马克思恩格斯文集：第 1 卷［M］. 北京：人民出版社，2009：525.

统治他们。他们这些创造者屈从于自己的创造物"①。

经济、政治和文化都是通过人形成的，而且也是为人的，人是手段，也是目的。马克思的经济基础与上层建筑的概念、内容中包含着人的主体性，以人为本内在于概念、内容之中。造成人与经济、政治、文化分离，这是错误的，经济唯物主义也犯了这种错误。经济唯物主义思想的失误就是在于认为经济、政治、文化的形成与人无关，历史与人无关，社会与人无关，人是外在于经济、政治和文化的，并且纯粹是经济、政治、文化对人产生影响。它不仅错在只承认经济因素的自动作用，否定其他因素的积极作用，而且更加错在认为经济因素是自发发生作用，这种观点完全忽视了人的作用。他们也讲社会规律，也讲经济、政治、文化三者之间的矛盾关系，但是，却极力贬低人的作用。没有人，经济、政治和文化是如何形成的，人们又怎能正确认识经济、政治和文化的本质；没有了人，就只能引入神或其他的神秘力量，以此来解释经济、政治和文化。这只能产生机械决定论或者宿命论。经济唯物主义是一种庸俗的唯物主义，或者说是把唯物主义庸俗化了。的确，社会规律具有客观性，社会规律决定社会的发展，这是无疑的，但社会规律是由于人的交往、人与人发生关系即经济、政治、文化关系而形成的规律，它是人们自己活动的规律。马克思说，"历史不过是追求着自己的目的的人的活动而已"②，社会历史过程的主体是人，人们总是按照自己设定的目标来从事社会活动，任何历史规律的实现都离不开人的有意识、有目的的活动。全部社会生活在本质上是实践的，人的实践活动规律实际上就是社会发展规律。恩格斯认为，历史规律是"人们自己的社会行动的规律"③，这种规律不是脱离人的活动而独立存在的实体，这也是社会规律不同于自然规律的根本之处。

① 中共中央马克思恩格斯列宁斯大林著作编译局. 马克思恩格斯文集：第1卷 [M]. 北京：人民出版社，2009：509.
② 中共中央马克思恩格斯列宁斯大林著作编译局. 马克思恩格斯文集：第1卷 [M]. 北京：人民出版社，2009：295.
③ 中共中央马克思恩格斯列宁斯大林著作编译局. 马克思恩格斯全集：第20卷 [M]. 北京：人民出版社，1973：307.

（二）从经济基础与上层建筑思想的形成来看

马克思经济基础与上层建筑思想是关于经济、政治、文化的观点和学说，这种思想是在批判资本主义的过程中产生的。资本主义是一个异化的社会。马克思对资本主义进行了全方面的批判，这里的批判包括意识形态批判和资本批判。通过意识形态批判和资本批判，马克思正确认识经济、政治、文化的本质和关系，形成了关于经济、政治和文化的科学思想，同时，这也就科学揭示人的地位、作用和价值，凸显了人为主体、主体在人的理论原则。换言之，意识形态批判和资本批判，涉及意识形态、资本的本质问题，只有正确认识这些，才能形成正确的经济基础与上层建筑思想。我们要想正确认识意识形态、资本的本质，必然要明白人的地位、作用和价值。所以说，马克思通过这些批判，形成了经济基础与上层建筑思想，也揭示了该思想的理论原则。

其一，马克思通过意识形态批判，正确认识经济、政治、文化三者的关系，形成了科学的经济基础与上层建筑思想。思想、观念、精神是人们通过之间的经济交往而产生的，人们的经济关系产生政治、文化关系。人们也是通过这种批判，认识到意识形态的主体是人，凸显了人为主体的理论原则。马克思批判资产阶级的意识形态，揭示了意识形态的本质、来源。思想、观念、精神的本质是什么？很多的理解就是把它神秘化，人们认为思想、观念、精神来自神灵，这就把这些抬到本原、本体的位置，"认为世界是受观念支配的，思想和概念是决定性的本原"①"现实世界是观念世界的产物"②。这就必然认为思想、观念、精神决定人和人的行为，"所有的德国哲学批判家们都断言：观念、想法、概念迄今一直支配和决定着现实的人"③。甚至像黑格尔

---

① 中共中央马克思恩格斯列宁斯大林著作编译局. 马克思恩格斯文集：第1卷［M］. 北京：人民出版社，2009：510.

② 中共中央马克思恩格斯列宁斯大林著作编译局. 马克思恩格斯文集：第1卷［M］. 北京：人民出版社，2009：511.

③ 中共中央马克思恩格斯列宁斯大林著作编译局. 马克思恩格斯文集：第1卷［M］. 北京：人民出版社，2009：510.

这样伟大的人物也在这里犯了错误，黑格尔把历史和历史规律归结为历史理性，他虽然认为历史是人们自己创造的，但是，他认为历史是人们的理性、意志、绝对观念、绝对精神创造的。"黑格尔完成了实证唯心主义。在他看来，不仅整个物质世界变成了思想世界，而且整个历史变成了思想的历史。"① 这种所谓的历史，不是人创造的历史，而是神的历史，黑格尔看到了人的作用，却又抹杀了人的作用。黑格尔把历史和历史规律归结为历史理性，"按照黑格尔体系，观念、思想、概念产生、规定和支配人们的现实生活、他们的物质世界、他们的现实关系"②。也就是说，这种意识形态是外在于人而赋予人、主宰人，自然而然，人们就会把这些意识形态永恒化。这里其实涉及如何理解人与神的关系以及如何理解人的本质和人的主体性问题。马克思对这种理解进行了批判，他认为思想、观念、精神等不过是人的本身属性，是通过人的大脑而形成的，"人们是自己的观念、思想等的生产者"③ "人还具有'意识'"④ "意识一开始就是社会的产物，而且只要人们还存在着，它就仍然是这种产物"⑤。思想、观念和精神，这些上层建筑的主体是人，换言之，它们是属人的，是人具有的。马克思批判神创造人的观点，思想、精神、观念不是神的创造物，这些是人的创造物。马克思突出了人的作用，突出了人的主体地位。

其二，同样，马克思通过资本批判，正确认识经济、政治、文化三者之间的关系，形成了科学的经济基础与上层建筑思想。在资本主义社会，资本

---

① 中共中央马克思恩格斯列宁斯大林著作编译局. 马克思恩格斯文集：第 1 卷 [M]. 北京：人民出版社，2009：510.
② 中共中央马克思恩格斯列宁斯大林著作编译局. 马克思恩格斯文集：第 1 卷 [M]. 北京：人民出版社，2009：511.
③ 中共中央马克思恩格斯列宁斯大林著作编译局. 马克思恩格斯文集：第 1 卷 [M]. 北京：人民出版社，2009：524.
④ 中共中央马克思恩格斯列宁斯大林著作编译局. 马克思恩格斯文集：第 1 卷 [M]. 北京：人民出版社，2009：533.
⑤ 中共中央马克思恩格斯列宁斯大林著作编译局. 马克思恩格斯文集：第 1 卷 [M]. 北京：人民出版社，2009：533.

是最基本和最高的社会存在物，马克思以资本为核心范畴展开对资本主义社会的批判。资本批判其实就是对资本主义生产方式的批判，在《资本论》第一版序言，马克思说，"我要在本书研究的，是资本主义生产方式以及和它相适应的生产关系和交换关系"①。生产方式决定社会的变化、发展，生产方式决定社会形态、社会制度，生产方式决定政治和文化。我们通过对资本的批判，通过对生产方式的批判，正确认识历史，把握人类历史运动的一般规律。在资产阶级经济学家的视野中，资本被理解为物，而没有被理解为人与人之间的关系，马克思批判资本是物的观点，认为资本是人与人之间的关系，在马克思的视野中，"资本显然是关系，而且只能是生产关系"②"资本不是物，而是一定的、社会的、属于一定历史社会形态的生产关系，它体现在一个物上，并赋予这个物以特有的社会性质"③。资本看上去是物，那是因为它却"采取了一种物的形式，以至人和人在他们的劳动中的关系倒表现为物与物彼此之间的和物与人的关系"④。按照马克思的理解，资本是能带来剩余价值的价值，它在资本主义生产关系中是一个特定的政治经济范畴，它体现了资本家对工人的剥削，资本是生产要素，资本是生产资料，资本是经济条件。资本是物，但资本又不是物，它体现一种人与人之间的关系，这是说，资本在实质上不是物本身，不是物与物的关系，但又是通过物而存在，并表现为物与物和物与人的关系。同时，作为一种特定的社会生产关系，资本赋予物以特有的社会性质。这种资本的批判，简而言之，它的意义可以凸显两点。第一，资本之中凸显人。说明资本的本质，资本与人的关系，揭示了资本是人与人的关系及其产物。第二，资本之中凸显人的主体地位，即资本属于人。

---

① 中共中央马克思恩格斯列宁斯大林著作编译局. 马克思恩格斯文集：第 5 卷［M］. 北京：人民出版社，2009：8.
② 中共中央马克思恩格斯列宁斯大林著作编译局. 马克思恩格斯全集：第 46 卷（上）［M］. 北京：人民出版社，1979：212.
③ 中共中央马克思恩格斯列宁斯大林著作编译局. 马克思恩格斯全集：第 25 卷［M］. 北京：人民出版社，1974：920.
④ 中共中央马克思恩格斯列宁斯大林著作编译局. 马克思恩格斯全集：第 13 卷［M］. 北京：人民出版社，1962：23.

人创造了资本,不是资本创造了人,应该是人控制资本,而不是资本控制人。广而言之,人不属于物,而物属于人,这是对资本与人的颠倒关系的一种重置。显然,这种资本批判揭示了人为主体、主体在人的理论原则。

(三)从经济基础与上层建筑思想同历史唯物主义的关系来看

历史唯物主义的理论光芒毫无区别地洒落、普照在各组成部分上。马克思经济基础与上层建筑思想是历史唯物主义的重要内容,历史唯物主义的理论原则也体现在该思想之上。历史唯物主义包括经济基础与上层建筑思想之外的其他内容,这些内容有非常丰富的关于人的论述,突出人的地位和作用,蕴含以人为本、人为主体的思想。历史唯物主义的理论宗旨、旨趣在于无产阶级的解放和人自由、全面的发展。

马克思对形而上学进行批判,实现了哲学主题和功能的转换,他认为哲学应该从宇宙本体转向人的生存本体,即关注现存世界和人的存在。在《1844年经济学哲学手稿》中,马克思深入而全面地揭露了人的自我异化,开始制定唯物主义历史观的基本观点,把他制定的新理论称为"关于人的科学"[①],写于1845—1846年的《德意志意识形态》深入而全面地阐述了唯物主义历史观的基本观点,马克思、恩格斯当时把他们所创立的新的历史观称为"历史科学""实证的科学":"我们需要深入研究的是人类史。"[②] 马克思举起反对形而上学的大旗,"反对一切形而上学"。马克思批判资本主义人的异化的生存状态,思考人的解放和全面发展的现实路径问题,也就是说,对他来讲,重要的不是去追问世界的终极存在、最高本体,而是试问人为何出现现在这样的异化存在状态,如何破解异化状态。形而上学是一种超出存在者之外的追问,研究的是存在的存在,即整个世界或宇宙的"最基本根据"和"不动变的本体"。马克思认为,一切与人无关的抽象的事物都可以归结为

---

① 中共中央马克思恩格斯列宁斯大林著作编译局. 马克思恩格斯文集:第1卷 [M]. 北京:人民出版社,2009:194.

② 中共中央马克思恩格斯列宁斯大林著作编译局. 马克思恩格斯文集:第1卷 [M]. 北京:人民出版社,2009:519.

"无"，因为这种事物是一种与现实的人和现实的社会无关的抽象本体，显然，这种抽象本体不会对人产生作用，影响到人。马克思关注的是人，现实的人，关注的是把人失去的一切重新还给人。这种形而上学批判，凸显了人的价值、地位和作用，寻找人的目的、尊严，这种批判所形成的理论就具有一种深刻、明显的人为主体、主体在人的理论原则。

历史唯物主义不是"目中无人、心中无人"。人的主体性，马克思讲得非常明确，在《德意志意识形态》中，马克思强调，"我们的出发点是从事实际活动的人"①，从人类历史的形成来看，"全部人类历史的第一个前提无疑是有生命的个人的存在"②。人类历史就是人的历史，是人人所创造的历史，不是神创造的历史，不是神创造了人，在《共产党宣言》中，他指出，人类所希望的共产主义社会是这样的一种状态，"每个人的自由发展是一切人的自由发展的条件"③，在这种社会中，人人得到全面、自由的发展，这种社会的目的也是为了人。历史唯物主义特别突出人的地位和作用，突出人的主体和目的，在一定意义上，历史唯物主义就是人学，即关于人的理论。在《资本论》中，马克思再次重申，共产主义社会就是要确立人的"自由个性"，实现人的自由而全面发展，共产主义社会是"自由人的联合体"。

以人为本，人为主体，这种思想原则在历史唯物主义整体之中显现得非常明显。历史唯物主义的这种理论原则就时时刻刻关照到经济基础与上层建筑思想上面，使得经济基础与上层建筑思想没有偏离"人"。虽然，经济基础与上层建筑思想本身就是蕴含着人的，但是，毕竟其他部分或者说历史唯物主义的理论整体也有更加丰富的"人学"思想，马克思的经济基础与上层建筑思想的理论原则就深深打上了人为主体、以人为本的"烙印"。历史唯物主

---

① 中共中央马克思恩格斯列宁斯大林著作编译局. 马克思恩格斯文集：第 1 卷［M］. 北京：人民出版社，2009：525.

② 中共中央马克思恩格斯列宁斯大林著作编译局. 马克思恩格斯文集：第 1 卷［M］. 北京：人民出版社，2009：519.

③ 中共中央马克思恩格斯列宁斯大林著作编译局. 马克思恩格斯文集：第 2 卷［M］. 北京：人民出版社，2009：53.

义批判地继承了西方的人道主义、人本学的优秀思想。这些思想突出人的地位、价值，但是，它们理解的人是抽象的。历史唯物主义没有抽象地谈论人的地位和价值，从人到人，自己论证自己，而是用经济基础与上层建筑思想对人进行了论证，用经济基础与上层建筑思想对人的本质进行揭示，从而使得关于人的一些假设得到了科学的验证。也就是说，马克思关于人的一系列学说的科学性和真理性是通过马克思的经济基础与上层建筑思想来得到落实、实现和证明的。马克思经济基础与上层建筑思想与历史唯物主义是一个互相论证、相互关照的过程和关系。马克思经济基础与上层建筑思想曾被庸俗化为经济主义、经济唯物主义、纯粹的经济决定论。这种曲解和误读是由于人们没有科学把握这种思想的理论原则。

二、客观性原则

客观性原则基于社会存在，社会存在不是社会意识，社会意识不是社会存在，基于社会存在，意味着不是基于社会意识。马克思从经济基础与上层建筑之间的关系揭示了社会存在与社会意识之间的关系，并且赋予社会存在和社会意识科学的内涵。在一定意义上，与其说马克思从社会存在和社会意识来阐释经济基础与上层建筑的关系，毋宁说马克思从经济基础与上层建筑的关系来深入阐明社会存在决定社会意识。马克思经济基础与上层建筑思想蕴含着丰富的基于社会存在的基本精神。

（一）从社会存在与社会意识的角度来阐述经济基础与上层建筑

社会存在决定社会意识，这是历史唯物主义的观点和基本原理。存在与思维的关系，物质与精神的关系，是哲学的根本性问题，马克思强调社会存在决定社会意识。历史唯物主义的基于社会存在这个理论原则可以从经济基础与上层建筑思想中得到呈现、证明，这是对人类社会及其发展根本性问题的一种科学揭示。意识、精神、思想这些东西确实非常重要，但是，还有决定这些东西更为根本的东西，这些第二性的东西之上还有更为重要的第一性的东西。第一性的东西决定第二性的东西，第二性的东西不能决定第一性的东西。

马克思把社会存在与社会意识、经济基础与上层建筑放在一起来论述，一起来互相说明，用经济基础决定上层建筑，阐明不是社会意识决定社会存在，而是社会存在决定社会意识。马克思指出，"这些生产关系的总和构成社会的经济结构，即有法律和政治的上层建筑竖立其上并有一定的社会意识形式与之相适应的现实基础。物质生活的生产方式制约着整个社会生活、政治生活和精神生活的过程。不是人们的意识决定人们的存在，相反，是人们的社会存在决定人们的意识"①。这里，马克思论述经济基础（生产关系的总和）和上层建筑的关系，指出物质的生产方式制约着社会生活、政治生活和精神生活，然后指出社会存在决定社会意识，这是把经济归属于社会存在范畴，而其他的归属于社会意识范畴。这是从社会存在和社会意识来界定经济、政治、文化，马克思通过经济、政治、文化的论述，指出社会存在和社会意识的特定内容。马克思的经济基础与上层建筑思想凸显了客体性原则。经济基础是社会存在，上层建筑是社会意识，社会存在决定社会意识，经济基础决定上层建筑。这种论述还有很多，比如，马克思指出，"但是市民社会这一名称始终标志着直接从生产和交往中发展起来的社会组织，这种社会组织在一切时代都构成国家的基础以及任何其他的观念的上层建筑的基础"②"我的研究得出这样一个结果：法的关系正像国家的形式一样，既不能从它们本身来理解，也不能从所谓人类精神的一般发展来理解，相反，它们根源于物质的生活关系，这种物质的生活关系的总和，……概括为'市民社会'"③，这里的市民社会，就是生产关系的意思。"我们判断这样一个变革时代也不能以它的意识为根据；相反，这个意识必须从物质生活的矛盾中，从社会生产力

---

① 中共中央马克思恩格斯列宁斯大林著作编译局. 马克思恩格斯文集：第 2 卷 [M]. 北京：人民出版社，2009：591.

② 中共中央马克思恩格斯列宁斯大林著作编译局. 马克思恩格斯文集：第 1 卷 [M]. 北京：人民出版社，2009：583.

③ 中共中央马克思恩格斯列宁斯大林著作编译局. 马克思恩格斯文集：第 2 卷 [M]. 北京：人民出版社，2009：591.

和生产关系之间的现存冲突中去解释。"① 同样，在这里，马克思不仅论述经济基础对上层建筑的决定作用，而且把经济基础作为社会存在的范畴，把上层建筑作为社会意识的范畴。他极其鲜明地揭示了社会存在与社会意识即经济基础与上层建筑思想之间的关系，那就是社会存在决定社会意识，经济基础决定上层建筑。

毋庸置疑，马克思把经济基础和上层建筑归属于社会存在和社会意识的范畴。他是从社会存在决定社会意识的角度阐述了经济基础与上层建筑的关系，其实，也正是通过经济基础与上层建筑的论述，赋予了社会存在和社会意识丰富的内涵和明确的内容。如果从社会存在与社会意识的角度来进行划分，生产关系属于社会存在的范畴，上层建筑是指政治的上层建筑和思想的上层建筑，它们属于社会意识，这样，我们推导出社会存在是决定社会意识的。显然，社会存在就有根据、有内容，这个根据、内容就是生产关系，于是，马克思批判了以前一切的错误历史观："迄今为止的一切历史观不是完全忽视了历史的这一现实基础，就是把它仅仅看成与历史过程没有任何联系的附带因素。因此，历史总是遵照在它之外的某种尺度来编写的；现实的生活生产被看成是某种非历史的东西，而历史的东西则被看成是某种脱离日常生活的东西，某种处于世界之外和超乎世界之上的东西。"②

（二）"社会存在"的丰富内涵和明确内容

社会存在并非抽象概念，作为一个与社会意识对立的概念，自身内涵极其丰富。纵观人类社会的形成和发展，它必须具备几个最基本的条件，这些条件可以称为前提、基础和根本要素，它们分别是人生活其中的自然界、人本身和物质资料的生产方式。三者缺一不可，如果缺一，不管缺少其中哪一个，就不可能形成一个人类社会和人化世界。这些条件都是客观的，这三者

---

① 中共中央马克思恩格斯列宁斯大林著作编译局. 马克思恩格斯文集：第 2 卷 ［M］. 北京：人民出版社，2009：592.
② 中共中央马克思恩格斯列宁斯大林著作编译局. 马克思恩格斯文集：第 1 卷 ［M］. 北京：人民出版社，2009：545.

都属于社会存在的范畴。但是，对于人类社会发展的性质、方向和进程来讲，这三者的重要性却是有差别的，所以，基于社会存在自然有程度上的区别。对此，在经济基础与上层建筑思想的论述中，马克思有深刻的分析。

基于社会存在，主要指的是基于生产关系。马克思经济基础与上层建筑思想是以生产关系（有时包含生产力）为基础的思想，凸显了经济必然性。经济基础就是指生产关系，生产关系的总和构成了经济基础、经济关系。社会存在主要指生产关系，所以客观性原则主要指基于生产关系，基于生产关系构成了该思想的理论原则。生产关系在社会中的地位和作用极为重要。马克思认为，整个社会的基础"不在天上的云雾中"①，而是在"尘世的粗糙的物质生产中"②，在人类历史进程中，任何社会现象和社会问题都要用经济关系、经济基础来说明。只能用经济关系、经济基础来解释、说明政治和文化关系、现象，而不是相反。马克思说，"受到迄今为止一切历史阶段的生产力制约同时又反过来制约生产力的交往形式，就是市民社会……这个市民社会是全部历史的真正发源地和舞台，可以看出过去那种轻视现实关系而局限于言过其实的历史事件的历史观是何等荒谬"③"每个个人和每一代所遇到的现成的东西——生产力、资金和社会交往形式的总和，是……的现实基础……历史上周期性地重演的革命动荡是否强大到足以摧毁现存一切的基础"④"各个人借以进行生产的社会关系，即社会生产关系，是随着物质生产资料、生产力的变化和发展而变化和改变的。生产关系总合起来就构成为所谓社会关系，构成所谓社会，并且是构成为一个处于一定历史发展阶段上的社会，具有独特的特征的社会。古典古代社会、封建社会和资产阶级社会都是这样的

---

① 中共中央马克思恩格斯列宁斯大林著作编译局. 马克思恩格斯全集：第2卷 [M]. 北京：人民出版社，1957：191.

② 中共中央马克思恩格斯列宁斯大林著作编译局. 马克思恩格斯全集：第2卷 [M]. 北京：人民出版社，1957：191.

③ 中共中央马克思恩格斯列宁斯大林著作编译局. 马克思恩格斯文集：第1卷 [M]. 北京：人民出版社，2009：540

④ 中共中央马克思恩格斯列宁斯大林著作编译局. 马克思恩格斯文集：第1卷 [M]. 北京：人民出版社，2009：545.

生产关系的总和，而其中每一个生产关系的总和同时又标志着人类历史发展中的一个特殊阶段"①。马克思指出，"随着经济基础的变更，全部庞大的上层建筑也或慢或快地发生变革"②，所以说，基于社会存在就是基于生产关系、经济基础、经济关系。

当然，生产关系是离不开生产力的，虽然说，生产关系不是生产力，一般情况下也不包括生产力，但是，马克思在论述生产关系的时候，有时也关注生产力情况，把生产力放进来一起分析，毕竟，生产关系是生产力的形式。所谓生产力，就是表示人与自然关系的范畴，生产力是处理人和自然界之间关系的一种能力，生产力与生产关系是既对立又统一的。马克思深刻而透彻地表达了生产力和生产关系在整个社会发展中的关系、地位和作用。马克思指出，"无论哪一个社会形态，在它所能容纳的全部生产力发挥出来以前，是决不会灭亡的；而新的更高的生产关系，在它的物质存在条件在旧社会的胎胞里成熟以前，是决不会出现的"③。马克思在论述经济基础与上层建筑思想的时候，并没有离开对生产力的论述；生产力决定生产关系，生产力是最终的决定力量。生产关系与生产力是一对不可分离的概念，这突出体现在生产方式的论述上。马克思把生产力和生产关系之和称为生产方式，生产力与生产关系就构成了生产方式的概念。马克思说，"社会关系和生产力密切相连。随着新生产力的获得，人们改变自己的生产方式，随着生产方式即谋生的方式的改变，人们也就会改变自己的一切社会关系"④ "物质生活的生产方式制

---

① 中共中央马克思恩格斯列宁斯大林著作编译局. 马克思恩格斯全集：第 6 卷 [M]. 北京：人民出版社，1961：487.

② 中共中央马克思恩格斯列宁斯大林著作编译局. 马克思恩格斯文集：第 2 卷 [M]. 北京：人民出版社，2009：592.

③ 中共中央马克思恩格斯列宁斯大林著作编译局. 马克思恩格斯文集：第 2 卷 [M]. 北京：人民出版社，2009：592.

④ 中共中央马克思恩格斯列宁斯大林著作编译局. 马克思恩格斯文集：第 1 卷 [M]. 北京：人民出版社，2009：602.

约着整个社会生活、政治生活和精神生活的过程"①。生产方式是社会赖以存在的基础，它始终构成社会的深层结构，决定着政治结构、文化结构以至整个社会结构，从而形成了以生产方式为基础的社会有机体。物质资料的生产方式决定社会形态的性质，决定社会制度的变革，决定人的解放和人的自由、全面发展的最终目标的实现。一定意义上说，马克思经济基础决定上层建筑思想本身内含着生产力与生产关系矛盾运动的内容，于是，历史唯物主义及其马克思的经济基础与上层建筑思想的理论原则可以概括为基于生产方式。

在一个社会的统一体中，生产方式作为一个基础存在于人类生活和社会历史之中，它决定这个社会的上层建筑，包括政治的上层建筑和思想的上层建筑。竖立在经济基础之上的上层建筑对经济基础产生重大的反作用，但这是第一性决定之下的第二性的作用，所以，我们不能基于上层建筑，一切应该基于经济基础，基于生产力与生产关系的统一体即生产方式。马克思经济基础与上层建筑思想和历史唯物主义把生产力和生产关系理解为整个人类历史的基础。以前的一切历史观"不是完全忽视了历史的这一现实基础，就是把它仅仅看成与历史过程没有任何联系的附带因素"②，而马克思经济基础与上层建筑思想和历史唯物主义的巨大功绩在于找到了历史的"现实基础"，这个基础就是生产力和生产关系。

肯定上述结论之后，我们也知道，人类社会的形成和发展还离不开人本身和自然界。生产关系，是指人与人的关系，人与社会的关系。人与人之间发生的关系，那是为了解决人与自然的关系，当然，我们也是承认，解决人与自然之间的关系也是为了解决人与人、人与社会之间的关系。历史唯物主义不否认和埋没自然，把自然归于"无"，在人与人的关系中，还少不了人与自然的相伴相生。马克思强调人，人是大前提，人都没有了，还讲人是什么和

---

① 中共中央马克思恩格斯列宁斯大林著作编译局. 马克思恩格斯文集：第 2 卷 [M]. 北京：人民出版社，2009：591.

② 中共中央马克思恩格斯列宁斯大林著作编译局. 马克思恩格斯文集：第 1 卷 [M]. 北京：人民出版社，2009：545.

人怎么样就是荒唐的。马克思指出,"全部人类历史的第一个前提无疑是有生命的个人的存在"①"我们的出发点是从事实际活动的人"②"它从现实的前提出发,它一刻也不离开这种前提。它的前提是人"③"社会——不管其形式如何——是什么呢? 是人们交互活动的产物"④。至于自然界,也有自然界为人的意义,马克思确认社会的自然基础。"任何历史记载都应当从这些自然基础以及它们在历史进程中由于人们的活动而发生的变更出发。"⑤马克思认为,"没有自然界,没有感性的外部世界,工人什么也不能创造"⑥"当然,在这种情况下,外部自然界的优先地位仍然会保持着"⑦,离开了自然界,一切都是无。马克思对自然界的重视是提到了人类生存的高度,当然,自然界只是具有属人的意义。可见,历史唯物主义及其马克思经济基础与上层建筑思想的理论原则是基于社会存在,这个社会存在必然包括人和自然界的,并不仅仅是指生产方式。基于社会存在自然包括了重视人和自然的前提和基础的地位。

综上,社会存在包括自然界、人和物质资料的生产方式,这样,历史唯物主义的理论原则可以概括为基于社会存在,即基于生产力、生产关系、人和自然界。的确,生产力、生产关系、人、自然都是属于社会存在的范畴,但是,基于社会存在,这个基于是有层次和程度上的区别的。人和自然界是一个前提和条件,在这个前提和条件具备的情况下,有一个东西对社会的发

---

① 中共中央马克思恩格斯列宁斯大林著作编译局. 马克思恩格斯文集:第 1 卷［M］. 北京:人民出版社, 2009:519.

② 中共中央马克思恩格斯列宁斯大林著作编译局. 马克思恩格斯文集:第 1 卷［M］. 北京:人民出版社, 2009:525.

③ 中共中央马克思恩格斯列宁斯大林著作编译局. 马克思恩格斯文集:第 1 卷［M］. 北京:人民出版社, 2009:525.

④ 中共中央马克思恩格斯列宁斯大林著作编译局. 马克思恩格斯文集:第 10 卷［M］. 北京:人民出版社, 2009:43.

⑤ 中共中央马克思恩格斯列宁斯大林著作编译局. 马克思恩格斯文集:第 1 卷［M］. 北京:人民出版社, 2009:519.

⑥ 中共中央马克思恩格斯列宁斯大林著作编译局. 马克思恩格斯文集:第 1 卷［M］. 北京:人民出版社, 2009:158.

⑦ 中共中央马克思恩格斯列宁斯大林著作编译局. 马克思恩格斯文集:第 1 卷［M］. 北京:人民出版社, 2009:529.

展、变化是起着决定性的意义和作用的，从这个意义上来说，这个东西比人与自然界更为重要，这个东西就是物质资料的生产方式。我们强调人，并非否定生产方式的重要性。"人们用以生产自己的生活资料的方式，首先取决于他们已有的和需要再生产的生活资料本身的特性。这种生产方式不应当只从它是个人肉体存在的再生产这方面加以考察。更确切地说，它是这些个人的一定的活动方式，是他们表现自己生命的一定方式、他们的一定的生活方式。个人怎样表现自己的生命，他们自己就是怎样。因此，他们是什么样的，这同他们的生产是一致的：既和他们生产什么一致，又和他们怎样生产一致。因而，个人是什么样的，这取决于他们进行生产的物质条件"①，自然也是对于人，才真正有了自然的含义和作用。马克思指出，"这种活动，这种连续不断的感性劳动和创造，这种生产，正是整个现存的感性世界的基础，它哪怕只中断一年，费尔巴哈就会看到，不仅在自然界将发生巨大的变化，而且整个人类世界以及他自己的直观能力，甚至他本身的存在也会很快就没有了"②"先于人类历史而存在的那个自然界，不是费尔巴哈生活于其中的自然界；这是除去在澳洲新出现的一些珊瑚岛以外今天在任何地方都不再存在的，因而对于费尔巴哈来说也是不存在的自然界"③。人、自然界以及生产方式这三者的地位与作用是有区别的。物质资料的生产方式最为重要，具有决定性的意义，所以说，这里的"基于"是有所差别的。从根本上说，决定人类社会性质及其发展的是物质资料的生产方式。生产方式包括了生产力与生产关系，是它们的统一体，它决定社会形态，是社会发展的根本力量，基于社会存在之中最为根本的是基于生产方式。

---

① 中共中央马克思恩格斯列宁斯大林著作编译局. 马克思恩格斯文集：第 1 卷 [M]. 北京：人民出版社，2009：519-520.

② 中共中央马克思恩格斯列宁斯大林著作编译局. 马克思恩格斯文集：第 1 卷 [M]. 北京：人民出版社，2009：529.

③ 中共中央马克思恩格斯列宁斯大林著作编译局. 马克思恩格斯文集：第 1 卷 [M]. 北京：人民出版社，2009：530.

三、实践性原则

实践性原则是指立足实践，这是指，在实践与认识的关系上，明确实践决定认识；在实践与历史的关系中，承认实践创造历史。就是说，我们既承认实践对认识的决定作用，也承认实践对人类社会生活的决定性意义。这确立了认识论和历史观的地位和作用。在历史唯物主义看来，实践的观点是基本观点，实践的原则是最根本的原则。马克思把实践的观点引入了认识论中，而且引入了历史观中。当然，历史唯物主义的认识论与历史观也是统一的。如果只是引入认识论中，就是降低实践的本体论的意义，如果只是引入历史观中，就解释不了认识论的问题，不能凸显历史唯物主义的方法论意义。在历史唯物主义中，实践是一个既与认识对立、对应，又与社会生活对应的极其重要的概念。在历史唯物主义认识论中，我们可以看到实践的作用和价值，同样，在历史唯物主义历史观中，我们可以看到实践的作用和价值。马克思指出，"全部社会生活在本质上都是实践的。凡是把理论引向神秘主义的神秘东西，都能在人的实践中以及对这种实践的理解中得到合理的解决"[①]。所以说，立足实践成为历史唯物主义的一个鲜明的理论原则。

可以说，历史唯物主义的这种观点是在经济基础与上层建筑思想的论述之中得以形成的，或者也可以这样认为，关于实践与认识之间的关系，可以用马克思经济基础与上层建筑思想来加以验证和深化。实践的观点是马克思经济基础与上层建筑思想的基本观点，实践性原则是马克思经济基础与上层建筑思想最根本的原则。立足实践是马克思经济基础与上层建筑思想的基本精神，成了经济基础与上层建筑思想的理论原则。也因为如此，历史唯物主义的认识论不同于唯心主义先验论、不可知主义的怀疑论、旧唯物主义的直接反映论，同样，历史唯物主义的历史观有别于经济唯物主义、庸俗唯物主义、机械唯物主义。

---

① 中共中央马克思恩格斯列宁斯大林著作编译局. 马克思恩格斯文集：第 1 卷 [M]. 北京：人民出版社，2009：501.

（一）实践对认识的重要作用

实践对认识的重要作用，阐述了实践在认识论中的重要意义。马克思指出，"人的思维是否具有客观的真理性，这并不是一个理论的问题，而是一个实践的问题"①。实践与认识是一种既对立又统一的辩证关系。历史唯物主义认为，要立足实践，不能立足思想、观点、精神，这是一个大是大非的问题。我们如果否定了实践在这里的意义，那就是否定了马克思主义的认识论。马克思经济基础与上层建筑思想揭示了实践对认识的关系，马克思从物质实践、物质活动、物质交往、物质行动即经济活动出发来阐述实践与认识的关系，从而说明，"意识在任何时候都只能是被意识到了的存在，而人们的存在就是他们的现实生活过程"②。

比如，马克思认为，要从物质实践出发来解释各种观念形态，他说，"不是从观念出发来解释实践，而是从物质实践出发来解释各种观念形态，由此也就得出下述结论：意识的一切形式和产物不是可以通过精神的批判来消灭的，不是可以通过它们消融在'自我意识'中或化为'怪影''幽灵''怪想'等来消灭的……而只有通过实际推翻这一切唯心主义谬论所由产生的现实的社会关系，才能把它们消灭；历史的动力以及宗教、哲学和任何其他理论的动力是革命，而不是批判"③，这里的"物质实践""现实的社会关系"是指经济活动，是指生产关系。马克思从经济基础与上层建筑的关系阐述实践对认识的决定作用。因为上述的论述是在下述论述之后出现的，即"从市民社会作为国家的活动描述市民社会，同时从市民社会出发阐明意识的所有各种不同理论的产物和形式，如宗教、哲学、道德等，而且追溯它们产生的

---

① 中共中央马克思恩格斯列宁斯大林著作编译局. 马克思恩格斯文集：第 1 卷［M］. 北京：人民出版社，2009：500.

② 中共中央马克思恩格斯列宁斯大林著作编译局. 马克思恩格斯文集：第 1 卷［M］. 北京：人民出版社，2009：525.

③ 中共中央马克思恩格斯列宁斯大林著作编译局. 马克思恩格斯文集：第 1 卷［M］. 北京：人民出版社，2009：544.

过程"①。这里的市民社会是生产关系的概念，从市民社会出发阐明意识的所有各种不同理论的产物和形式，就是要从生产关系来说明所有各种不同理论的产物和形式，也就是说从经济方面来说明政治的和文化的东西。

又比如，马克思指出，"思想、观念、意识的生产最初是直接与人们的物质活动，与人们的物质交往，与现实生活的语言交织在一起的。人们的想象、思维、精神交往在这里还是人们物质行动的直接产物。表现在某一民族的政治、法律、道德、宗教、形而上学等的语言中的精神生产也是这样"②"其实全部问题只在于从现存的现实关系出发来说明这些理论词句。如前所说，要真正地、实际地消灭这些词句，从人们意识中消灭这些观念，就要靠改变了的环境而不是靠理论上的演绎来实现"③。"物质活动""物质交往""物质行动"这些论述都深刻揭示了经济基础与上层建筑之间决定的关系，也从经济基础与上层建筑关系的论述阐释了物质实践对认识的重要关系。对此，马克思也批驳了这样的人和观点，"某一时代想象自己是由纯粹'政治的'或'宗教的'动因所决定的——尽管'宗教'和'政治'只是时代的现实动因的形式——，那么它的历史编纂学家就会接受这个意见。这些特定的人关于自己的真正实践的'想象''观念'变成了一种支配和决定这些人的实践的唯一起决定作用的和积极的力量"④"对于德国历史编纂学家来说，问题完全不在于现实的利益，甚至不在于政治的利益，而在于纯粹的思想"⑤"这种观点实际上是宗教的观点：……它在自己的想象中用宗教的幻想生产代替生活资料和

---

① 中共中央马克思恩格斯列宁斯大林著作编译局. 马克思恩格斯文集：第 1 卷 [M]. 北京：人民出版社，2009：544.

② 中共中央马克思恩格斯列宁斯大林著作编译局. 马克思恩格斯文集：第 1 卷 [M]. 北京：人民出版社，2009：524.

③ 中共中央马克思恩格斯列宁斯大林著作编译局. 马克思恩格斯文集：第 1 卷 [M]. 北京：人民出版社，2009：547.

④ 中共中央马克思恩格斯列宁斯大林著作编译局. 马克思恩格斯文集：第 1 卷 [M]. 北京：人民出版社，2009：545-546.

⑤ 中共中央马克思恩格斯列宁斯大林著作编译局. 马克思恩格斯文集：第 1 卷 [M]. 北京：人民出版社，2009：546.

生活本身的现实生产"①。

经济基础决定上层建筑。经济基础是指生产关系、经济关系,而上层建筑包括思想的上层建筑和政治的上层建筑,如思想、观点、理论、政治设施、法律制度等。从根本上说,政治和文化的产生是经济基础的缘故,政治和文化是一种产物而已,而且,经济本身是政治和文化的目的和动力。经济利益和物质需要促使政治、文化的形成和推动政治、文化的发展。政治、文化的过程和结果是好是坏只能看它们是促进还是阻碍经济的发展,衡量的标准在于经济和物质利益方面。检验政治和文化的标准是经济实践活动,以及形成的经济关系、经济基础。思想、观点、理论不能自己证明自己,它的科学与否必须用经济实践来加以说明和证明。对于政治、文化的这种根源和性质,政治、文化的东西只能在生产劳动,即经济实践活动中形成,马克思有明确的论断。所以,我们从经济基础与上层建筑的关系来阐述实践决定认识,这结论是无疑的。

(二)实践对社会历史的重要作用

实践对社会历史的重要作用,这是在历史观中阐述实践的重要意义。马克思指出,"只要描绘出这个能动的生活过程,历史就不再像那些本身还是抽象的经验主义者所认为的那样,是一些僵死的事实的汇集,也不再像唯心主义者所认为的那样,是想象的主体的现象活动"②。历史唯物主义认为,社会历史是感性的实践活动的结果,从根本上说,历史不过是人的实践活动在时间中的展开,实践在社会历史中具有根本性的意义。实践有狭义的和广义的意义,狭义的实践,是生产,是劳动,而"劳动首先是人和自然之间的过程,是人以自身的活动来中介、调整和控制人和自然之间的物质变换的过程"③。

---

① 中共中央马克思恩格斯列宁斯大林著作编译局. 马克思恩格斯文集:第 1 卷 [M]. 北京:人民出版社,2009:546.
② 中共中央马克思恩格斯列宁斯大林著作编译局. 马克思恩格斯文集:第 1 卷 [M]. 北京:人民出版社,2009:525-526.
③ 中共中央马克思恩格斯列宁斯大林著作编译局. 马克思恩格斯文集:第 5 卷 [M]. 北京:人民出版社,2009:207-208.

广义的实践有三种基本类型，即制造物质生活资料的实践、改造社会关系的实践以及创造精神文化的实践。马克思的经济基础与上层建筑思想深刻揭示了实践的重要作用，换言之，马克思立足实践的思想是在阐述经济基础与上层建筑思想的过程中揭示出来的。具体来说，实践是社会关系的发源地；实践决定社会生活，构成了社会生活的基本领域；实践构成了社会发展的动力之源。我们在马克思关于经济基础与上层建筑思想的论述中深刻揭示了实践的重要历史观意义。唯物主义历史观确认实践是社会的本质，也就是从实践出发去理解社会，或者说，把社会"当作实践去理解"。马克思对人的实践活动及其与社会的关系进行了深入探讨，得出了一个极为明确的结论："社会生活在本质上是实践的。"[1]

其一，实践是社会关系的发源地。人类要生存，首先必须解决衣食住行等物质生活资料问题。人们为了创造历史，必须活着，而人们为了活着，必须进行物质生活资料的生产与再生产。马克思指出，"人们为了能够'创造历史'，必须能够生活"[2]"任何一个民族，如果停止劳动，不用说一年，就是几个星期，也要灭亡，这是每一个小孩子都知道的"[3]。人类第一个历史活动就是生产满足这些需要的物质资料，衣食住行是人们最基本的物质生活需要，人类要生存发展必须首先进行物质资料生产。生产实践是整个人类世界的存在基础，"这种活动，这种连续不断的感性劳动和创造，这种生产，正是整个现存的感性世界的基础"[4]。可见，物质生活资料的生产与再生产是最基本的实践活动，在此基础上，人类社会关系得以存在和展开。在进行物质生活资料生产和再生产的过程中，人的全面关系，如人与自然的关系、人的社会关

① 中共中央马克思恩格斯列宁斯大林著作编译局. 马克思恩格斯文集：第 1 卷 [M]. 北京：人民出版社，2009：505.

② 中共中央马克思恩格斯列宁斯大林著作编译局. 马克思恩格斯文集：第 1 卷 [M]. 北京：人民出版社，2009：531.

③ 中共中央马克思恩格斯列宁斯大林著作编译局. 马克思恩格斯文集：第 10 卷 [M]. 北京：人民出版社，2009：289.

④ 中共中央马克思恩格斯列宁斯大林著作编译局. 马克思恩格斯文集：第 1 卷 [M]. 北京：人民出版社，2009：529.

系都被生产出来。换言之，自然界不会主动满足人的需要，人们要同自然界发生关系从而获得需要。在这个过程中，人们不仅要同自然界发生一定的关系，而且人与人之间也要互换活动并结成一定的关系，因为，只有这种关系的存在，人与自然界才会发生一定关系，也就是说，只有结成生产中的关系，才会进行生产和形成生产力。当然，这种生产力的出现和存在也会必然要求产生这种关系。"他们只有以一定的方式共同活动和互相交换其活动，才能进行生产。为了进行生产，人们相互之间便发生一定的联系和关系；只有在这些社会联系和社会关系的范围内，才会有他们对自然界的影响，才会有生产。"① 人与自然的关系和人与人的关系相互制约，共生于实践活动中。实践内在地包含着人与自然的关系和人与人的关系，是社会关系的发源地，正如马克思所说，"以一定的方式进行生产活动的一定的个人，发生一定的社会关系和政治关系。……社会结构和国家总是从一定的个人的生活过程中产生的"②。从根本上说，社会关系是实践活动的静态化，以社会关系为内容的社会结构是实践活动的对象化，实践创造了各种社会关系。

其二，实践决定社会生活，构成社会基本领域。物质生活是人们社会生活的根本内容，而物质实践则创造着人们的物质生活。"为了生活，首先就需要吃喝住穿以及其他一些东西。因此第一个历史活动就是生产满足这些需要的资料，即生产物质生活本身，而且，这是人们从几千年前直至今天单是为了维持生活就必须每日每时从事的历史活动，是一切历史的基本条件。"③"人们生产自己的生活资料，同时间接地生产着自己的物质生活本身。"④ 正是在这个意义上，马克思认为，生产方式也就是人们的生活方式。物质实践

---

① 中共中央马克思恩格斯列宁斯大林著作编译局. 马克思恩格斯文集：第 1 卷 [M]. 北京：人民出版社，2009：724.

② 中共中央马克思恩格斯列宁斯大林著作编译局. 马克思恩格斯文集：第 1 卷 [M]. 北京：人民出版社，2009：523-524.

③ 中共中央马克思恩格斯列宁斯大林著作编译局. 马克思恩格斯文集：第 1 卷 [M]. 北京：人民出版社，2009：531.

④ 中共中央马克思恩格斯列宁斯大林著作编译局. 马克思恩格斯文集：第 1 卷 [M]. 北京：人民出版社，2009：519.

不仅"生产物质生活本身",而且从根本上决定着整个社会生活。按照马克思的观点,经济结构决定政治结构,物质生产决定精神生产,"意识在任何时候都只能是被意识到了的存在,而人们的存在就是他们的现实生活过程"①。从根本上说,这个"现实生活过程"就是"物质生活的生产方式","物质生活的生产方式制约着整个社会生活、政治生活和精神生活的过程"②。实践有三种基本类型,这三种实践既相互区别又相互作用,构成了社会生活的基本领域,即社会的物质生活、政治生活和精神生活。在整个社会生活过程中,物质生产实践具有基础和决定的作用。物质生产实践所引起的人与自然之间的物质变换构成了社会存在的基础,物质生活的生产方式制约着政治生活、精神生活和整个社会生活。所以,唯物主义历史观始终"不是从观念出发来解释实践,而是从物质实践出发来解释各种观念形态"③。

其三,实践构成了社会发展的动力之源。推动社会历史发展的动力是多方面的,唯心史观把社会历史发展的动力归结为人们的思想动机或精神力量,而未能揭示社会历史发展的真正奥秘。唯物史观超越了唯心史观,它没有停留在"精神动力"的层面上认识社会历史,而是透过历史的表象,进一步探寻并发现了社会历史深处的"动力的动力"。人们创造自己的历史,社会发展是人的实践活动在时间中的展开,"整个所谓世界历史不外是人通过人的劳动而诞生的过程"④。因此,社会发展的动力不可能产生于人的实践活动之外,相反,它只能形成于人的实践活动之中。马克思指出,"人们在自己生活的社会生产中发生一定的、必然的、不以他们的意志为转移的关系,即同它们的物质生产力的一定发展阶段相适合的生产关系。这些生产关系的总和构成社

---

① 中共中央马克思恩格斯列宁斯大林著作编译局. 马克思恩格斯文集:第1卷[M]. 北京:人民出版社,2009:525.

② 中共中央马克思恩格斯列宁斯大林著作编译局. 马克思恩格斯文集:第2卷[M]. 北京:人民出版社,2009:591.

③ 中共中央马克思恩格斯列宁斯大林著作编译局. 马克思恩格斯文集:第1卷[M]. 北京:人民出版社,2009:544.

④ 中共中央马克思恩格斯列宁斯大林著作编译局. 马克思恩格斯文集:第1卷[M]. 北京:人民出版社,2009:196.

会的经济结构,即有法律和政治的上层建筑竖立其上并有一定的社会意识形式与之相适应的现实基础。物质生活的生产方式制约着整个社会生活、政治生活和精神生活的过程"① "社会的物质生产力发展到一定阶段,便同它们一直在其中运动的现存生产关系或财产关系(这只是生产关系的法律用语)发生矛盾。于是这些关系便由生产力的发展形式变成生产力的桎梏。那时社会革命的时代就到来了。随着经济基础的变更,全部庞大的上层建筑也或慢或快地发生变革"②。"大体说来,亚细亚的、古希腊罗马的、封建的和现代资产阶级的生产方式可以看作是经济的社会形态演进的几个时代。"③ 生产力的不断发展、生产关系的不断变革,推动着人类的经济基础和上层建筑不断发生变化,最终推动历史从原始社会、奴隶社会、封建社会、资本主义社会到社会主义和共产主义社会不断由低到高发展。社会发展的根本动力,即生产力与生产关系、经济基础与上层建筑的矛盾就形成于人们的物质生产实践、改造社会关系的实践以及创造精神文化的实践之中。

综上所述,从实践的认识论意义上说,经济基础属于社会存在,上层建筑属于社会意识。社会存在决定社会意识,经济基础决定上层建筑,经济决定政治和文化,经济关系决定政治关系和文化关系。虽然讲,政治和文化发挥着巨大的作用,但是在经济面前,只是一种被决定的作用。从实践的历史观意义上说,经济基础、经济关系是经济实践的过程和结果,经济基础的产生和存在绝对是一种人们的主体活动、感性的活动,即现实的、客观的实践活动。物质实践、经济活动创造历史,决定社会。同样,政治和文化也是政治实践和文化实践的结果,经济实践决定政治实践和文化实践,并且三者发挥作用,共同决定人类历史的前进。经济、政治、文化的实践创造了历史,

---

① 中共中央马克思恩格斯列宁斯大林著作编译局. 马克思恩格斯文集:第2卷 [M]. 北京:人民出版社,2009:591.

② 中共中央马克思恩格斯列宁斯大林著作编译局. 马克思恩格斯文集:第2卷 [M]. 北京:人民出版社,2009:591-592.

③ 中共中央马克思恩格斯列宁斯大林著作编译局. 马克思恩格斯文集:第2卷 [M]. 北京:人民出版社,2009:592.

并且决定历史的发展变化。

小结

我们需要明确的是，基于社会存在与人为主体不是对立的，一个凸显主体性原则，一个展示客观性原则。人和社会不是脱离的，人是社会中的人，社会是人的社会。马克思说，"我们开始要谈的前提不是任意提出的，不是教条，而是一些只有在臆想中才能撇开的现实前提。这是一些现实的个人，是他们的活动和他们的物质生活条件。包括他们已有的和由他们自己的活动创造出来的物质生活条件"① "这里所说的人们是现实的、从事活动的人们，他们受自己的生产力和与之相适应的交往的一定发展——直到交往的最遥远的形态——所制约"② "它的前提是人，但不是处在某种虚幻的离群索居和固定不变状态中的人，而是处在现实的，可以通过经验观察到的，在一定条件下进行的发展过程中的人"③。这里的人是具体的、现实的人，社会是人在其中所进行的社会。

我们曾经特别批判人本主义、人道主义，20世纪80年代，在关于人道主义的争论中，有学者提出"从人出发"，受到强烈批判。批评者认为，不能说"从人出发"，而应该说"从社会物质生活条件出发"。其实，这二者不是对立的，从上面的论述中，我们可以看到，基于社会存在，本身包含着人和自然，社会是人的社会，没有否定人为主体。我们同样看到，人是社会中人，本身也包含着生产方式，没有否定基于社会存在。的确，马克思在《资本论》中曾说"不是从人出发，而是从一定的社会经济时期出发"④，但是，这并不

① 中共中央马克思恩格斯列宁斯大林著作编译局. 马克思恩格斯文集：第1卷 [M]. 北京：人民出版社，2009：516-519.
② 中共中央马克思恩格斯列宁斯大林著作编译局. 马克思恩格斯文集：第1卷 [M]. 北京：人民出版社，2009：524-525.
③ 中共中央马克思恩格斯列宁斯大林著作编译局. 马克思恩格斯文集：第1卷 [M]. 北京：人民出版社，2009：525.
④ 中共中央马克思恩格斯列宁斯大林著作编译局. 马克思恩格斯全集：第19卷 [M]. 北京：人民出版社，1963：414-415.

是反对从人出发，而是反对从抽象的人出发。人本主义、人道主义有自己的"人"，马克思经济基础与上层建筑思想也有自己的"人"，马克思经济基础与上层建筑思想的人并不是抽象的人，而是感性活动的、现实的人。马克思认为，人是一定物质生产方式中的从事社会实践的人，马克思的"人"与他们的"人"是不同的。毫无疑问，马克思并不是反对从人出发，而是从人出发，这是一个基本原则。

人为主体，基于社会存在、立足实践是统一的。社会存在本身包含着人和自然，基于社会存在没有否定人为主体；同样，人是社会中人，人本身也内含着生产方式，人为主体没有否定基于社会存在。实践把人与社会存在联系和贯穿起来，人为主体，基于社会存在是统一的，它们统一于实践。在《关于费尔巴哈的提纲》中，马克思说："从前的一切唯物主义的主要缺点是对对象、现实、感性，只是从客体的或者直观的形式去理解，而不是把它们当作感性的人的活动，当作实践去理解，不是从主体方面去理解。"① 我们研究感性客体，"没有把人的活动本身理解为对象性的活动"②。实践有这个功能，它联系这两端，一端是人，一端是社会存在，或者说，只有在实践中，才有人和社会存在。人是社会实践中的人，实践是以人为主体的对客体的对象化活动，社会本质上是实践的，人的本质是社会关系的总和，这种关系的总和是在社会实践中形成的。割裂人、社会、实践三者的这种关系或是单独强调其中的一个方面所导致的后果就不能真正理解三者之中的任何一者。我们可用马克思的一段话来结束这里的论述，在《德意志意识形态》中，他说，"这是一些现实的个人，是他们的活动和他们的物质生活条件，包括他们已有的和由他们自己的活动创造出来的物质生活条件"③。这句话解释了三者的紧

① 中共中央马克思恩格斯列宁斯大林著作编译局. 马克思恩格斯文集：第1卷 [M]. 北京：人民出版社，2009：499.
② 中共中央马克思恩格斯列宁斯大林著作编译局. 马克思恩格斯文集：第1卷 [M]. 北京：人民出版社，2009：499.
③ 中共中央马克思恩格斯列宁斯大林著作编译局. 马克思恩格斯文集：第1卷 [M]. 北京：人民出版社，2009：519.

密关系，也揭示了人类历史的形成和发展的秘密所在。

可见，我们要想认识马克思经济基础与上层建筑思想的真理性和科学性，就要落实在人为主体、基于社会存在、立足实践的理论原则上面。马克思经济基础与上层建筑思想是揭示人类历史发展规律的科学，这在于马克思经济基础与上层建筑思想有这样的理论原则。马克思经济基础与上层建筑思想具有人为主体、基于社会存在、立足实践的原则为科学解决社会历史和人类发展的一系列问题提供立场、观点和方法。我们要想理解历史唯物主义思想，首先就要科学阐述马克思的经济基础与上层建筑思想。

第二节　理论原则的方法论意义

理论原则的方法论意义，是指马克思经济基础与上层建筑思想蕴含的理论原则具有的历史唯物主义方法论意义。马克思经济基础与上层建筑思想与历史唯物主义有着密切的联系，从生成论的角度来看，是在相互关照的二者中得以形成的。本节就从马克思经济基础与上层建筑思想的理论原则出发来探讨历史唯物主义的方法论。

人们对历史唯物主义方法论的研究，仍然存在一些重要问题，比如历史唯物主义方法的划分及其依据方面的问题，就是说，如何制定历史唯物主义的基本方法和方法论，这是本书重点论述、极力解决的地方。历史唯物主义的方法依据历史唯物主义的理论和基本原理，历史唯物主义的关键概念是人、社会存在和实践，历史唯物主义理论的本质、核心和特征在于从人出发、基于社会存在和立足实践，所以，历史唯物主义的基本方法可以概括为"从人出发""从社会存在出发"和"从实践出发"。"三个出发"这种概括包含了历史唯物主义方法的来源、模式和体系等多方面的内容，这种概括符合方法本身的特性，比如直接性和大众化。"三个出发"是历史唯物主义方法论的立足点、规则，构成方法论体系的第一个层次，由此引发开来第二、第三层次的方法，从而形成整个历史唯物主义的方法论。

一、历史唯物主义方法论的研究及问题

历史唯物主义的方法论极为重要，列宁曾指出，历史唯物主义"从来没有企求说明一切，而只企求指出'唯一科学的'（用马克思在《资本论》中的话来说）说明历史的方法"①，这种方法的作用在于改变整个人类世界。历史唯物主义方法的地位促使我们重视方法论的研究。现在，在历史唯物主义研究上，一般来讲，学术界一致明确它既是一种理论，又是一种方法。其中，历史唯物主义作为一种理论、观点，对这种研究已经相对比较成熟；而作为一种方法和方法论体系，对这种研究还需要继续地深入和提高。学术界对历史唯物主义的理论、基本原理的提炼、概括已经达到一定的高度，且为大家所接受，但是，关于历史唯物主义方法的提炼、概括却是难能如此，存在明显不足。换言之，对方法论的研究还远远比不上对基本理论、原理的研究。

一些学者对历史唯物主义的方法和方法划分进行思考，提出辩证主义的方法、历史主义的方法、矛盾分析方法、群众分析方法和阶级分析方法等。笔者认为，在这些划分中，有些方法划分得不是非常妥当和科学，而有些划分的方法并不是历史唯物主义的根本的、第一层次上的方法。有些学者也提出其他一些方法，列举了调查研究方法、价值评价方法、比较分析方法等等②，其实，这些并不是历史唯物主义的方法，它们可能属于一般的社会科学方法。

具体来说，比如，有学者认为，"唯物辩证法是历史唯物主义的根本方

---

① 中共中央马克思恩格斯列宁斯大林著作编译局. 列宁专题文集·论辩证唯物主义和历史唯物主义 [M]. 北京：人民出版社，2009：166.

② 覃正爱. 关于历史唯物主义方法及其体系研究若干问题的思考 [J]. 广东社会科学，2001（1）：37-43.

法，也是历史唯物主义方法论系统的第一层次或最高层次"①。这就是所谓的辩证主义的方法。的确，马克思主义哲学就是唯物辩证法。马克思主义哲学包括辩证唯物主义和历史唯物主义，唯物的、辩证的观点始终渗透在辩证唯物主义和历史唯物主义之中。唯物辩证法是一种主场、观点、方法，辩证唯物主义和历史唯物主义包含这种主场、观点、方法。但是，把它概括为历史唯物主义的方法，这有些过于匮乏，而且也不能揭示出历史唯物主义方法的本质和特性。这种概括没有凸显历史唯物主义方法的内涵。有学者谈到"历史主义方法"②"历史本体论方法"或"历史的唯物论方法"③，虽然讲，它有它的包含和内容，但是，毕竟不能将历史唯物主义的方法称为或概括为"历史主义的方法"，而且，它所包含的内容也没有体现出方法来。"历史"指历史的主体、动力、规律，指运动、变化、发展。"历史"体现或包含方法，人们从"历史"这里不能直接看出方法来。这种划分不是很科学，弊端显而易见。

二、历史唯物主义方法的来源、模式和体系

本书认为，历史唯物主义的基本方法可以概括为"从人出发""从社会存在出发"和"从实践出发"，这种概括、提炼包含了历史唯物主义方法的来源、模式和体系等多方面的内容。这种概括和提炼肯定了以下几点：历史唯物主义是一种理论；这种理论可以成为方法的基础，方法来自理论；历史唯物主义为何采取这种表达模式；历史唯物主义既有基本方法，又有其他的一般方法，这些方法构成一个完整、系统的方法论体系。

"三个出发"这种概括、表述解决了提炼和制定方法时需要解决的两个问题。方法的概括和制定需要注意两个问题：第一是方法的依据和立足点，即

---

① 龚廷泰，陈章龙. 论历史唯物主义方法论系统 [J]. 南京师大学报（社会科学版），1986（3）：96-100.

② 董德刚. 简论历史唯物主义方法论 [J]. 探索，1993（1）：45-47.

③ 董德刚. 历史唯物主义方法论探索 [J]. 河北学刊，1995（4）：14-20.

根据什么、基于什么，方法来自哪里；第二是这种方法要符合方法本身的特性。方法本身的特性，其一，方法是一个解决问题的出发点、立足点，一个规则和原则，这是一个运动的动态过程，强调的是"进行中"而非结果；其二，方法的直接性具有大众化价值，这是说，方法是解决问题的，是对症下药、很直接的，应该浅显易懂、简明扼要，被大众普遍理解、接受和运用。"三个出发"的基本方法解决了这些问题。历史唯物主义的方法来自历史唯物主义的理论，"三个出发"基本方法的依据就是历史唯物主义的基本理论和原理。历史唯物主义的关键概念是人、社会存在和实践，该理论的形成原因在于从人出发、基于社会存在和立足实践，历史唯物主义的基本方法概括为"从人出发""从社会存在出发"和"从实践出发"，方法之中，时刻不忘人、社会存在和实践。在这里，使用了一个"从什么出发"的表达模式、表达方式，这种表述符合方法本身的特性，比如直接性和大众化。

（一）历史唯物主义方法的来源，理论与方法的统一

笔者认为，历史唯物主义方法划分的依据和来源在于其理论、基本原理。这些涉及一个重要判断，即历史唯物主义是不是一种理论，承认不承认历史唯物主义是一种理论。如果我们不承认它是一种理论，划分就失去了依据，另外，即使它是一种理论，那么，方法是否来源于、发端自理论本身。承认方法来源于理论，这是制定方法的前提，也就是说，承认有了理论、基本原理的支撑，方法论才是有本之木、有源之水。

一般来说，学术界一致认为历史唯物主义是一种理论，还概括出历史唯物主义的基本原理。历史唯物主义作为一种理论，它既是历史观，又是世界观。历史唯物主义是关于人与世界关系的观点、理论，揭示的是人与世界关系的规律，它本质上是一种社会历史观。历史唯物主义超越了旧的社会历史观，它有自身的理论本质、核心和特征，这种理论本质、核心和特征是从人出发，基于社会存在，立足实践，这种历史观达到了社会历史观的新高度。历史唯物主义是由一系列基本原理和基本概念、范畴构成的理论体系。这些基本原理如社会存在决定社会意识，生产力决定生产关系，经济基础决定上

层建筑，物质资料生产方式决定社会发展，人民群众是历史的创造者，社会生活本质上是实践的，人是社会关系的总和，等等。这些原理与辩证唯物主义的基本原理，如物质统一性原理、事物的矛盾运动原理和认识的能动反映原理，一起构成完整的马克思主义哲学的基本内容。这种概括得到学术界比较一致的认可，在思想界、理论界的高层中得到承认、宣传。

　　理论不应该仅仅是解释世界的，马克思指出，以往的理论都是在解释世界，而重要的是改变世界，"哲学家们只是用不同的方式解释世界，问题在于改变世界"①，所以，历史唯物主义强调解释世界和改变世界，它具有方法的功能和价值。如果一种理论不能对实践产生指导作用，这种理论就会失去存在的价值，只有对实践发生指导作用的理论才有存在的价值和意义，也就是说，科学理论，必然具备方法论的意义。我们说的方法来源于理论，根据就在于历史唯物主义本身就是理论和方法的统一。

　　所谓历史唯物主义方法，是指对世界观的操作和具体化，付诸实践的方式、手段和途径，是规则、规矩、规定。历史唯物主义方法是一个方法论体系。方法论是指关于方法的理论，包括方法体系、方法层级、方法类型等。在这里，历史唯物主义方法论有两层含义，既指唯物主义最根本的方法，又指整个方法论的体系。

　　历史唯物主义既揭示规律又指出规则，既是理论又是方法，既是历史观又是方法论，是二者科学的统一。我们必须反对这样两种观点，一种观点是理论的实践，我们需要寻找其他方法，历史唯物主义"无法"以别的法为法；另一种观点是这种理论本身就是方法，理论等于方法，至于方法是什么，语焉不详。这两种观点都是不正确的，历史唯物主义有理论、有方法，从理论中推导、提炼、制定出方法。历史唯物主义既是一种理论，又是一种方法，这比较符合马克思、恩格斯的论述。在《〈政治经济学批判〉序言》中，马克思对历史唯物主义内容做了经典的阐述，形成一个"总的结果"，并且，他

-----

　　①　中共中央马克思恩格斯列宁斯大林著作编译局. 马克思恩格斯文集：第 1 卷［M］. 北京：人民出版社，2009：502.

指出，这个"总的结果"即历史唯物主义理论是"我所得到的，并且一经得到就用于指导我的研究工作的"①。在这里，这种"总的结果"可以"指导我的研究工作的"，显而易见，马克思认为历史唯物主义既是一种理论、观点，又是一种方法、手段，恩格斯也持这种观点。恩格斯指出，"正像达尔文发现有机界的发展规律一样，马克思发现了人类历史的发展规律"②，这是说，历史唯物主义是关于"人类历史的发展规律"的思想、学说，它是一种科学理论、"科学思想中的最大成果"③。历史唯物主义又具有方法论的意义，在《致韦尔纳·桑巴特》的信中，恩格斯说，"马克思的整个世界观不是教义，而是方法。它提供的不是现成的教条，而是进一步研究的出发点和供这种研究使用的方法"④，这是对历史唯物主义既是世界观又是方法论最好的论述。

（二）"从什么出发"的表达模式

历史唯物主义是一种历史观、世界观，是关于人类社会发展规律的一种理论、学说，而且，这种历史观、世界观本身就具有方法论的意义，一种科学的理论，不具备方法论的意义是不可思议的。我们虽然并不十分赞同这种说法，即"唯物史观首先具有方法论的意义"⑤，但是，否定一种科学理论的方法论意义也是十分荒谬的事情。在理论与方法二者的关系中，理论是方法的基础，方法是理论的运用，理论具有根本性和稳定性，对应的方法论具有实用性和长期性。

历史唯物主义是理论与方法的统一，我们应该从理论中推导出方法，从历史观、世界观出发，提炼、制定方法论。理论不是方法，方法不是理论，

---

① 中共中央马克思恩格斯列宁斯大林著作编译局. 马克思恩格斯文集：第2卷［M］. 北京：人民出版社，2009：591.

② 中共中央马克思恩格斯列宁斯大林著作编译局. 马克思恩格斯文集：第3卷［M］. 北京：人民出版社，2009：601.

③ 中共中央马克思恩格斯列宁斯大林著作编译局. 列宁专题文集·论辩证唯物主义和历史唯物主义［M］. 北京：人民出版社，2009：68.

④ 中共中央马克思恩格斯列宁斯大林著作编译局. 马克思恩格斯文集：第10卷［M］. 北京：人民出版社，2009：691.

⑤ 普列汉诺夫. 普列汉诺夫哲学著作选集：第3卷［M］. 北京：人民出版社，1964：157.

但是，方法来自理论，方法是从理论中提炼而得到的。这是一个提炼和概括的过程，虽然过程艰辛，但历史唯物主义的方法从此出发就有依托、有根据，从此以后就不是什么主观臆想了。

我们应该提炼和概括这种方法，特别是基本方法。历史唯物主义是关于规律的学说，而方法就是一个规则的学说，就是说从规律出发制定出规则，按照这个规则去改变世界、创造历史。方法不同于理论，理论解决的是"是什么"的问题，它只需对真理负责，发现真理；而方法解决的是"会怎么样"的问题，它应该成为一个解决问题的途径、规则和原则，这是一个运动的动态过程，强调的是"进行中"而非结果。从规律到规则，从理论到方法，提炼是一个困难的过程，在此，笔者使用了一个"从什么出发"的表达方式，也可以说是模式来表达历史唯物主义的基本方法。

"从什么出发"，顾名思义，这个"什么"是一个起点、开始之点、根本之点，在此之前再无他物，没有比这个更根本的东西了。起点，有时往往规定了一个事物的运动、变化和发展，决定了一个事物的结果和效果。打一个比喻，要到某一个地方，并不是所有的道路都能到达这个地方，当然，也可能不止一条道路。我们必须选择道路，就是说，要选好起点，选好这个根本之点，起点决定道路，起点决定终点。笔者用"从什么出发"来提炼、概括历史唯物主义的方法，就是为了说明这个方法的地位和价值。"从什么出发"这种表达术语，说明了"什么"的重要性，这个"什么"本身蕴含着规律和理论，另外，"从……出发"这种表达模式，又表明了一个规律到规则、理论到方法的转化。这种方法自然而然是最根本的方法、最高层次的方法，总之，我们使用"从什么出发"这种表达方式，既从历史唯物主义理论中推导出方法，又考虑到它是一个立足点、规则，这样做是比较恰当的。这应该成为一种表达的术语，做到使用的大众化。

（三）"三个出发"方法论体系

我们对历史唯物主义基本理论即原理的研究相对比较成熟，所以，这其实是一个非常艰辛的推导、提炼过程。学术界已经梳理出历史唯物主义的基本原理。我们知道，历史唯物主义的基石是实践，历史唯物主义基本原理的关键概念是实践，以及与实践紧密相关的社会存在和人，历史唯物主义形成的秘密就在于从人出发、基于社会存在和立足实践。历史唯物主义的基本方法可以概括为"从人出发""从社会存在出发"和"从实践出发"。这"三个出发"是一个有机整体，三者难以割舍，三者不可或缺。

基本方法不是整个方法论体系，历史唯物主义方法是一个方法论体系，"三个出发"从属于历史唯物主义方法论体系。"三个出发"是基本、根本方法，是从基本原理推导出来的结论，这三个方法也是历史唯物主义方法论的立足点、规则，也就是说，历史唯物主义的方法不仅只有这么三个，而且还有其他的方法。不难想象，历史唯物主义如果只有这三个方法的话，这三个方法就成了包治百病的灵丹妙药了，那么历史唯物主义就会真的成为一种形而上学。这三个方法是根本方法，历史唯物主义其他的方法是从这三个方法里推导出来的方法。这三个方法属于第一层次，从这三个方法推导出来的其他的方法是属于第二层次的，有可能从第二层次还可以推导出第三层次的方法。这些第二、第三层次上的方法就不能使用"从什么出发"这种表达模式，第一、第二以及更多层次的历史唯物主义方法得以提炼和概括，就会构建起历史唯物主义的方法论体系，于是，历史唯物主义的方法论体系可以称为"三个出发"的方法论体系。

历史唯物主义的"三个出发"方法是历史唯物主义的根本大法、万法之法，其根源、依据就在于历史唯物主义的基本理论、基本原理，它是从其中提炼和概括出来的。在下文中，笔者结合基本理论、基本原理，对这三个方法及其意义进行详细阐述。恩格斯在《英国状况——评托马斯卡莱尔的"过去和现在"》中反对开"莫里逊氏丸"，但是，他否定"万应灵丹"并不是不要一切药丸①，笔者认为"三个出发"不失为一种有效、灵验的药丸。

---

① 叶汝贤，李惠斌. 马克思主义研究的前沿问题 [M]. 北京：社会科学文献出版社，2006：10-11.

三、"三个出发"的方法论意义

"从人出发""从社会存在出发""从实践出发",构成了历史唯物主义的基本方法,是历史唯物主义方法论的基本规则和立足点。"三个出发"有历史唯物主义理论和基本原理的支撑,它必然不是无本之木、无源之水。"三个出发"作为方法论,具有重要的现实指导意义,淋漓尽致地体现出解释世界和改变世界的历史唯物主义的基本精神和巨大力量。

(一)"从人出发"的意义

"从人出发"具有方法论上的意义和价值。人的对立面是物,这个对立面包括两层意思:一是指物体、物品以及整个自然界即人赖以生存的外部世界;二是指把人当作了物,不把人当作人,当作"非人"。这里着重强调两点:一是区分人和物,人就是人,物就是物,人比物重要;二是人要把人当人看,不能把人降低到物的层次。"从人出发"就是指不要从物出发、不能从自然出发。我们如果从物体、物品出发,就会出现物贵人贱的后果,如果从自然出发,考量人与自然界关系的时候,没有站在人的立场上为人类自身着想。所以,我们在处理人和物关系的时候,就是要从人出发,一些方法的制定都应该是为了人、突出人和服务人的,当然,保护自然和生态是必须的,珍惜物体、物品也是应该的。所谓的自然保护主义、生态至上其实都是一些空话,它们对人类来说不具有真正意义。另外,在生产活动和其他社会生活中,人应该把人当作人来看待,这里包括把自己和他人都当作人,不能当作工具进行奴役,这也是"从人出发"的方法论的意义和价值。"从群众中来,到群众中去"这个方法,就是依据"从人出发"这个基本方法而制定出来的,或者说是依据这个准则、规则制定出来的。

(二)"从社会存在出发"的意义

"从社会存在出发"就是说我们在观察社会现象、处理社会问题的时候,不能从社会意识出发。社会意识毕竟是意识,社会意识不是社会存在,二者有质的区别。社会存在的内涵丰富，包括生产力、生产关系、人和自然界，其中，生产力和生产关系又是紧密联系在一起的，所以，我们应该从生产力和生产关系相统一的角度即生产方式这个角度来思考问题。我们要立足生产方式即生产力和生产关系，而不能以上层建筑为根本来分析和解决问题。我们如果从上层建筑出发会犯理论上和实践上的错误，历史经验教训做了充分的证明。实践证明，我们用"从社会存在出发"这个方法，就能正确观察社会想象、科学解决社会问题，当然，这是从第一层次上讲的。我们如果依据第一层次，推导到第二层次上来，那么，从社会意识的角度，从上层建筑的角度，"从社会存在出发"就应该成为我们方法论考虑的内容了。

（三）"从实践出发"的意义

实践概念，本身就是一个方法论意义上的概念，实践对立于"非实践"和"不实践"，认识属于"非实践"，这是实践的一个对立面。"从实践出发"，就是说，我们不能从认识出发，认识解决不了实践的问题，而实践却能够解决认识所解决不了的问题。认识的正确和错误，应该由实践最后来定夺。此外，实践还对应社会生活，于是它还有另外一个对立面，那就是"不实践"，就是指不从事社会实践活动。社会基本矛盾包括生产力与生产关系、经济基础与上层建筑之间的矛盾，这些矛盾通过实践活动产生，并且通过实践活动解决。社会矛盾的解决要依靠社会实践活动，没有实践活动，就没有社会生活。历史的进步、社会的发展依赖于实实在在的实践活动，而不是人大脑中的思想和思维，所以，"从实践出发"，也就具有破除不实践错误思想的方法论意义。

我们知道，物质世界是人类存在的前提和基础，人类的产生是在物质世界之后而不是之前，没有物质世界就不可能有人类存在。人类通过独特的实践活动改变物质世界，物质世界由于有了人类才具有属人的意义。人是自然存在物、有意识的存在物、社会存在物，所以说，社会存在、实践和人三者之间是有机统一的。"从人出发""从社会存在出发"和"从实践出发"这三个方法相融相合、对立统一，共同构成历史唯物主义方法论的根基。从立足点、规则的角度看，我们一定要坚持历史唯物主义的这三个根本方法。

综上，"三个出发"是历史唯物主义的基本方法，是历史唯物主义方法论的立足点和准则，这些基本方法具有重大的方法论意义。历史唯物主义方法论是一个有关方法的体系，有不同层次、不同类型的方法。历史唯物主义还有其他许许多多的方法，这些方法处于历史唯物主义三个根本方法之下，遵循其规则，这些其他的方法也具有重要的方法论意义。我们要做到从社会存在出发、重视生产力和生产关系，也要注意社会意识和上层建筑的作用，应该从社会意识和上层建筑的角度来制定出一些方法。我们重视社会实践和社会中的人，从认识的角度，从物的角度，从这个"人"里面所形成的阶级和群众的角度，也应该制定出一些方法。

结语

社会主义现代化建设是一项伟大而又艰巨的事业，建设者需要一种伟大的理论予以指导，也需要一种伟大的方法予以使用。历史唯物主义就是一种科学的理论和科学的方法，我们早已找到这种"唯一科学的历史观"。我们更重要的事情是要提炼有效的方法论，在建设社会主义现代化的事业中予以使用，这样，社会主义现代化事业才会成功。历史唯物主义的方法与历史唯物主义的理论一样重要，其实，历史唯物主义的理论与方法是"一化为二，二合为一"的。我们只要做到"三个出发"，社会主义现代化建设的大方向就不会出错，振兴中华的伟大事业就会兴旺发达。

第五章

马克思经济基础与上层建筑思想的"历史解答"

历史唯物主义之所以是科学思想中的最大成果，在于其揭示了人类社会的本质和发展规律。这是马克思的伟大贡献，"马克思发现了人类历史的发展规律"①"正是马克思最先发现了重大的历史运动规律"②。历史唯物主义分析了社会发展的根本动力、基本矛盾（基本规律）和历史演变（基本过程和基本形态）等，这是对"历史之谜"的"历史解答"，其实，这是从经济基础与上层建筑的关系之中进行的分析。经济基础与上层建筑思想揭示了社会发展的基本矛盾和根本动力，揭示了社会发展的基本过程和基本形态。根本动力、基本矛盾、基本规律的有关论述，也是属于马克思经济基础与上层建筑思想科学内涵的解读。马克思经济基础与上层建筑思想对这些"历史之谜"做出了科学的"历史解答"，对此，马克思不仅从经济基础与上层建筑这样的概念中进行论述，而且还用到社会结构、经济结构、政治结构这些概念和思想来进行阐释。马克思的"社会结构"思想就是马克思的经济基础与上层建筑思想，揭示了社会的本质和发展规律，从"社会结构"思想角度进行分析，也是经济基础与上层建筑思想研究的内容。

---

① 中共中央马克思恩格斯列宁斯大林著作编译局. 马克思恩格斯文集：第3卷 [M]. 北京：人民出版社，2009：601.

② 中共中央马克思恩格斯列宁斯大林著作编译局. 马克思恩格斯文集：第2卷 [M]. 北京：人民出版社，2009：469.

第一节 马克思经济基础与上层建筑思想
揭示社会的本质和发展规律

社会历史现象扑朔迷离，纷繁复杂。社会发展是否有规律可循，社会发展的根本动力是什么，人类社会发展是否呈现为一个自然历史过程，这一系列"历史之谜"在思想史上长期困扰人们。马克思和恩格斯创立的历史唯物主义实现了社会历史观的伟大变革，为我们正确认识人类社会历史及其发展趋势，准确把握社会发展的动力因素、基本矛盾、社会基本过程提供了科学的理论指导。"而自从历史也得到唯物主义的解释以后，一条新的发展道路也在这里开辟出来了。"①

一、历史之谜和历史解答

历史是什么？这是不好回答的。自从人类有了自己的历史，人们就有对人类历史的认识。这本来好像并没有什么困难，因为认识就是人对一定对象的理解，但在人类历史领域却充满了重重迷雾。历史太复杂了，历史有现象和本质的东西，历史有必然性和偶然性，历史是有它的"谜"的，人类社会的结构与动力之谜、人类世代更替之谜、人类发展进步之谜。"历史之谜"是指涉及历史本质和规律的东西，现象的东西不是历史之谜，本质的东西才是历史之谜。我们透过偶然性才能看到必然性，才能看到历史的本质和规律，揭示历史本质的东西才是对历史之谜的历史解答。

（一）历史之谜和历史规律

历史不同于自然，人类社会的历史离不开自然。"整个所谓世界历史不外

---

① 中共中央马克思恩格斯列宁斯大林著作编译局. 马克思恩格斯文集：第 4 卷 [M]. 北京：人民出版社，2009：281-282.

是人通过人的劳动而诞生的过程，是自然界对人来说的生成过程。"① 离开了人与自然的关系，社会只能建立在虚无之上，把人与自然的关系从历史中排除出来，只能走向唯心主义历史观。历史与自然不同，自然界发生的一切都是盲目作用的结果，"历史不过是追求着自己目的的人的活动而已"②。"在社会历史领域内进行活动的，是具有意识的、经过思虑或凭激情行动的、追求某种目的的人；任何事情的发生都不是没有自觉的意图，没有预期的目的的。"③ 历史就呈现出来一个个现象、一个个事件，这些现象和事件是有人来参与、由人来创造的人为的结果。不同时代的人是不同的，不同区域的人是不同的，呈现出来的一个个现象和事件也是不同的。社会看上去是杂乱无章、无迹可寻的，所以，一些人就认为，历史不存在规律，不存在历史规律。波普尔认为，每一个历史事件都"不能在精确相似的条件下重复"，社会运动不存在与"原型相同的重复"，所以"历史没有规律"。这混淆了历史事件与社会的发展规律，只是看到了历史事件的不可重复性，却否认了社会规律的客观实在性。现代西方历史哲学极力否认社会发展的规律性，认为在社会历史中的一切都是"一次性"的，不存在重复性，历史没有规律可言。

历史是有规律的。历史不可重复，历史总有惊人的相似之处，这是因为历史规律起的作用。历史的发展有现象和本质，我们需要透过现象看本质，正确认识必然性和偶然性。所谓的规律就是指内在的、必然的、本质的联系，历史事件的不可重复性并不能否定社会发展的规律性，历史的发展由其内在的、必然的本质联系的，就是由于一种内在的、必然的本质联系，历史发展呈现出一个自然过程。历史规律的重复性不等于历史事件的重复性。任何一个历史事件的产生都是必然性与偶然性共同作用的结果，正是由于其中的偶

---

① 中共中央马克思恩格斯列宁斯大林著作编译局. 马克思恩格斯文集：第 1 卷 ［M］. 北京：人民出版社，2009：196.

② 中共中央马克思恩格斯列宁斯大林著作编译局. 马克思恩格斯文集：第 1 卷 ［M］. 北京：人民出版社，2009：295.

③ 中共中央马克思恩格斯列宁斯大林著作编译局. 马克思恩格斯文集：第 4 卷 ［M］. 北京：人民出版社，2009：302.

然性使历史事件各具特色，具有不可重复性。规律重复的只是其中的必然性，社会规律的重复性表现为同类历史事件中的共同的、本质的东西。历史事实具有一次性，历史现象具有相似性，历史规律具有重复性，历史是合规律性和合目的性、客观规律性和主体选择性的统一。一个历史事件的发生其原因是有规律可循的，不是杂乱无章的。

唯物主义历史观确立了科学的历史规律观念。历史的发展像自然的发展一样，有它自己的内在规律，历史唯物主义的任务就在于发现社会发展的一般规律。历史唯物主义的创造者马克思、恩格斯肯定了历史规律，致力于揭示历史规律。马克思谈到规律问题，他说，"一个社会即使探索到了本身运动的自然规律，——本书的最终目的就是揭示现代社会的经济运动规律，——它还是既不能跳过也不能用法令取消自然的发展阶段。但是它能缩短和减轻分娩的痛苦"①。马克思肯定有人对自己理论的这种理解，"在马克思看来，只有一件事情是重要的，那就是发现他所研究的那些现象的规律。而且他认为重要的，不仅是在这些现象具有完整形式和处于一定时期内可见到的联系中的时候支配着它们的那种规律。在他看来，除此而外，最重要的是这些现象变化的规律，这些现象发展的规律，即它们由一种形式过渡到另一种形式、由一种联系秩序过渡到另一种联系秩序的规律。……马克思把社会运动看作受一定规律支配的自然历史过程，这些规律不仅不以人的意志、意识和意图为转移，反而决定人的意志、意识和意图……"②。

恩格斯多次论述规律问题，他指出，"历史是有规律的。历史的发展像自然的发展一样，有它自己的内在规律"③。"……从这个观点看来，人类的历史已经不再是乱七八糟的一堆统统应当被这时已经成熟的哲学理性的法庭所

---

① 中共中央马克思恩格斯列宁斯大林著作编译局. 马克思恩格斯全集：第 23 卷［M］. 北京：人民出版社，1972：11.

② 中共中央马克思恩格斯列宁斯大林著作编译局. 马克思恩格斯全集：第 23 卷［M］. 北京：人民出版社，1972：20-23.

③ 中共中央马克思恩格斯列宁斯大林著作编译局. 马克思恩格斯全集：第 21 卷［M］. 北京：人民出版社，1965：389.

唾弃并最好尽快被人遗忘的毫无意义的暴力行为，而是人类本身的发展过程，而思维的任务现在就在于通过一切迂回曲折的道路去探索这一过程的依次发展的阶段，并且通过一切偶然性揭示这一过程的内在规律性"①，"现代唯物主义把历史看作人类的发展过程，而它的任务就在于发现这个过程的运动规律"②，"因此，在这里也完全像在自然领域里一样，应该发现现实的联系，从而清除这种臆造的人为的联系；这一任务，归根到底，就是要发现那些作为支配规律在人类社会的历史上为自己开辟道路的一般运动规律"③。恩格斯强调，历史发展是有其客观规律的，而历史唯物主义揭示了这个规律。

（二）历史解答

人们力求认识自然和社会的本质，但是，在马克思之前，人们尚未科学地认识人类社会的本质和发展规律。社会发展有没有规律？社会发展的规律是什么？不同的人有不同的观点。有些人认为历史是一个一个的历史事件、历史现象，历史没有规律可言。历史前进的动力是神的意志、是英雄，不是人们的实践以及在人们的实践中形成的经济、政治、文化的关系和矛盾。历史唯物主义特别是经济基础与上层建筑思想科学揭示了历史之谜。

在历史长河之中，人们从神意或者从"绝对理性"、人的意识，或者从自然环境来解释社会及其变迁，并没有真正把握社会的本质。自然主义历史观或唯心主义历史观用自然环境来解释社会的本质以及社会制度的变迁，或者用社会的主体即人有意识的活动来否定社会发展的规律性或客观性，这都是极其错误的。人类认识自然不易，认识社会却更难，直至马克思经济基础与上层建筑思想之后，才揭开了历史迷雾。

自然主义历史观夸大了自然的作用，这是错误的，它从自然出发理解社

---

① 中共中央马克思恩格斯列宁斯大林著作编译局. 马克思恩格斯全集：第 20 卷 [M]. 北京：人民出版社，1973：26-27.

② 中共中央马克思恩格斯列宁斯大林著作编译局. 马克思恩格斯全集：第 20 卷 [M]. 北京：人民出版社，1973：28.

③ 中共中央马克思恩格斯列宁斯大林著作编译局. 马克思恩格斯全集：第 21 卷 [M]. 北京：人民出版社，1965：340-341.

会，甚至把自然视为社会的本源，把社会的本质还原为自然物质。人类社会不能离开自然，社会所需的一切归根到底来自自然，但是，社会又异于自然。我们不能因为自然环境构成了社会存在和发展的前提，就让社会淹没在自然之中。自然主义历史观夸大了社会与自然的同一性，忽视了社会的特殊性，忽视了社会中人的主体性。恩格斯就指出自然主义历史观的失误之处，"它认为只是自然界作用于人，只是自然条件到处决定人的历史发展，它忘记了人也反作用于自然界，改变自然界，为自己创造新的生存条件"①。

同样，唯心主义历史观的错误在于它夸大了社会的特殊性。唯心主义历史观认识到历史事件所蕴含的人的思想，凸显了人的主体性和能动作用，但它没有进一步探究思想动机背后的客观动因，于是就把社会的本质归结于人的意识活动，把社会进步归因于英雄人物和政治行为。在社会中进行活动的是人，是"具有意识的、经过思虑或凭激情行动的、追求某种目的"② 的人，任何历史事件的发生都蕴含着人的意识和目的，历史现象的背后还有思想和利益。但是，我们不能否认人以自然的存在为前提，自然界具有优先的地位。人是自然界中的人，社会是自然界中的社会，人与自然具有相互作用、相互制约的辩证关系。夸大社会的特殊性是唯心主义历史观的问题所在，社会具有特殊性，但是它"丝毫不能改变这样一个事实：历史进程是受内在的一般规律支配的"③。社会发展史与自然发展史是不相同的，但是，"历史的发展像自然的发展一样，有它自己的内在规律"④。社会的特殊性犹如横跨在自然与社会之间的"活动翻板"，在马克思之前，坚定的唯物主义者，"当他们的视线由自然转向社会，开始探讨社会的本质时，几乎都被这块'活动翻板'

---

① 中共中央马克思恩格斯列宁斯大林著作编译局. 马克思恩格斯文集：第 9 卷 ［M］. 北京：人民出版社，2009：483-484.

② 中共中央马克思恩格斯列宁斯大林著作编译局. 马克思恩格斯全集：第 21 卷 ［M］. 北京：人民出版社，1965：341.

③ 中共中央马克思恩格斯列宁斯大林著作编译局. 马克思恩格斯全集：第 21 卷 ［M］. 北京：人民出版社，1965：341.

④ 中共中央马克思恩格斯列宁斯大林著作编译局. 马克思恩格斯全集：第 21 卷 ［M］. 北京：人民出版社，1965：389.

翻向了唯心主义的深渊"①。

马克思颠覆了这些历史观,马克思指出,"相当长的时期以来,人们一直用迷信来说明历史,而我们现在是用历史来说明迷信"②。"用迷信来说明历史",指的是用客观精神或主观精神解释历史现象,将人类历史说成是客观精神或主观精神现实化的结果。"用历史来说明迷信",强调的是必须用人类真实的社会生活史和社会生产史来说明人类的精神史,强调认识人类历史首先要从人类经济生活状况入手,才能驱散人类历史的迷雾。只有在充分认识一定阶段社会经济状况的条件下,人类历史现象才能得到科学认知,每一历史时期的观念和思想也可以由这一时期的社会经济条件以及由这些条件决定的社会关系和政治关系来说明。这样,"历史破天荒第一次被置于它的真正基础上;一个很明显的而以前完全被人忽略的事实,即人们首先必须吃、喝、住、穿,就是说首先必须劳动,然后才能争取统治,从事政治、宗教和哲学等等,——这一很明显的事实在历史上的应有之义此时终于获得了承认"③。

马克思的这种历史观,就是经济基础与上层建筑思想。马克思经济基础与上层建筑思想,它确认社会的自然基础,认为"任何历史记载都应当从这些自然基础以及它们在历史进程中由于人们的活动而发生的变更出发"④,但它同时又确认人是社会的主体,认为社会历史不过是追着自己目的的人的活动而已。人类社会对自然物质具有不可还原性,相反,自然物质只有通过人的实践活动才能转化为社会的内在要素从而对社会发生影响和作用。人类社会对人的意识具有不可还原性,相反,"意识一开始就是社会的产物,而且只

---

① 杨耕. 马克思主义历史观研究 [M]. 北京:北京师范大学出版社,2012:65.

② 中共中央马克思恩格斯列宁斯大林著作编译局. 马克思恩格斯文集:第1卷 [M]. 北京:人民出版社,2009:27.

③ 中共中央马克思恩格斯列宁斯大林著作编译局. 马克思恩格斯文集:第3卷 [M]. 北京:人民出版社,2009:459.

④ 中共中央马克思恩格斯列宁斯大林著作编译局. 马克思恩格斯文集:第1卷 [M]. 北京:人民出版社,2009:519.

要人们还存在着，它就仍然是这种产物"①。自然主义历史观与唯心主义历史观各自走向了一个极端，而只有马克思科学地认识这种同一性和特殊性的辩证关系，这是因为，马克思对人的实践活动及其与社会的关系进行了深入探讨，得出了一个极为明确的结论："社会生活在本质上是实践的"②。从根本上说，历史不过是人的实践活动在时间中的展开。"只要描绘出这个能动的生活过程，历史就不再像那些本身还是抽象的经验主义者所认为的那样，是一些僵死的事实的汇集，也不再像唯心主义者所认为的那样，是想象的主体的现象活动。"③ 现实的、从事物质生产活动的人是人类历史活动的主体，历史活动是人本质力量的对象化活动。这种对象化活动表现为满足人的生存和发展的基本物质生活需要，立足于马克思的"物质生产活动"层面。

马克思的历史观揭示了历史之谜。唯物主义历史观超越了唯心史观，进一步探寻并发现了"精神动力"背后处于历史深处的"动力的动力"。恩格斯指出："如果要去探究那些隐藏在——自觉地或不自觉地，而且往往是不自觉地——历史人物的动机背后并且构成历史的真正的最后动力的动力，那么问题涉及的，与其说是个别人物、即使是非常杰出的人物的动机，不如说是使广大群众、使整个的民族，并且在每一民族中间又是使整个阶级行动起来的动机；而且也不是短暂的爆发和转瞬即逝的火光，而是持久的、引起重大历史变迁的行动。"④ 从人出发、从物质生产出发、从社会实践出发，唯物主义历史观揭示了社会的发展规律，科学地回答了历史创造者的问题。主体性、客观性和实践性是马克思思想、观点、学说的基本精神，这种基本精神在马克思经济基础与上层建筑思想中得到最为充分的呈现，以至于，马克思经济

---

① 中共中央马克思恩格斯列宁斯大林著作编译局. 马克思恩格斯文集：第 1 卷 ［M］. 北京：人民出版社，2009：533.

② 中共中央马克思恩格斯列宁斯大林著作编译局. 马克思恩格斯文集：第 1 卷 ［M］. 北京：人民出版社，2009：505.

③ 中共中央马克思恩格斯列宁斯大林著作编译局. 马克思恩格斯文集：第 1 卷 ［M］. 北京：人民出版社，2009：525-526.

④ 中共中央马克思恩格斯列宁斯大林著作编译局. 马克思恩格斯文集：第 4 卷 ［M］. 北京：人民出版社，2009：304.

基础与上层建筑思想科学揭示了社会的本质和发展规律。自然主义历史观和唯心主义历史观没有呈现出科学的主体性、客观性和实践性理论原则。

　　唯物主义历史观的提出，颠覆了以往人们已经习以为常的对人类历史的认知，对此，列宁有高度的评价，他指出，"发现唯物主义历史观，或者更确切地说，把唯物主义贯彻和推广运用于社会现象领域，消除了以往的历史理论的两个主要缺点。第一，以往的历史理论至多只是考察了人们历史活动的思想动机，而没有研究产生这些动机的原因，没有探索社会关系体系发展的客观规律性，没有把物质生产的发展程度看作这些关系的根源；第二，以往的理论从来忽视居民群众的活动，只有历史唯物主义才第一次使我们能以自然科学的精确性去研究群众生活的社会条件以及这些条件的变更"①。这是指，以往的历史理论没有探索社会关系体系发展的客观规律性，没有把物质生产的发展程度看作这些关系的根源；以往的理论从来忽视居民群众的活动。唯物主义历史观克服了旧历史观的这两个根本缺陷，从社会各阶级生活和生产的条件出发，"排除了选择某种'主导'思想或解释这种思想时的主观主义和武断态度，揭示了物质生产力的状况是所有一切思想和各种不同趋向的根源"②。因此，由于唯物主义历史观的发现，以往在历史观、政治观、社会观、人性观等方面占支配地位的那种混乱和随意性，被唯物史观这一极其完整严密的科学理论所代替。

二、马克思经济基础与上层建筑思想：根本动力和基本规律

　　马克思经济基础与上层建筑思想揭示历史发展的根本动力和基本规律。生产力与生产关系、经济基础与上层建筑这两对矛盾是社会的根本矛盾，社会发展的两种最根本的动力在于这两对基本矛盾。生产关系一定要适应生产

---

① 中共中央马克思恩格斯列宁斯大林著作编译局. 列宁专题文集·论马克思主义 [M]. 北京：人民出版社，2009：14.

② 中共中央马克思恩格斯列宁斯大林著作编译局. 列宁专题文集·论马克思主义 [M]. 北京：人民出版社，2009：14-15.

力规律、上层建筑一定要适应经济基础规律是社会发展的基本规律。人类社会历史呈现出一个自然发展的过程。

（一）社会历史发展的根本动力：两大基本矛盾

推动社会历史发展的动力是多方面的，唯心史观把社会历史发展的动力归结为人们的思想动机或精神力量，而未能揭示社会历史发展的真正奥秘。唯物史观超越了唯心史观，它没有停留在"精神动力"的层面上认识社会历史，而是透过历史的表象，进一步探寻并发现了社会历史深处的"动力的动力"，这里有马克思非常经典的论述。

在《德意志意识形态》中，马克思说，"从直接生活的物质生产出发阐述现实的生产过程，把同这种生产方式相联系的、它所产生的交往形式即各个不同阶段上的市民社会理解为整个历史的基础，从市民社会作为国家的活动描述市民社会，同时从市民社会出发阐明意识的所有各种不同的理论产物和形式，如宗教、哲学、道德等，而且追溯它们产生的过程。这样做当然就能够完整地描述事物了（因而也能够描述事物的这些不同方面之间的相互作用）。……历史上周期性地重演的革命动荡是否强大到足以摧毁现存一切的基础；如果还没有具备这些实行全面变革的物质因素……那么，正如共产主义的历史所证明的，尽管这种变革的观念已经表述过千百次，但这对于实际发展没有任何意义"①。

在《〈政治经济学批判〉序言》中，马克思说，"人们在自己生活的社会生产中发生一定的、必然的、不以他们的意志为转移的关系，即同他们的物质生产力的一定发展阶段相适合的生产关系。这些生产关系的总和构成社会的经济结构，即有法律的和政治的上层建筑竖立其上并有一定的社会意识形式与之相适应的现实基础。物质生活的生产方式制约着整个社会生活、政治生活和精神生活的过程。不是人们的意识决定人们的存在，相反，是人们的社会存在决定人们的意识。社会的物质生产发展到一定阶段，便同它们一直

① 中共中央马克思恩格斯列宁斯大林著作编译局. 马克思恩格斯文集：第 1 卷 [M]. 北京：人民出版社，2009：544-545.

在其中运动的现存生产关系或财产关系（这只是生产关系的法律用语）发生矛盾。于是这些关系便由生产力的发展形式变成生产力的桎梏。那时社会革命的时代就到来了。随着经济基础的变更，全部庞大的上层建筑也或慢或快地发生变革。……我们判断这样一个变革时代也不能以它的意识为根据；相反，这个意识必须从物质生活的矛盾中，从社会生产力和生产关系之间的现存冲突中去解释。无论哪一个社会形态，在它所能容纳的全部生产力发挥出来以前，是决不会灭亡的；而新的更高的生产关系，在它的物质存在条件在旧社会的胎胞里成熟以前，是决不会出现的。……大体说来，亚细亚的、古希腊罗马的、封建的和现代资产阶级的生产方式可以看作是经济的社会形态演进的几个时代"①。

马克思认为，人类社会是一个由生产力、生产关系、经济基础、上层建筑等基本要素构成的具有复杂结构的有机整体，其中各个因素相互联系、相互作用，推动着整个社会有机体的运动、变化和发展。物质生产方式是社会发展的基础，在此基础上形成的生产力和生产关系的矛盾、经济基础与上层建筑的矛盾是社会发展的基本矛盾和根本动力。这一基本矛盾的运动从根本上决定了各种社会矛盾的产生和发展，决定了各种社会矛盾之间的关系及其转变，决定了社会形态由低级向高级的发展。

对此，恩格斯赞美了马克思的功绩，也强调了这种伟大的发现和贡献。在《卡尔·马克思》中，恩格斯概述了马克思的主要理论贡献和革命活动，阐述了马克思的两个具有划时代意义的伟大发现——唯物史观和剩余价值理论，高度评价了马克思作为无产阶级革命家和理论家伟大的一生。他说，"在马克思使自己的名字永垂科学史册的许多重要发现中，这里我们只能谈两点。"② "第一点就是他在整个世界史观上实现了变革。以前所有的历史观，

---

① 中共中央马克思恩格斯列宁斯大林著作编译局. 马克思恩格斯文集：第2卷［M］. 北京：人民出版社，2009：591-592.

② 中共中央马克思恩格斯列宁斯大林著作编译局. 马克思恩格斯文集：第3卷［M］. 北京：人民出版社，2009：457.

都以下述观念为基础：一切历史变动的最终原因，应当到人们变动着的思想中去寻求，并且在一切历史变动中，最重要的、支配全部历史的又是政治变动。可是，人的思想是从哪里来的，政治变动的动因是什么——关于这一点，没有人发问过。……现在马克思则证明，至今的全部历史都是阶级斗争的历史，在全部纷繁复杂的政治斗争中，问题的中心仅仅是社会阶级的社会的和政治的统治，即旧的阶级要保持统治，新兴的阶级要争得统治。可是，这些阶级又是由于什么而产生和存在的呢？是由于当时存在的物质的、可以实际感觉到的条件，即各个时代社会借以生产和交换的必要生活资料的那些条件。"① 在《路德维希·费尔巴哈和德国古典哲学的终结》中，恩格斯指出，"旧唯物主义在历史领域内自己背叛了自己，因为它认为在历史领域中起作用的精神的动力是最终原因，而不去研究掩藏在这些动力后面的是什么，这些动力的动力是什么。不彻底的地方并不在于承认精神的动力，而在于不从这些动力进一步追溯它的动因。相反，历史哲学，特别是黑格尔所代表的历史哲学，认为历史人物的表面动机和真实动机都绝不是历史事变的最终原因，认为这些动机后面还有应当加以探究的别的动力；但是它不在历史本身中寻找这种动力，反而从外面，从哲学的意识形态把这种动力输入历史。"②恩格斯认为，历史唯物主义的伟大贡献在于找到了"历史发展的动力"。在马克思之前，任何伟大的思想家都没有找到这个根本的动力，所以陷入了历史唯物主义之中。

　　矛盾是推动事物发展的动力，社会领域也不例外。在社会生活中，存在着各种各样的矛盾，其地位和作用各不相同。从社会领域中矛盾的地位和作用来看，社会矛盾有基本矛盾和非基本矛盾之分。社会基本矛盾是指贯穿社会发展过程始终，规定社会发展过程的基本性质和基本趋势，并对社会历史

① 中共中央马克思恩格斯列宁斯大林著作编译局. 马克思恩格斯文集：第 3 卷［M］. 北京：人民出版社，2009：457-458.

② 中共中央马克思恩格斯列宁斯大林著作编译局. 马克思恩格斯文集：第 4 卷［M］. 北京：人民出版社，2009：303.

发展起根本推动作用的矛盾。生产力和生产关系、经济基础和上层建筑的矛盾是社会基本矛盾，这两对矛盾贯穿人类社会发展过程的始终，并规定了社会发展过程中各种社会形态、社会制度的基本性质，制约着社会其他矛盾的存在和发展，决定社会历史的一般进程，推动社会向前发展。根源于社会基本矛盾的阶级斗争、社会革命、改革等，矛盾也在社会发展中具有不同的重要作用。

生产力与生产关系、经济基础与上层建筑的矛盾是社会发展的根本动力。鉴于本书讨论马克思的经济基础与上层建筑思想，所以，本书没有充分展开探讨马克思的生产力与生产关系思想，只在下一段中做个简单的概说，目的还是要重点展开经济基础与上层建筑思想。

生产力是一种既得的力量，它所表现的是人们对于那些用来生产物质资料的自然对象和力量的关系。历史唯物主义在凸显社会存在决定社会意识的时候，也把社会生产力界定为社会存在的范畴。马克思指出，"社会——不管其形式如何——是什么呢？人们能否自由选择某一社会形式呢？绝不能。在人们的生产力发展的一定状况下，就会有一定的交换和消费形式。……人们不能自由选择自己的生产力——这是他们的全部历史的基础，因为任何生产力都是一种既得的力量，是以往的活动的产物。……后来的每一代人都得到前一代人已经取得的生产力并当作原料来为自己新的生产服务，由于这一简单的事实，就形成人们的历史中的联系，就形成人类的历史，这个历史随着人们的生产力以及人们的社会关系的日益发展而成为人类的历史"①，是社会存在和发展的物质基础，是不能任意选择的物质力量和历史活动的前提，是社会基本矛盾中最基本的动力因素，是人类社会发展和进步的最终决定力量。马克思指出，"社会关系和生产力密切相联。随着新生产力的获得，人们改变自己的生产方式，随着生产方式即谋生的方式的改变，人们也就会改变自己的一切社会关系。手推磨产生的是封建主义的社会，蒸汽磨产生的是工业资

---

① 中共中央马克思恩格斯列宁斯大林著作编译局. 马克思恩格斯文集：第 10 卷 [M]. 北京：人民出版社，2009：42-43.

本家的社会"①。生产力决定生产关系的性质，进而决定其他社会关系的基本面貌，决定世界发展的历史进程。生产力是社会进步的根本内容，是衡量社会进步的根本尺度。人类社会是在生产力与生产关系的矛盾中前进的，作为社会历史发展基础的物质生产存在着双重关系，体现为生产力中人与自然的关系以及生产关系中人与人的关系。这双重关系犹如社会历史中的经纬线，构成了社会发展过程中最基本的矛盾。生产力发展既是社会物质文明发展的基本内容，也是制约政治文明、精神文明和生态文明发展的基本物质条件。社会只有在生产力发展的基础上，才有可能充分满足人民群众的物质生活和精神生活的需要。

社会基本矛盾特别是生产力和生产关系的矛盾，决定着社会中其他矛盾的存在和发展。在生产力和生产关系、经济基础和上层建筑这一社会基本矛盾的运动中，生产力和生产关系的矛盾是更为基本的矛盾，它决定经济基础和上层建筑矛盾的产生和发展。如前所述，当旧的生产关系成为生产力发展的桎梏时，生产力就必然要求改变或变革生产关系，而一旦生产关系或经济基础状况发生了变化，就会同原有的上层建筑发生矛盾，并要求改变旧的上层建筑。社会基本矛盾的变化、发展又会引发其他社会矛盾的产生和发展，从这个意义上说，"一切历史冲突都根源于生产力和交往形式之间的矛盾"②，"社会的物质生产力发展到一定阶段，便同它们一直在其中运动的现存生产关系或财产关系（这只是生产关系的法律用语）发生矛盾。于是这些关系便由生产力的发展形式变成生产力的桎梏。那时社会革命的时代就到来了"③ "我们判断这样一个变革时代也不能以它的意识为根据；相反，这个意识必须从

① 中共中央马克思恩格斯列宁斯大林著作编译局. 马克思恩格斯文集：第1卷［M］. 北京：人民出版社，2009：602.
② 中共中央马克思恩格斯列宁斯大林著作编译局. 马克思恩格斯文集：第1卷［M］. 北京：人民出版社，2009：567-568.
③ 中共中央马克思恩格斯列宁斯大林著作编译局. 马克思恩格斯文集：第2卷［M］. 北京：人民出版社，2009：591-592.

物质生活的矛盾中，从社会生产力和生产关系之间的现存冲突中去解释"①。经济基础和上层建筑的矛盾也会影响和制约生产力和生产关系的矛盾。这是因为，生产力和生产关系的矛盾的最终解决还有赖于经济基础和上层建筑的矛盾的解决。生产关系或经济基础的变化，不仅决定于生产力的发展，而且受制于社会意识形态和政治法律制度即上层建筑的变化或变革。当上层建筑适应新的经济基础时，这样就必然会促进经济和社会的进步；当上层建筑不适应经济基础状况并阻碍生产力的发展时，只有解决了经济基础和上层建筑的矛盾，才能解决生产力和生产关系的矛盾，进而解放生产力、发展生产力。

（二）社会发展的两大基本规律

社会有其基本矛盾，这种矛盾运动形成社会发展的基本规律。生产力与生产关系、经济基础与上层建筑之间的矛盾，是人类社会基本矛盾。生产力与生产关系矛盾运动的规律、经济基础与上层建筑矛盾运动的规律，是人类社会发展的基本规律。本书不讨论生产力与生产关系的关系及其矛盾运动，重点讨论经济基础与上层建筑的关系及其矛盾运动。马克思把社会比喻为一座大厦，并把社会关系区分为经济基础和上层建筑两部分。经济基础与上层建筑矛盾运动的规律，是人类社会发展的两大基本规律之一。

在上文的动力和矛盾论述中，我们已经分析这种根本动力、基本矛盾就是社会历史发展的规律，对此，恩格斯有深刻的评价。在《在马克思墓前的讲话》中，他指出，"正像达尔文发现有机界的发展规律一样，马克思发现了人类历史的发展规律，即历来为繁芜丛杂的意识形态所掩盖着的一个简单事实：人们首先必须吃、喝、住、穿，然后才能从事政治、科学、艺术、宗教等等；所以，直接的物质的生活资料的生产，从而一个民族或一个时代的一定的经济发展阶段，便构成基础，人们的国家设施、法的观点、艺术以至宗教观念，就是从这个基础上发展起来的，因而，也必须由这个基础来解释，

① 中共中央马克思恩格斯列宁斯大林著作编译局. 马克思恩格斯文集：第2卷［M］. 北京：人民出版社，2009：592.

而不是像过去那样做得相反"①。在为马克思的《路易·波拿巴的雾月十八日》第三版序言中，他指出，"正是马克思最先发现了重大的历史运动规律。根据这个规律，一切历史上的斗争，无论是在政治、宗教、哲学的领域中进行的，还是在其他意识形态领域中进行的，实际上只是或多或少明显地表现了各社会阶级的斗争，而这些阶级的存在以及它们之间的冲突，又为它们的经济状况的发展程度、它们的生产的性质和方式以及由生产所决定的交换的性质和方式所制约。这个规律对于历史，同能量转化定律对于自然科学具有同样的意义"②。

经济基础与上层建筑是辩证统一的，经济基础与上层建筑之间存在和发生内在的、必然的、本质的联系。经济基础是指由社会一定发展阶段的生产力所决定的生产关系的总和。我们要想理解经济基础的内涵就要把握社会的一定发展阶段，往往存在多种生产关系，但决定一个社会性质的是其中占支配地位的生产关系。上层建筑是建立在一定经济基础之上的意识形态以及与之相适应的制度、组织和设施。自原始社会解体以来，上层建筑由意识形态以及政治法律制度及设施和政治组织构成，意识形态又称为观念上层建筑，主要包括政治法律思想、道德、艺术、宗教、哲学等。政治法律制度及设施和政治组织又称为政治上层建筑，包括国家政治制度、立法司法制度和行政制度，以及国家政权机构、政党、军队、警察、法庭、监狱等政治组织形态和设施。经济基础决定上层建筑，上层建筑反作用于经济基础，二者相互影响、相互作用。首先，经济基础决定上层建筑。马克思指出，"但是，这种由生产关系本身产生的经济制度的全部结构，以及它的独特的政治结构，都是建立在上述的经济形式上的。任何时候，我们总是要在生产条件的所有者同直接生产者的直接关系——这种关系的任何形式总是自然地同劳动方式和劳

---

① 中共中央马克思恩格斯列宁斯大林著作编译局. 马克思恩格斯文集：第 3 卷 [M]. 北京：人民出版社，2009：601.

② 中共中央马克思恩格斯列宁斯大林著作编译局. 马克思恩格斯文集：第 2 卷 [M]. 北京：人民出版社，2009：469.

动社会生产力的一定的发展阶段新适应——当中，为整个社会结构，从而也为主权和依附关系的政治形式，总之，为任何当时的独特的国家形式，找出最深的秘密，找出隐蔽的基础"①。经济基础是上层建筑赖以产生、存在和发展的物质基础，上层建筑是经济基础得以确立统治地位并获得巩固和发展不可缺少的政治、思想条件。任何上层建筑的产生、存在和发展，都能直接或间接地从社会的经济结构中得到说明。经济基础的性质决定上层建筑的性质，有什么样的经济基础就有什么样的上层建筑，经济基础的变更必然引起上层建筑的变革，并决定其变革的方向。其次，上层建筑对经济基础具有反作用。马克思指出，"我们在亚洲各国经常可以看到，农业在某一个政府统治下衰落下去，而在另一个政府统治下又复兴起来。收成的好坏在那里决定于政府的好坏，正像在欧洲决定于天气的好坏一样"②。这种反作用集中体现在上层建筑为自己的经济基础的形成和巩固服务中，确立或维护其在社会中的统治地位。统治阶级总是利用和依靠自己在政治上、思想上的统治地位，通过国家政权和意识形态的力量，排除异己势力及其思想，力图将社会特别是经济关系控制在"秩序"的范围之内，维护自己在经济基础上的统治地位和根本利益。

经济基础和上层建筑之间的内在联系构成了上层建筑一定要适合经济基础状况的规律。这里的"一定要适合"是指经济基础状况决定上层建筑的发展方向，决定上层建筑相应的调整或变革，上层建筑的反作用也必须取决于和服从于经济基础的性质和客观要求。换言之，经济基础与上层建筑的相互作用、矛盾运动体现着二者之间内在的、本质的、必然的联系，这就是上层建筑一定要适合经济基础状况的规律。上层建筑一定要适合经济基础状况规律的含义：经济基础决定上层建筑的性质和发展方向，凡是在性质和形式上

---

① 中共中央马克思恩格斯列宁斯大林著作编译局. 马克思恩格斯全集：第 25 卷［M］. 北京：人民出版社，1974：891-892.

② 中共中央马克思恩格斯列宁斯大林著作编译局. 马克思恩格斯全集：第 9 卷［M］. 北京：人民出版社，1961：146.

适合经济基础状况和发展的上层建筑，就能够继续存在下去，否则，就意味着这种上层建筑丧失了存在的必然性；上层建筑反作用于经济基础，上层建筑为经济基础服务只有在上层建筑适合经济基础状况时才能形成正面效应，否则，就会出现阻碍经济基础发展和变革的情况，而经济发展的趋势是绝不会让这种不适合的情况长期存在下去的。

上层建筑一定要适合经济基础状况的规律，概括了经济基础与上层建筑相互作用、矛盾运动的本质关系和主要内容。其中，有两点特别突出：一是在经济基础与上层建筑的相互作用、矛盾运动中，经济基础具有决定性，上层建筑一定要适合经济基础的性质、水平和客观要求，这种确定的关系是不可逆和不能改变的；二是上层建筑一定要适合经济基础状况的这个规律是客观的，不以任何人的意志为转移，因而必须遵循，不能违背。

同生产关系一定要适合生产力状况的规律一样，上层建筑一定要适合经济基础状况的规律也是社会发展的基本规律，是无产阶级政党观察和研究社会历史问题的基本依据，是制定自己路线、方针和政策的基本依据。自觉地把握这两个规律，对于我们坚持和发展社会主义，坚持和全面深化改革开放，具有直接的现实意义。

生产力和生产关系的矛盾和经济基础与上层建筑的矛盾密切相关。生产关系的总和构成经济基础，生产力与生产关系的矛盾决定着经济基础与上层建筑的矛盾，生产力与生产关系矛盾的解决又依赖于经济基础与上层建筑矛盾的解决。生产力与生产关系、经济基础与上层建筑这两对矛盾的内容涵盖了社会生活的基本领域，构成了社会的基本矛盾，并形成了社会发展的基本规律。因此，我们在理解生产力与生产关系的矛盾运动及其规律后，还需要了解经济基础与上层建筑的矛盾运动及其规律。"只有把生产力和生产关系的矛盾运动同经济基础和上层建筑的矛盾运动结合起来观察，把社会基本矛盾作为一个整体来观察，才能全面把握整个社会的基本面貌和发展方向。"①

---

① 习近平. 论党的宣传思想工作 [M]. 北京：中央文献出版社，2020：34.

　　马克思经济基础与上层建筑思想科学揭示了"两个必然""两个决不会"的重大历史判断。"两个必然""两个决不会"是马克思给我们的结论。在《共产党宣言》中，马克思指出，"资产阶级的灭亡和无产阶级的胜利是同样不可避免的。"① 在《〈政治经济学批判〉序言》中，马克思指出，"无论哪一个社会形态，在它所能容纳的全部生产力发挥出来之前，是决不会灭亡的；而新的更高的生产关系，在它的物质存在条件在旧社会的胎胞里成熟以前，是决不会出现的。"② 这种结论只有从马克思的经济基础与上层建筑思想的高度去认识和把握，才能把问题讲清楚，才能从根本上给予科学的回答。"理论只要说服人，就能掌握群众；而理论只要彻底，就能说服人。"③ 如果我们能从马克思经济基础与上层建筑思想上找到做出这个结论的理论依据，就能把这个结论阐述得科学、解读得透彻。这个结论就有了理论的彻底性，就能说服人，就会掌握群众，就会产生强大的现实力量，就能无往而不胜。

　　（三）社会发展是一个自然历史过程

　　马克思、恩格斯揭示的生产力与生产关系矛盾运动的规律和经济基础与上层建筑矛盾运动的规律，是人类社会发展的一般规律，这些规律决定了社会形态的更替和历史发展的基本趋势。社会发展呈现出一个五种社会形态的基本过程，但是，由于社会发展的复杂性和曲折性，社会形态的更替在遵循一般规律的同时，也会表现出一些特殊的形式。

　　社会形态的发展是自然历史过程。马克思确定了社会经济形态的概念、社会形态概念，揭示了这种形态的发展是自然历史过程。马克思指出，"我的观点是社会经济形态的发展是一种自然历史过程；不管个人在主观上怎样超

① 中共中央马克思恩格斯列宁斯大林著作编译局. 马克思恩格斯文集：第 2 卷 [M]. 北京：人民出版社，2009：43.
② 中共中央马克思恩格斯列宁斯大林著作编译局. 马克思恩格斯文集：第 2 卷 [M]. 北京：人民出版社，2009：592.
③ 中共中央马克思恩格斯列宁斯大林著作编译局. 马克思恩格斯文集：第 1 卷 [M]. 北京：人民出版社，2009：11.

脱各种关系，他在社会意义上总是这些关系的产物"① "无论哪一个社会形态，在它所能容纳的全部生产力发挥出来以前，是决不会灭亡的；而新的更高的生产关系，在它存在的物质条件在旧社会的胎胞里成熟以前，是决不会出现的。……大体说来，亚细亚的、古希腊罗马的、封建的和现代资产阶级的生产方式可以看作是社会经济形态演进的几个时代"② "总之，各个人借以进行生产的社会关系，即社会生产关系，是随着物质生产资料、生产力的变化和发展而变化和改变的。生产关系总合起来就构成为所谓社会关系，构成所谓社会，并且是构成一个处于一定历史发展阶段上的社会，具有独特特征的社会。古代社会、封建社会和资产阶级社会都是这样的生产关系的总和，而其中每一个生产关系的总和同时又标志着人类历史发展中的一个特殊阶段"③。这种思想是深刻的，它拨开历史的迷雾，揭示历史发展规律。

列宁高度评价这一思想："社会学中这种唯物主义思想本身已经是天才的思想。当然，这在那时暂且还只是一个假设，但是，是一个第一次使人们有可能以严格的科学态度对待历史问题和社会问题的假设。在这以前，社会学家不善于往下探究像生产关系这样简单和这样原始的关系，而径直着手探讨和研究政治法律形式，一碰到这些形式是由当时人类某种思想产生的事实就停留下来；这样一来，似乎社会关系是由人们自觉地建立起来的。……这个假设之所以第一次使科学的社会学的出现成为可能，还由于只有把社会关系归结于生产关系，把生产关系归结于生产力的水平，才能有可靠的根据把社会形态的发展看做自然历史过程。不言而喻，没有这种观点，也就不会有社会科学。"④ 列宁说："马克思关于社会经济形态发展的自然历史过程这一基

---

① 中共中央马克思恩格斯列宁斯大林著作编译局. 马克思恩格斯全集：第23卷［M］. 北京：人民出版社，1972：12.

② 中共中央马克思恩格斯列宁斯大林著作编译局. 马克思恩格斯全集：第13卷［M］. 北京：人民出版社，1962：9.

③ 中共中央马克思恩格斯列宁斯大林著作编译局. 马克思恩格斯全集：第6卷［M］. 北京：人民出版社，1961：487.

④ 中共中央马克思恩格斯列宁斯大林著作编译局. 列宁专题文集·论辩证唯物主义和历史唯物主义［M］. 北京：人民出版社，2009：160-161.

本思想，从根本上摧毁了以社会学自命的幼稚说教。马克思究竟怎样得出这个基本思想的呢？他所用的方法就是从社会生活的各种领域中划分出经济领域，从一切社会关系中划分出生产关系，即决定其余一切关系的基本的原始的关系。"[①] 这就是著名的"两个归结于""两个划分出"思想，深刻概括了社会是一个自然历史过程，深刻揭示了马克思把握社会本质及其发展规律的原因所在。

社会形态是关于社会运动的具体形式、发展阶段和不同质态的范畴，是同生产力发展一定阶段相适应的经济基础与上层建筑的统一体。社会形态包括社会的经济形态、政治形态和意识形态，是三者具体的、历史的统一。经济形态是社会形态的基础，生产资料所有制关系具有决定性的意义，因而，马克思经常把"社会形态"与"经济的社会形态"在同一意义上使用，说明"生产关系总和"是社会形态的本质方面。建立在经济基础之上的上层建筑则是社会形态不可分割的组成部分。一定的社会形态总要以一定的社会制度形式呈现出来，社会制度能够集中体现社会形态的性质，所以人们在日常生活中往往用社会制度来指代社会形态。人类社会是不断发展的，社会的根本性变革和进步就是通过社会形态的更替实现的。由于生产力与生产关系、经济基础与上层建筑的矛盾，社会形态呈现出一个自然历史过程，这是人类社会历史发展的必然性。

第二节　从"社会结构"思想角度的分析

论述经济、政治和文化三者关系之时，在不少的地方，马克思的基础（经济基础）、上层建筑概念与社会结构、经济结构、政治结构概念一同出现。

[①] 中共中央马克思恩格斯列宁斯大林著作编译局. 列宁专题文集·论辩证唯物主义和历史唯物主义 [M]. 北京：人民出版社，2009：158-159.

显然,"社会结构"思想就是经济基础与上层建筑思想。有时,马克思是从经济基础与上层建筑的角度来论证、阐述社会结构思想,有时,是从社会结构的角度来论证、阐述经济基础与上层建筑思想。所以,我们分析马克思经济基础与上层建筑思想的时候,自然而然涉及"社会结构"概念和思想,而当我们分析历史唯物主义的"社会结构"思想的时候,自然而然论及经济基础与上层建筑概念及其关系。作为历史唯物主义的创立者,马克思非常重视"社会结构"概念和思想,从"社会结构"的视角分析经济、政治和文化及其三者之间的矛盾运动,揭示社会的本质和发展规律。

我们从"社会结构"的角度对经济基础与上层建筑辩证关系进行深刻揭示和阐述。马克思经济基础与上层建筑思想是一种科学的"社会结构"思想。我们从"社会结构"的视角对马克思经济基础与上层建筑思想进行研究,不但有利于我们进一步深刻地理解该思想,更有利于我们解决社会发展中遇到的一些"社会问题",包括政治、经济和文化问题。

一、"社会结构"思想:关于经济基础与上层建筑的思想

马克思在阐述经济、政治和文化三者关系的时候,既有提出基础(经济基础)与上层建筑的概念,又有明确提出经济结构、政治结构和社会结构等概念,并且赋予社会结构思想极其丰富的内涵。

在《德意志意识形态》中,他明确提出"社会结构"概念以及"政治结构"概念。他指出,"以一定的方式进行生产活动的一定的个人,发生一定的社会关系和政治关系。经验的观察在任何情况下都应当根据经验来揭示社会结构和政治结构同生产的联系……社会结构和国家总是从一定的个人的生活过程中产生的"①。这说明,社会结构根源于物质生产活动,以社会关系为内容,社会结构是社会实践活动对象化的产物。在《〈政治经济学批判〉序言》中,马克思使用了"经济结构"概念,他强调,"人们在自己生活的社会生产

---

① 中共中央马克思恩格斯列宁斯大林著作编译局. 马克思恩格斯文集:第1卷[M]. 北京:人民出版社,2009:523-524.

中发生的一定的、必然的、不以他们的意志为转移的关系，即同他们的物质生产力的一定发展阶段相适合的生产关系。这些生产关系的总和构成社会的经济结构，即有法律的和政治的上层建筑竖立其上并有一定的社会意识形式与之相适应的现实基础。"① 在《德意志意识形态》中，马克思分析了"社会结构"的根源和内容；在《〈政治经济学批判〉序言》中，马克思高度概述了历史唯物主义的"社会结构"思想。这段论述揭示出，从内容上看，社会结构以人们之间的社会关系为内容；从形式上看，经济结构、政治形式和意识形态构成了社会的基本结构。由于整个社会结构犹如一座庞大的建筑，其中，政治形式和意识形态是建立在经济结构基础上的，所以，马克思又把社会结构形象描绘为经济基础与上层建筑的统一体。

《资本论》则被认为"是马克思社会结构理论的最具体、最充分的表述"②。马克思的"社会结构"思想在他的一些经典文本中都有丰富的呈现，比如《资本论》。《资本论》不仅是卓越的经济学著作，而且更是伟大的哲学著作。在《资本论》中，马克思对社会结构以及社会结构这个统一体中的经济、政治和文化的关系做了深入阐释。他有一段论述是非常经典的，"任何时候，我们总是要在生产条件的所有者同直接生产者的直接关系——这种关系的任何形式总是自然地同劳动方式和劳动社会生产力的一定的发展阶段相适应——当中，为整个社会结构，从而也为主权和依附关系的政治形式，总之，为任何当时的独特的国家形式，找出最深的秘密，找出隐蔽的基础。"③ 马克思指出，经济基础决定上层建筑，社会经济结构决定政治结构。国家形式是政治形式的核心，而政治形式建立在经济结构的基础之上，反映的是阶级或阶层的经济利益。国家的产生是阶级斗争的结果，国家本质上是一个阶级概念、政治概念。国家是社会特殊利益与共同利益矛盾的产物，"正是由于特殊

---

① 中共中央马克思恩格斯列宁斯大林著作编译局. 马克思恩格斯文集：第 2 卷 [M]. 北京：人民出版社，2009：591.

② 瞿铁鹏. 马克思主义社会理论 [M]. 上海：上海人民出版社，2014：59.

③ 中共中央马克思恩格斯列宁斯大林著作编译局. 马克思恩格斯全集：第 25 卷 [M]. 北京：人民出版社，1974：891-892.

利益和共同利益之间的这种矛盾，共同利益才采取国家这种与实际的单个利益和全体利益相脱离的独立形式"①，这种从社会中产生但又凌驾于社会之上并统治社会的国家，本质上就是统治阶级为了保障自己的根本利益、整体利益而必然采取的一种社会组织形式，是阶级统治的政治形式。从本质上看，"国家是统治阶级的各个人借以实现其共同利益的形式"②，只不过为了掩盖其"一个阶级统治着其他一切阶级"③ 的实质，国家"采取虚幻共同体的形式"④。

马克思既从经济基础与上层建筑的视角来论述经济、政治和文化三者的关系，也用社会结构、经济结构、政治结构的论述来阐明经济、政治和文化的关系。在上述的《德意志意识形态》《〈政治经济学批判〉序言》《资本论》这些经典文本中，我们可以看出，马克思的社会结构思想科学阐释了经济基础与上层建筑及其辩证关系，并且体现出了主体性、客观性、实践性这些极其重要的理论原则。

二、历史唯物主义"社会结构"思想："决定论"思想

马克思的社会结构思想完全能够表述马克思的经济基础与上层建筑思想。显而易见，历史唯物主义的社会结构思想可以概括为社会结构是经济结构（经济基础）、政治结构（法律的和政治的上层建筑）和文化结构（一定的社会意识形式）的有机统一整体。具体而言，在这个统一体中，经济结构决定政治结构和文化结构，政治结构和文化结构对经济结构有反作用，三者之间的矛盾运动推动人类社会的变化和发展。

---

① 中共中央马克思恩格斯列宁斯大林著作编译局. 马克思恩格斯文集：第1卷 [M]. 北京：人民出版社，2009：536.
② 中共中央马克思恩格斯列宁斯大林著作编译局. 马克思恩格斯文集：第1卷 [M]. 北京：人民出版社，2009：584.
③ 中共中央马克思恩格斯列宁斯大林著作编译局. 马克思恩格斯文集：第1卷 [M]. 北京：人民出版社，2009：536.
④ 中共中央马克思恩格斯列宁斯大林著作编译局. 马克思恩格斯文集：第1卷 [M]. 北京：人民出版社，2009：536.

　　生产力与生产关系、经济基础与上层建筑的矛盾，规定并反映了社会基本结构的性质和基本面貌，涉及社会的基本领域，囊括社会结构的主要方面。社会基本结构主要包括经济结构、政治结构和观念结构。经济结构有广义和狭义之分，广义的经济结构是指生产方式，包含生产力和生产关系两个方面；狭义的经济结构是指经济关系或经济制度，这里指的是广义的经济结构。政治结构是指建立在经济结构之上的政治上层建筑，即政治法律制度及设施和政治组织。观念结构中的主要部分是以经济结构为基础，并反映一定社会经济和政治状况的社会意识形态，即观念上层建筑。社会基本矛盾实际上也就是社会基本结构要素之间的矛盾。

　　社会结构是实践活动的对象化和交往活动的制度化，是社会关系的规范化和制度化的呈现和描述。社会结构是关系的结构，社会结构是交互作用的结构，马克思指出，"社会不是由个人构成，而是表示这些个人彼此发生的那些联系和关系的总和"①。这种社会关系不是先于人的活动而形成的，而是生成于人们改造自然的生产活动中，生成于人与人之间的交互作用中，正是在这种交互作用中形成了人与人之间的社会关系，即形成了社会。马克思说，"社会——不管其形式如何——是什么呢？是人们交互活动的产物"②，一定意义上说，社会关系即是个人之间的交往关系。马克思提出社会结构、经济结构、政治结构的概念，认为社会结构根源于物质生产活动，他说，"以一定的方式进行生产活动的一定的个人，发生一定的社会关系和政治关系。经验的观察在任何情况下都应当根据经验来解释社会结构和政治结构同生产的联系……社会结构和国家总是从一定的个人的生产过程中产生的"③，这就是说，社会结构是以社会关系为内容的，它产生于物质生产活动中，是人们实

①　中共中央马克思恩格斯列宁斯大林著作编译局. 马克思恩格斯全集：第46卷（上）[M]. 北京：人民出版社，1979：220.

②　中共中央马克思恩格斯列宁斯大林著作编译局. 马克思恩格斯文集：第10卷 [M]. 北京：人民出版社，2009：43.

③　中共中央马克思恩格斯列宁斯大林著作编译局. 马克思恩格斯文集：第1卷 [M]. 北京：人民出版社，2009：524.

践活动的对象化。社会结构根源于物质生产活动，直接形成于人们之间的交往活动之中。人们之间的规范化、制度化形成了交往的秩序和结构，形成了社会制度体系。人们之间的经济交往、政治交往和文化交往及其规范化，构成了社会的经济制度、政治制度和文化制度。马克思把社会结构形象描述为经济基础和上层建筑的统一体，"人们在自己生活的社会生产中发生一定的、必然的、不以他们的意志为转移的关系，即同他们的物质生产力的一定发展阶段相适合的生产关系。这些生产关系的总和构成社会的经济结构，即有法律和政治的上层建筑竖立其上并有一定的社会意识形式与之相适应的现实基础。物质生活的生产方式制约着整个社会生活、政治生活和精神生活的过程"①。

马克思指出，物质生活的生产方式制约着整个"政治生活和精神生活"②。经济结构决定政治结构和文化结构的内涵，与经济基础决定上层建筑的思想是一致的，而政治结构和文化结构要"与之相适应"③，这种"相适应"也隐含着被决定和反作用的意思。马克思的意思也是非常明显，由于经济结构的决定作用，社会历史相似于一个"自然历史过程"④，社会经历是一个从低级到高级的发展形态，社会形态的发展表现为一个规律性过程，由于政治结构和文化结构的反作用，社会形态呈现出偶然性和复杂性。历史唯物主义的社会结构思想揭示了社会历史的本质和发展规律。

历史唯物主义就是"关于人类社会结构和发展规律的理论和学说"⑤，社会结构是历史唯物主义的总体性概念，社会结构思想构成历史唯物主义的重

① 中共中央马克思恩格斯列宁斯大林著作编译局. 马克思恩格斯文集：第2卷［M］. 北京：人民出版社，2009：591.
② 中共中央马克思恩格斯列宁斯大林著作编译局. 马克思恩格斯文集：第2卷［M］. 北京：人民出版社，2009：591.
③ 中共中央马克思恩格斯列宁斯大林著作编译局. 马克思恩格斯文集：第2卷［M］. 北京：人民出版社，2009：591.
④ 中共中央马克思恩格斯列宁斯大林著作编译局. 马克思恩格斯文集：第5卷［M］. 北京：人民出版社，2009：21.
⑤ 陈先达. 马克思早期思想研究［M］. 北京：中国人民大学出版社，2006：8.

要内容。我们正确认识社会结构思想与历史唯物主义、社会发展理论的关系是至关重要的。历史之谜并不神秘，打开历史之谜大门的钥匙在于社会结构思想。认识社会发展的本质和规律，在于正确认识社会结构，即生产力、生产关系（经济基础）和上层建筑的矛盾运动。我们正确认识社会结构思想，才能真正掌握历史唯物主义的社会发展理论，真正掌握历史唯物主义和马克思主义。

历史唯物主义以及社会发展理论所涉及的最主要概念、内容不外乎就是生产力与生产关系、经济基础与上层建筑本身及其关系。其实，这些概念、内容都属于社会结构思想的范畴，准确地说，应该概括为历史唯物主义的"社会结构"思想。这一点显得极其重要，然而，遗憾的是，目前学界在这方面的研究尚有缺陷。我们往往将社会结构思想淹没在社会形态思想之中，分散在关于生产力、生产关系（经济基础）和上层建筑的相关论述中，容易造成理解上的混乱，更不利于揭示社会结构理论的优越性。

三、"社会结构"思想的方法论意义

在社会实践中，深入地阐释历史唯物主义的社会结构思想，凸显社会结构思想的当代性和现实价值，对我们来说尤为重要。坚持历史唯物主义的指导作用，在一定意义上，就是要坚持历史唯物主义的社会结构思想，坚持历史唯物主义社会结构思想的立场、观点和方法。我们只有深刻理解历史唯物主义的社会结构思想，才能真正科学把握历史唯物主义和社会发展理论。在下文中，笔者继续深入研究历史唯物主义的"社会结构"思想。下文通过社会结构与社会形态、社会有机体的比较研究，通过"社会结构"思想与结构主义、整体主义的辨析，揭示历史唯物主义"社会结构"思想的内涵和科学性，从而阐述马克思经济基础与上层建筑思想。

（一）社会结构：社会有机体范畴（关系的结构）

结构，就是结合、构成，它是指组成整体的各个部分的成分安排和比例搭配，它是一个整体，由各部分构成，其性质由各部分的成分和比例决定。

人们平时讲的土木结构、钢筋水泥结构，这种结构的成分和比例不会发生变化，这种结构就是一个"晶体"，它僵硬不变。在人文社会科学领域，结构的含义比较丰富，结构是一个整体，而且是一个变化的整体，它是一个系统。结构、系统由要素组成，由于各组成要素的相互作用，结构、系统呈现出动态变化的样态。比如，在经济学中，产业结构包括第一、第二、第三产业，这三大产业的构成及各产业之间的联系和比例是动态变化的，产业结构是动态变化的结合、构成。也就是说，结构有"不变"和"变"两种类型，而历史唯物主义的社会结构不同于建造学意义上的结构概念，相似于经济学意义上的结构概念，它表示一个动态、变化的整体。

社会结构是一个有机体概念，不是僵硬不变的"晶体"，而是一个系统，一个活的有机体。这里的根源就在于社会结构是关系的结构，关系是指人与人之间的关系，这种关系是变化的。历史唯物主义以为，社会结构是指社会要素之间相互关联的方式，它的内容就是人与人之间的社会关系。在社会中，人们之间的社会关系形成于生产活动、交往活动（如政治、思想文化等），而生产活动、交往活动的规范化、制度化形成社会结构。

马克思指出，"社会不是由个人构成，而是表示这些个人彼此发生的那些联系和关系的总和"①。社会是社会关系的联结方式，社会结构是社会关系的结构，而这种社会关系又是产生于社会交往的活动中，"社会——不管其形式如何——是什么呢？是人们交互活动的产物"②，可见，社会是交互活动的产物，社会结构是关系的结构。从内容上讲，社会就是人与人之间的关系，人具有主体性，人与人之间的关系变动不居，人创造出整个社会结构，那么，在社会结构这个统一体中，它就并非僵硬不变的结晶体。换言之，各个组成要素之间互相关联、互相结合，这里既有各个要素之间量上的对比关系，又

---

① 中共中央马克思恩格斯列宁斯大林著作编译局. 马克思恩格斯全集：第 46 卷（上）[M]. 北京：人民出版社，1979：220.

② 中共中央马克思恩格斯列宁斯大林著作编译局. 马克思恩格斯文集：第 10 卷 [M]. 北京：人民出版社，2009：43.

有各个要素本身质上的对比关系，由于它们之间相互作用、相互制约，所以，社会结构呈现动态变化的样态。从根源上看，社会结构产生于人们的物质生活活动，是实践活动的对象化和交往活动的制度化；从内容上看，社会结构以人们之间的社会关系为内容；从形式上看，经济结构、政治形式和意识形态构成了社会的基本结构。

社会结构是"变"的，这符合社会有机体的内涵。马克思提出了社会有机体思想，他认为，"现在的社会不是坚实的结晶体，而是一个能够变化并且经常处于变化过程中的有机体"①，这个有机体思想，就是突出一个"变"字，就是运动、变化和发展。有机体为什么会有这个特性？他做了分析、解释，这是因为，"一切关系在其中同时存在而又互相依存"②，即其中的组成要素之间相互作用、发生关系。"变"是必然存在和发生的，社会有机体不是结晶体，结晶体是僵死不变的整体，社会有机体是运动、变化和发展的整体，它是一个系统。作为历史唯物主义的伟大继承者和创造者，列宁对此的认识是极其深刻的，他认为社会有机体思想是历史唯物主义的重要理论，它为理解社会结构和发展规律提供了科学的方法论。列宁高度评价这种辩证方法，他强调，"马克思和恩格斯称之为辩证方法（它与形而上学方法相反）的，不是别的，正是社会学中的科学方法，这个方法把社会看做处在不断发展中的活的机体"③。这种"活的机体"不是机械结合起来因而可以把各种社会要素随便配搭起来的一种什么东西，随便搭配起来的东西是死的，不是活的，它是不会"变"的。这种社会有机体理论的实质就在于它把社会及其组成部分看成是运动、变化和发展的状态。

---

① 中共中央马克思恩格斯列宁斯大林著作编译局. 马克思恩格斯文集：第5卷［M］. 北京：人民出版社，2009：10-13.

② 中共中央马克思恩格斯列宁斯大林著作编译局. 马克思恩格斯文集：第1卷［M］. 北京：人民出版社，2009：604.

③ 中共中央马克思恩格斯列宁斯大林著作编译局. 列宁专题文集·论辩证唯物主义和历史唯物主义［M］. 北京：人民出版社，2009：185.

（二）与结构主义、整体主义的比较

社会结构思想具有实践性、主体性和整体性特征，这些理论特征将其与结构主义和整体主义区分开来。笔者在此力图通过分析结构主义和整体主义对结构的理解，并将其与历史唯物主义的社会结构思想进行比较，进而彰显历史唯物主义社会结构思想的理论优点和魅力。

1. 社会结构思想与结构主义的差异

结构主义标榜自己立足科学、反对人本、剔除意识形态，所以，结构主义反对人性自由和选择的观点，反对"人是创造历史的主体"，宣称"历史无主体"。结构主义拒斥主体、拒斥人，这无非是反对人的实践和实践的人，这种观点有失公允，因为历史无非是人的历史、人的活动而已。社会是有主体的，主体是人，而人是实践的，实践构成生存本体。历史唯物主义强调人的主体性，充分展现人的主体作用，它不同意社会历史是一个无主体过程的说法，因此也坚决反对社会和历史无主体的思想。社会结构思想强调人，强调人与人所形成的社会关系并研究这种社会关系，社会结构的内容是社会关系，不管经济关系、政治关系还是思想关系，都是人通过实践活动所创造的。实践活动体现出人的主体性，是人的存在方式，通过实践所形成的这些社会关系、社会交往和社会结构都体现出人的主体性，所以，我们反对结构主义，历史唯物主义不是结构主义。

历史唯物主义认为，实践是指"人以自身的活动来中介、调整和控制人和自然之间的物质变换的过程"[①]。实践是人改变客观世界的对象化活动，正确认识实践，就要做到正确认识实践的客观性和人的主体性。毋庸置疑，实践是人的实践，实践的主体是人，在这种社会关系的联结方式中，人既是历史的"剧中人"，又是"剧作者"。马克思认为要从主体的角度，从人的实践活动和人的交往关系的角度去把握社会结构思想，换言之，在理解社会结构思想时，历史唯物主义强调实践，强调人的主体性。

[①] 中共中央马克思恩格斯列宁斯大林著作编译局. 马克思恩格斯文集：第5卷［M］. 北京：人民出版社，2009：207-208.

　　社会结构和社会关系是在人的物质生产和交互活动这些实践活动中形成的，是人们实践活动的对象化。从根本上讲，人们交往活动立足于物质生产实践，物质生产实践的需要产生人们的交互活动。实践的观点是历史唯物主义的首要的观点，马克思认为，"全部社会生活在本质上是实践的"①，这里强调，实践构成社会生活的本质，人与自然的关系和人与人的关系都产生于实践活动中。社会结构的内容是社会关系，社会结构产生于社会实践，并且，社会结构服务于社会实践，由实践来进行检验，所以，我们要重视社会结构和社会关系的实践性。如上所述，社会结构是社会中的人在实践中产生关系的联结方式，社会结构的内容是社会关系，社会结构是社会中人的关系的结构，社会关系产生于人们的交往活动之中，可以说，交往产生关系，关系创立结构。具体而言，人们的交往有经济交往、政治交往和思想交往，经济交往对应经济关系，政治交往对应政治关系，思想交往对应文化关系，换言之，社会结构是社会关系即经济关系、政治关系和思想关系的有机联结方式。经济交往活动的规范化、制度化构成社会经济结构，同样，政治交往和思想交往的规范化、制度化分别构成社会的政治结构、文化结构。社会结构的产生和发展在于交往即社会实践。

　　实践是人运用物质的力量对客观世界的改造，它是主体的人和客体的物质世界之间的一种互相作用，是主体、中介到客体的客观过程。这就意味着，第一，实践是主体性原则。马克思始终把实践和主体联系在一起来考察人类历史，并认为人既是历史的剧中人，又是历史的剧作者。人们在一定的社会关系中生活、活动，变革、创造这种社会关系。第二，实践也是客体性原则。实践是以自然界为改造对象的，自然界的优先地位不能缺失，自然界是前提、条件。实践原则就是肯定客体的重要性，总之，实践注重人和自然界，既肯定了人，也肯定了自然界，只有实践，才能把这两者统一起来。历史唯物主义立足于实践的原则，科学地解决社会历史和人类发展的一系列问题，形成

---

① 中共中央马克思恩格斯列宁斯大林著作编译局. 马克思恩格斯文集：第 1 卷［M］. 北京：人民出版社，2009：501.

了历史唯物主义，这也是马克思的历史功绩和历史唯物主义的伟大之处。这个理论实质也成了历史唯物主义社会结构思想的一个显著特征。

社会是一个笼统的概念，比较抽象，对社会的分析，我们可以采取一些视角和维度，比如，结构的视角、文化的视角、系统的视角、过程的视角等等。从结构的视角去分析社会，是马克思主义历史观的重要内容，这个视角其实就是"从人的实践活动出发去剖析社会结构"①，历史唯物主义的社会结构思想不是结构主义。

2. 社会结构思想与整体主义的不同

整体主义是一种方法论，与个体主义相对立，它从社会、结构出发进行研究，以整体作为研究的基点，但是，整体主义强调整体至上，不顾组成部分。整体主义是只顾森林，不顾树木，其实，没有树木，哪来森林？就此而言，它是一种纯粹的抽象，是一种空洞的无。社会结构思想的整体性观点与此不同，它要求正确处理整体与局部的关系，既看到社会和结构，又看到个人和组成成分，研究的基点既要关注整体，又要着眼于部分，也就是说，既看到森林，又看到树木。社会结构思想要求用这样的观点来看待社会结构。

社会结构思想具有整体性的视域，社会结构包括经济结构、政治结构和文化结构，是三个方面的统一体。社会的经济结构指与生产力发展的一定阶段相适合的生产关系的总和；社会的政治结构指政治法律设施、制度及其他，包括国家（指政权机构）、军队、监狱、警察、法庭等；社会的文化结构包括法律思想、道德、文学、艺术、哲学和宗教等。社会结构不是其中之一，它是一个整体，是一个系统，系统的功能大于各组成部分，所以，我们在分析和解决问题时，不能只顾及一个方面，而要看到全面和整体，正如列宁所说的，"用生产关系来说明该社会形态的构成和发展，但又随时随地探究与这种生产关系相适应的上层建筑，使骨骼有血有肉"②。既有骨骼，又有血有肉，

①　杨耕. 马克思主义历史观研究 [M]. 北京：北京师范大学出版社，2012：69.

②　中共中央马克思恩格斯列宁斯大林著作编译局. 列宁专题文集·论辩证唯物主义和历史唯物主义 [M]. 北京：人民出版社，2009：162.

才是一个真正的人，如果只有骨骼，那是骷髅，不是人，这个比喻很形象，却非常深刻。社会结构犹如一个人，既要有骨骼（这是指经济结构、经济基础），又要有血有肉（这是指政治结构和文化结构），或者说是政治的和思想的上层建筑，显然，人是骨骼和肌肉的统一体，同样，社会结构也是经济结构、政治和文化结构的辩证统一。

即使是经济、政治和文化结构的内部，也是一个复杂的系统，是一个整体，比如生产关系，马克思认为它也是一个整体的概念，"每一个社会中的生产关系都形成一个统一的整体"①。我们可以从静态和动态两方面来看，从静态来看，它包括生产资料所有制，人与人在生产中结成的地位，以及分配关系；从动态来看，就是一个过程、四个环节，即生产、分配、交换和消费。也就是说，生产关系是一个以生产资料所有制为核心的，由生产、分配、交换和消费所组成的统一体，所以，我们用整体的观点来看待，不能只看到其中的一点、一面。

我们应关注和重视社会结构的各组成部分，因为整体是由部分构成的。社会结构包括经济、政治和文化等方面，如果缺少了其中一个方面，就不能构成这个社会，或者说社会结构就失去了本身的意义，三个方面缺少其中之一或之二，或许理论上还能成立，在事实中缺少是不成立的。同样，前述的生产关系是一个过程，由四个环节构成，对它的研究也需要将其视为一个整体，同时也需要具体研究各个组成要素。又比如，历史唯物主义的社会结构思想中的经济结构概念是指生产关系的总和，一个社会，并不是只存在一种生产关系，既有统治阶级的生产关系，又有非统治阶级的生产关系，这是多种生产关系的共存状态。

值得一提的是，重视部分也就是注重具体的意思。在一个社会中，社会结构问题都是具体的，而解决社会结构问题需要可操作、具体的、细化的解决方式和办法。历史唯物主义的社会结构思想的整体性观点要求做到兼顾整

---

① 中共中央马克思恩格斯列宁斯大林著作编译局. 马克思恩格斯文集：第1卷［M］. 北京：人民出版社，2009：603.

体和部分，要求我们注重具体，即重视对社会结构的细化研究和解决社会结构问题方法的可操作性。

（三）与社会形态概念的比较

这里就是对社会结构与社会形态做个比较。社会形态概念也是一个社会有机体范畴，把社会结构与社会形态做一比较是必要的。这种比较在当代越来越显现出现实的价值和意义，因为，社会结构概念更加具有当代性和现实价值。

1. 社会形态与社会结构的比较

社会结构与社会形态属于同一系列，在使用上，社会结构有时等同于社会形态。社会结构和社会形态都是比"社会"概念更为具体的概念，社会是一个比较抽象、很不确切的概念，社会结构比较具体，有丰富的内容，包括经济结构、政治结构和文化结构。社会形态是指社会的具体存在方式，它包括以下要素：与生产力相适应的生产关系，法律的和政治的上层建筑，一定的社会意识形式。社会形态就是这三个要素的统一体，它把这个内容表述为经济基础与上层建筑，上层建筑又分为政治的上层建筑和思想的上层建筑。在这里，经济结构就是指经济基础，而政治结构和文化结构分别对应政治的上层建筑和思想的上层建筑，可见，在一定意义上，社会结构就是社会形态，二者可以互相替代、同义使用。

社会结构不能完全等同于社会形态，二者在内涵和运用范围上存在细微差别。社会形态一般是从社会的演变和发展的角度上论述，它"是对社会做宏观结构、制度以及类型的划分"①。马克思在划分社会、论述社会演进的时候，用到社会形态概念，比如，"无论哪一个社会形态，在它所能容纳的全部生产力发挥出来以前，是决不会灭亡的；而新的更高的生产关系，在它的物质存在条件在旧社会的胎胞里成熟以前，是决不会出现的。……大体说来，亚细亚的、古希腊罗马的、封建的和现代资产阶级的生产方式可以看作是经

---

① 肖前，杨耕. 唯物主义的现代形态：实践唯物主义研究［M］. 北京：中国人民大学出版社，2012：268.

济的社会形态演进的几个时代"①。马克思用社会形态这个概念论述社会历史从原始社会、奴隶社会、封建社会、资本主义社会到共产主义社会的演进。马克思一般用社会形态这个概念,但是,在分析社会的具体构成时,他一般使用社会结构概念,比如,"经验的观察在任何情况下都应当根据经验来揭示社会结构和政治结构同生产的联系,……社会结构和国家总是从一定的个人的生活过程中产生的"②。作为历史唯物主义的共同创造者,恩格斯坚持这种用法,恩格斯使用社会结构概念对一个具体社会进行阐述,比如,在反对杜林的论述中,他说,"可是社会的政治结构决不是紧跟着社会经济生活条件的这种剧烈的变革立即发生相应的改变"③。

2. 正确理解和使用社会形态概念

上述对二者差异的论述可能会让我们产生一个误解,即认为社会形态是从宏观上讲的,不讲微观,而社会结构是从具体操作层面讲的。这种认识是错误的,或者说,是对社会结构的片面理解。社会形态的确是侧重于从宏观上讲的,讨论社会形态的划分和演进,关注点落在一个社会形态取代另一个社会形态之上,也正因为如此,社会形态概念的阶级性较强,意识形态和政治统治的色彩较浓。当我们运用该概念具体分析一个社会内部结构时,它的弊端和不足愈发凸显,但是,社会结构既可以从宏观的层面上讲,也可以从微观的层面上讲,是宏观和微观的辩证统一。社会结构概念本身就体现社会的性质、内容、形式和方式,社会结构中的经济结构、所有制结构就体现社会的性质,社会结构包括经济、政治和文化,这是一个宏观的包括,是个总体性的范畴。社会结构概念又可以深入到对具体部门、组成和部分的理解和分析,所以,社会结构是一个宏观和微观统一的概念。

---

① 中共中央马克思恩格斯列宁斯大林著作编译局. 马克思恩格斯文集:第2卷 [M]. 北京:人民出版社,2009:592.

② 中共中央马克思恩格斯列宁斯大林著作编译局. 马克思恩格斯文集:第1卷 [M]. 北京:人民出版社,2009:524.

③ 中共中央马克思恩格斯列宁斯大林著作编译局. 马克思恩格斯文集:第9卷 [M]. 北京:人民出版社,2009:110.

　　社会结构是一个社会有机体，毋庸置疑，社会结构强调"变"，但是，社会结构也是强调"不变"的，突出稳定性的重要性和意义。它是变与不变的统一体，这要讲究适度，如果过分强调社会结构"变"的特性，就会不利于分析社会的具体构成，那就等同于社会形态概念的弊端。只有强调社会结构的不变，注重它的稳定性，我们才能深入社会内部分析社会的具体构成，才能有宏观的把握和微观的分析，而这种微观的、具体的分析也会显得非常重要。特别是在当代社会，这种微观的角度和具体的分析工作才是更为需要的，我们必须研究具体社会结构本身的前提条件、内外环境、方法途径和作用机制等等，在分析社会的具体构成的时候，使用社会结构概念要好一些。我们可以看出，社会结构概念比社会形态有更大的操作性、可行性。

　　社会结构和社会形态可以视为我们分析问题的两个视角。目前，学界有一种关于"社会形态结构"的说法，有的学者在分析、研究社会形态的时候，将社会形态阐释为社会形态结构论、社会形态划分论和社会形态演进论，另外，还提到"社会形态结构要素"① 等。笔者认为，该说法的合理性有待商榷。马克思是在论述社会的时候，在社会划分和演进的意义上使用社会形态概念，那么，这种所谓的"社会形态结构"是指什么？我们如果讲到生产力与生产关系、经济基础与上层建筑这些概念，那是社会的具体构成，属于社会结构范畴，可以直接用"社会结构"概念，这种"社会形态结构"的说法反而造成了不必要的词语混乱。

　　小结

　　我们知道，"社会结构"是社会学、管理学和政治学的重要概念，其实，"社会结构"也是哲学上的概念。"社会结构"是历史唯物主义的一个极其重要的概念，历史唯物主义的"社会结构"思想具有科学的内涵，从而它成为科学分析社会结构问题的指导思想和理论基础。社会学、管理学和政治学从

---

　　① 戚嵩. 马克思社会形态理论研究 [M]. 安徽：合肥工业大学出版社，2014：1.

此获取丰富的思想资源和指导原则，这是因为，历史唯物主义的"社会结构"思想科学地揭示社会发展的本质和规律。"社会结构"思想是关于社会发展的理论。

我们过去对历史唯物主义的社会结构思想的研究和强调不够，从社会结构的角度深入分析马克思经济基础与上层建筑思想的研究较为薄弱。历史唯物主义的社会结构概念是历史唯物主义的总体性概念，历史唯物主义的社会结构思想是历史唯物主义社会发展理论的核心内容。该思想认为社会结构是"变"和"不变"的统一体，强调稳定性，重视具体的、微观的分析，社会结构比社会形态概念更具有当代性和现实意义。历史唯物主义的社会结构思想不同于结构主义和整体主义的理解，它具有独特的实践性、主体性和整体性特征。作为一种科学的理论和方法，历史唯物主义的社会结构思想为我们认识和改造社会提供锐利的思想武器，现实的社会建设需要从这里寻找理论依据和思想资源。

第六章

马克思经济基础与上层建筑思想的当代价值

马克思经济基础与上层建筑思想具有重要的当代价值。从理论价值来说，马克思的经济基础与上层建筑思想是历史唯物主义的重要内容，只有正确认识马克思经济基础与上层建筑思想及其与历史唯物主义、马克思主义的关系，才能正确认识历史唯物主义、正确认识马克思主义。同样，还从理论价值来说，我们通过比较、分析马克思与恩格斯的经济基础与上层建筑思想，阐述马克思、恩格斯的经济基础与上层建筑思想"同一"的性对马克思主义的作用和意义，揭示出马克思、恩格斯共同创造了马克思主义。因为证明马克思、恩格斯"同一"的关系具有极其重要的价值和意义，这关系到有无马克思主义这个根本性的问题。在我国，正确认识马克思主义仍然具有重大的实践价值，这是不容置疑的。马克思经济基础与上层建筑思想对我国社会主义现代化建设具有重要意义，科学指引着中国特色社会主义事业顺利前进。

第一节　经济基础与上层建筑思想的理论地位

理论地位是指马克思经济基础与上层建筑思想与历史唯物主义的关系在马克思主义中的理论地位和作用。这就是强调，这种思想与历史唯物主义的紧密关系在马克思主义理论体系中的重要地位和重大作用，这种思想对于马克思主义政治经济学和科学社会主义等的理论意义。

一、经济基础与上层建筑思想同历史唯物主义的关系

在历史唯物主义中，"经济基础"与"上层建筑"的概念很重要，重要到这种程度，即历史唯物主义可以归结为关于经济基础与上层建筑的学说。历史唯物主义是关于社会发展规律的科学，而社会发展的规律就是体现在经济基础与上层建筑的矛盾运动之中。历史唯物主义既是历史观又是世界观，是历史观与世界观的统一，它本质上是一种社会历史哲学。作为一种科学的理论，历史唯物主义解释社会现象、解决社会发展问题，它是从经济基础与上层建筑的矛盾运动中揭示社会的本质和发展规律。马克思的经济基础与上层建筑思想是关于社会发展的科学理论，对历史之谜做了科学的解答。

（一）历史唯物主义是科学的社会发展理论

历史唯物主义解释社会现象，揭示社会本质和历史发展规律，是社会发展理论。社会历史不能脱离自然而超然存在。这种理论的研究对象是人与社会、人与自然的关系，即人与世界的关系。历史唯物主义作为一种唯物主义哲学，是关于人与世界关系的理论，历史唯物主义本身既是历史观，又是世界观，是二者的有机融合，可以说，历史唯物主义是"大"的历史观，或说是"小"的世界观。

1. 历史唯物主义是世界观

历史唯物主义是世界观，是观"世界"的，形成对世界总的看法和根本观点。人类的生存发展不能脱离自然界和人类生存的客观世界，所以，历史唯物主义不仅研究人与社会的关系，还思考人与自然的关系。历史唯物主义把历史纳入唯物主义的视野，也把自然纳入唯物主义的视野，这就是说，历史唯物主义的眼中既有"人"，又有"自然"。人是自然界的人，自然界是人的自然界，人和自然的这种关系不能割裂，我们不能把人与自然的关系从历史中排除出去。历史唯物主义站在现实历史的基础上，"科学地解答了人与自

然的关系和人与社会的关系，即人与世界的关系。在这个意义上，唯物主义历史观又是唯物主义世界观，一种'真正批判的世界观'"①。故而言之，历史唯物主义是关于人与社会、人与自然关系的科学理论，它的内容既包括人与社会的关系，也包括人与自然的关系。

2. 历史唯物主义是历史观：社会发展理论

历史唯物主义是历史观，是观"历史"的，它"把历史看做人类的发展过程，而它的任务就在于发现这个过程的运动规律"②。历史唯物主义是关于社会历史本质和发展规律的哲学理论，它把关注点从宇宙、整个世界转向人以及人的世界即人类社会，"是从对人类历史发展的考察中抽象出来的最一般的结果的概括"③。它关注社会现实问题，思考社会存在与社会意识的关系，生产力与生产关系、经济基础与上层建筑之间的矛盾运动，历史发展的动力和历史的创造者，人的主体性，社会发展进程，等等。这种历史观拒斥形而上学，从"天上"降到"人间"，关注人类的自由和解放，换言之，历史唯物主义不关心彼岸世界，它只关注此岸世界的真理和人民的幸福。历史唯物主义揭示的是社会历史的本质和规律，它"本质上是社会历史哲学"④。

历史唯物主义既是社会历史观又是哲学世界观，其实二者是统一的，这是两种说明，一种本质。如果说历史唯物主义是一种历史观，那么它是关照自然界的"大"的历史观；如果说历史唯物主义是一种世界观，那么它却是关照社会历史的"小"的世界观。所谓"大"是指这种历史观关注自然界、人生存的客观世界；所谓的"小"，是指这种世界观不去研究形而上学的抽象本体，它只关注与人有关的自然即人化自然。历史唯物主义不同于各种旧的社会历史观。旧的社会历史观存在"历史"与"世界"的断裂，其实，它们

① 杨耕. 马克思主义历史观研究［M］. 北京：北京师范大学出版社，2012：19.
② 中共中央马克思恩格斯列宁斯大林著作编译局. 马克思恩格斯文集：第9卷［M］. 北京：人民出版社，2009：28.
③ 中共中央马克思恩格斯列宁斯大林著作编译局. 马克思恩格斯文集：第1卷［M］. 北京：人民出版社，2009：526.
④ 郝立新. 历史唯物主义的理论本质和发展形态［J］. 中国社会科学，2012（3）：28-35.

根本不是历史观和世界观的科学统一，也就是说，旧的社会历史观中存在"历史与现实的人的分离、历史与自然的对立，历史与唯物主义的分离"①，所以，它们不能正确地揭示社会历史的本质和发展规律。

上述可知，历史唯物主义本质上是一种社会历史观，历史唯物主义是关于社会发展的理论，社会发展理论是历史唯物主义的一个理论特色，有时，社会发展理论成了历史唯物主义的代名词。顾名思义，社会发展理论关注人以及人类社会，涉及社会是什么和怎么样这些根本性的问题。我们知道，马克思对形而上学进行了批判，把关注点从宇宙、整个世界转向人以及人的世界即社会。历史唯物主义与社会发展理论之间属于这样一种内在的关系，历史唯物主义是"顶天立地"的理论，这里的"天"就是指人，这里的"地"就是指自然界，它是关于人与人、人与社会、人与自然关系的科学思想。马克思不去探究"天"之上、之外的抽象事物，不去追寻终极本源、彼岸世界。

马克思、恩格斯要解放无产阶级和全人类，必然需要揭示社会发展规律和人的本质等问题，他们的思想解释了社会现象和揭示了社会发展规律。历史唯物主义就是揭示社会发展规律的学说、理论。

（二）马克思经济基础与上层建筑思想：关于社会发展的科学理论

作为历史唯物主义的社会发展理论，马克思经济基础与上层建筑思想解释社会现象揭示出社会的本质及其发展规律，正如恩格斯所讲，这种理论"发现了人类历史的发展规律"②。换言之，社会发展理论或者历史唯物主义是关于社会的本质和发展规律的学说、理论。历史唯物主义揭示社会的本质和发展规律，是关于社会本质和发展规律的理论，那么，历史唯物主义怎样揭示社会的本质和发展规律，有哪些内容？社会发展理论有哪些内容？如何认识和处理人与社会的关系、人与自然的关系，立足点和切入点在哪里？

历史唯物主义或者说马克思的社会发展理论的思想非常深邃，内容极其

---

① 郝立新. 历史唯物主义的理论本质和发展形态［J］. 中国社会科学，2012（3）：28-35.
② 中共中央马克思恩格斯列宁斯大林著作编译局. 马克思恩格斯文集：第3卷［M］. 北京：人民出版社，2009：601.

丰富。有学者经过梳理，把该理论的主要内容分为主体论、规律论、动力论和趋势论等①，这有一定的道理。这种概括呈现马克思形成历史唯物主义理论的切入点和落脚点，揭示历史唯物主义理论的本质、核心和特征。具体来说，主体论阐述人是主体，突出人在社会发展中的主体作用；规律论阐述社会发展的规律是由生产力与生产关系、经济基础与上层建筑决定的；动力论阐述社会发展的动力在于生产力与生产关系、经济基础与上层建筑的矛盾运动；趋势论阐述社会的发展趋势由生产力与生产关系、经济基础与上层建筑的矛盾运动的综合作用决定和呈现的。通过这种划分，我们可以看出，认识社会发展的本质和规律，就需要从生产力、生产关系（经济基础）与上层建筑之间矛盾的辩证运动中把握。这种概括呈现马克思形成历史唯物主义理论的切入点和立足点，揭示历史唯物主义理论的实质、核心和特征。这意味着，历史唯物主义以及社会发展理论所涉及的最主要概念、内容不外乎就是生产力与生产关系、经济基础与上层建筑本身及其关系。历史唯物主义是社会发展理论，它是关于社会发展一般规律的科学，是关于生产力与生产关系、经济基础与上层建筑矛盾运动的科学。历史唯物主义、社会发展理论所涉及的不外乎是生产力与生产关系、经济基础与上层建筑这些内容，历史之谜并不神秘，打开历史之谜大门的钥匙在于正确认识经济与政治、文化的关系。我们想要认识社会发展的本质和规律，就在于正确认识社会的生产力、生产关系（经济基础）和上层建筑的矛盾运动。

经济基础与上层建筑思想构成了历史唯物主义理论的根本，或者说，在一定意义上，历史唯物主义就是关于经济基础与上层建筑的思想。历史唯物主义，被称为"唯一的科学的历史观"②"科学思想中的最大成果"③，当然

① 侯衍社. 马克思主义的社会发展理论及其当代价值 [M]. 北京：中国社会科学出版社，2004：16-17.
② 中共中央马克思恩格斯列宁斯大林著作编译局. 列宁专题文集·论辩证唯物主义和历史唯物主义 [M]. 北京：人民出版社，2009：163.
③ 中共中央马克思恩格斯列宁斯大林著作编译局. 列宁专题文集·论马克思主义 [M]. 北京：人民出版社，2009：68.

它指的是一种关于社会发展的科学思想。经济基础与上层建筑思想是历史唯物主义核心部分和主要内容，它是关于社会发展的理论。历史唯物主义揭示历史规律，而历史规律就在于生产力与生产关系、经济基础与上层建筑的矛盾运动之中。

二、经济基础与上层建筑思想同整个马克思主义的关系

马克思经济基础与上层建筑思想的理论价值体现在其与马克思主义的关系之中。马克思、恩格斯的思想不单是经济基础与上层建筑思想，也不仅是历史唯物主义，经济基础与上层建筑思想是马克思主义的一个组成部分，并不能取代马克思主义，但是与马克思主义的关系非常密切，具有重要的理论地位。

马克思主义是一个完备而严密的科学理论体系。马克思、恩格斯的研究涉及不同领域，比如，经济、政治、文化、宗教、军事、数学、科学等不同的领域，思想涵盖许多内容，上文讲到，我们按照他们思想进行划分，可分为政治经济学、哲学（即历史唯物主义）和科学社会主义三个大的部分，政治经济学、哲学、科学社会主义各有自己的研究对象和任务。马克思主义的各个构成部分都有自己的独立性和独特的意义，有不同的研究对象解释和揭示不同的领域、问题和规律。三者各有所用，各有不同，不能互相取代，在三者之中，每个组成部分对其他部分的形成都有重大的意义和价值。

但是，有一个东西是能够打通这三者的，这就是经济基础与上层建筑的思想内容。为了无产阶级和全人类的解放，经济基础与上层建筑是马克思、恩格斯一生的追求和理想。而科学社会主义就是指导无产阶级谋求解放的一种学说，所以，这种科学的学说就成了马克思主义的核心和理论归宿。实现共产主义，实现人类解放不是镜花水月，不是海市蜃楼，我们需要以对社会发展规律的把握为基础和依据，所以，经济基础与上层建筑思想就成了实现人类解放和实现共产主义科学的指导理论和锐利的思想武器。同样，马克思主义的经济学是为了证明经济基础与上层建筑思想的一种论证。马克思、恩

格斯通过对政治经济学的研究，从而使他们的经济基础与上层建筑思想从一种科学假设变成了一种科学理论。马克思、恩格斯的经济基础与上层建筑思想在马克思主义政治经济学这里得到了证明，总之，经济基础与上层建筑思想是马克思主义的前提和基础，是整个理论的世界观和方法论，贯穿于和体现在整个马克思主义学说和实践之中。这种思想的重要性在于它打通、贯穿马克思主义理论的三个组成部分，社会只有形成这种经济基础决定上层建筑思想，才能产生历史唯物主义即马克思主义哲学，以及才有可能真正产生马克思主义政治经济学和科学社会主义。这种思想，它可以呈现和凸显整个马克思主义理论的本质，促使马克思、恩格斯崇高理想的实现。这种思想的重大作用在于，它使马克思主义变为并不是诸多个别论断和个别结论的机械总和，其各个组成部分及其所包含的各项基本原理，是一个互相依存、互相贯通的有机联系的整体。我们承认这三者的统一性，三者相互促进，相互生成，承认马克思主义是一个有着内在联系的完备而严密的科学理论体系。

第二节　经济基础与上层建筑思想与马克思、恩格斯关系的"同一"说

马克思主义特别是历史唯物主义的产生，是人类思想史上的伟大变革，历史唯物主义、马克思主义是马克思和恩格斯共同创造的伟大科学成果，但是，关于马克思、恩格斯思想关系的"对立论"这种观点仍然存在。如果没有马克思、恩格斯思想的一致、同一，也就绝无共同创造历史唯物主义、马克思主义之说，这会颠覆历史唯物主义、马克思主义的根本，所以，我们阐明马克思、恩格斯两人思想的一致、同一具有重大的理论意义。在这里我们有所思考的是是否存在一种思想，这种思想能够代表和体现马克思、恩格斯的整个思想体系即马克思主义，这种思想"同一"则整个思想关系"同一"？

经济基础与上层建筑思想就是这样一种理论，它是马克思、恩格斯最重要的思想，最能代表和体现马克思主义。我们分析该思想同历史唯物主义、马克思主义的关系，可以得出它代表和体现马克思主义这个结论。马克思、恩格斯对经济基础与上层建筑的论述是同一、一致的，他们都是"决定"论者。从该思想的形成史来看，他们是"同创互补"的关系，从而也阐明了马克思、恩格斯思想关系的"同一"性。

一、马克思、恩格斯关系："对立"或"同一"

马克思、恩格斯的思想关系，是历史唯物主义甚至是马克思主义发展史上的一个核心问题。关于马克思、恩格斯的关系，我们可以分为"对立"与"同一"两种观点，其他的一些说法，也无非是这两种观点的稍加变化而已，例如，有学者认为，马克思、恩格斯的关系可以分为对立论、一致论、差异论和多变论。马克思、恩格斯的关系是同一，还是差异、对立，各有各的说法，自然各有各的理由，略加合乎"情理"的想象，我们就能够得出这些不同的观点。

（一）"对立"的声音及其原因、实质和方法

对马克思、恩格斯思想关系的认识，国际、国内有所不同。国际学术、理论界大概经历这样一个过程，即从统一到差异，从差异到对立，从对立到取代，也就是说，马克思、恩格斯的关系经历了"同一论""差异论""对立论"和"取代论"。马克思、恩格斯"对立"的声音从无到有，从弱到强，马克思、恩格斯"对立"的形象从隐到显，从暗到明，以至于当今的国际学术、理论界普遍认为，马克思、恩格斯的思想存在对立，他们之间的关系不是一致、同一的，马克思、恩格斯的同一是"神话"。在国内，由于马克思主义具有指导地位的特殊性，学术界、理论家主要持"同一论"，但是，不少学者也有马克思、恩格斯"对立论"的观点，并且，可能受国际研究的影响，这种"对立论"的声音也有所增强。从时间上来说，20世纪五六十年代之前，国际学术界、理论界占主流的认识：马克思、恩格斯的思想是一致、同

一的，之后，一致、同一的观点逐渐被差异、对立的观点所取代，对马克思、恩格斯关系的认识经历了一个从"同一"到"对立"的过程。在 20 世纪八九十年代以前，国内对马克思、恩格斯关系的认识是"马克思、恩格斯是一块整钢"。

我们是"同一论"者，我们也知道，制造马克思、恩格斯的对立是比较"容易"和"正常"的，说"容易"，是因为这符合所谓的"情理"；说"正常"，因为这确实适应政治和意识形态斗争的需要。从情理上来说，马克思、恩格斯是两个人，人与人是不同的，他们会存在学识、素养、趣向和悟性等的不同，所以，人与人之间的思想关系就可以被制造出一个"对立"的结果，更何况，一个人都可以被制造成了两个人，比如，"两个马克思"，还可以甚至是"两个恩格斯"。在历史唯物主义理论发展史中，我们发现就有所谓的、早期的马克思与后期的马克思的不同，就有晚年时期的恩格斯与早年时期的恩格斯的不同，所以，人们制造两个人的对立属于"太容易"的事情，更何况这种"对立"的制造有着其他的目的。它是政治和意识形态斗争的需要，这种制造的原因在于反对马克思主义，"制造马克思和恩格斯对立的神话，反对恩格斯，根本目的是反对马克思主义。所谓马恩对立，无非是青年马克思和老年马克思对立的另一种说法而已。不过马恩对立论更具有蛊惑性和虚伪性，他扬马抑恩以示客观和公正，把实际的政治目的和尖锐的意识形态斗争，隐藏在烦琐的学术考证和比较研究之中"①。恩格斯是马克思主义的伪造者，所谓不同于马克思主义的恩格斯主义之类的指责，真正目的还在于马克思主义，企图把马克思主义当作恩格斯的"赝品"反对掉，于是，这种对立的制造，哪能不尽心竭力。自然而然，这种不同的声音此起彼伏，故而，对立的制造也成为"太正常"的事情。

对立制造者知道不能仅用这个所谓的想象和合情合理来进行判断。他们判断马克思、恩格斯的关系，制造马克思、恩格斯关系的对立，自然要从马

---

① 陈先达. 恩格斯与马克思主义 [J]. 教学与研究，1995（4）：18-25.

克思、恩格斯的思想、观点入手，这是判断他们关系的根据。他们找到的文章是马克思的《1844年经济学哲学手稿》和《关于费尔巴哈的提纲》，这是因为，马克思、恩格斯对立不过是"两个马克思"对立的翻版而已，所以，所有对恩格斯的指责，往往都借助于曲解马克思早期的两个手稿。西方马克思、恩格斯对立论者以《1844年经济学哲学手稿》为所谓的依据，把马克思说成是"人本主义的马克思主义"，把恩格斯说成是"科学主义的马克思主义"。也有一些论者以《关于费尔巴哈的提纲》为依据，宣称马克思的哲学是"实践唯物主义"，恩格斯的哲学是"辩证唯物主义"，并攻击恩格斯是"独断论的""形而上学的"旧唯物主义者。其实，他们对马克思主义科学体系的这种看法，只是西方思潮中科学主义与人本主义对立的一种折光。

（二）"同一"的难度和可能性

资产阶级制造了"同一"的难度。马克思、恩格斯的学说，是解放无产阶级和全人类的学说，既具有科学性，又具有阶级性。它反对资产阶级的学说，必然遭到资产阶级的反对和恶意攻击，在《卡尔·马克思〈政治经济学批判〉》中，恩格斯就指出："新的世界观不仅必然遭到资产阶级代表人物的反对，而且也必然遭到一群想靠自由、平等、博爱的符咒翻转世界的法国社会主义者的反对。这种世界观激起了德国庸俗的民主主义空喊家极大的愤怒。"① 资产阶级制造了种种问题，比如说，马克思与恩格斯关系、马克思与马克思主义关系、历史唯物主义与辩证唯物主义的关系，对我们来说，在历史唯物主义、马克思主义发展史上，需要处理好这些关系，它们具有重大的理论意义。我们纵观历史，一种学说由不同的人共同创造完成，这在人类思想史上是绝无仅有的，所以，论证马克思和恩格斯思想关系的"同一"性自然也就具有了"历史上从来没有"的事实难度，这是两个不同方面和意义上的难度。

我们要有一种信心，就是马克思、恩格斯思想是"同一"的信心。即使

---

① 中共中央马克思恩格斯列宁斯大林著作编译局. 马克思恩格斯文集：第2卷［M］. 北京：人民出版社，2009：598.

还没有从深入经济基础与上层建筑思想深处对他们的思想进行"同一"判断，但是，我们还是有理由认为，马克思、恩格斯的这种学说、思想具有"同一"性是有可能的。这是因为，这种学说、思想具有科学性和共同的价值追求，肩负着无产阶级和人类解放的历史使命，马克思、恩格斯从事革命实践和理论研究，他们揭示社会的历史发展规律。从学说、思想的这个本质，我们拥有"同一"关系的信心。我们只要读一读马克思发表在《德法年鉴》上的致卢格的信，以及《论犹太人问题》和《〈黑格尔法哲学批判〉导言》这两篇早期文章，就能知晓马克思和恩格斯创立新的学说的目的和使命。1845 年 1 月 20 日，恩格斯在致马克思的信中对这一点说得非常清楚："目前首先需要我们做的，就是写出几本较大的著作，以便向许许多多非常愿意干但只靠自己又干不好的一知半解的人提供必要的依据。"① 揭示社会的发展规律，科学性就是理论研究的首要要求。马克思、恩格斯着力于通过表面现象把握资本主义社会发展的本质和规律，从而揭示整个人类社会的历史发展规律。既然都是关于社会历史发展的根本规律的科学思想，从这个角度讲，马克思、恩格斯的思想具有"同一"的可能性。

二、"同一"的判断标准：经济基础与上层建筑思想

我们判断的标准应该是他们的思想，根据他们的思想，来判断他们的关系。按照"同一论"者的观点，马克思、恩格斯的思想被概括为马克思主义哲学、马克思主义政治经济学和科学社会主义。我们应该论述马克思、恩格斯在这些方面的思想、观点的一致、同一性。在这里，让我们有所思考的是，是否存在一种思想，这种思想能够代表和体现整个马克思主义？自然，这里涉及一个问题，马克思、恩格斯这个关于经济、政治和文化的思想能否成为判断他们整个思想异同的一个东西？这里需要分析两点：第一，此思想是否重要？如果经济、政治和文化的关系的思想不重要，在他们的思想体系中处

---

① 中共中央马克思恩格斯列宁斯大林著作编译局. 马克思恩格斯文集：第 10 卷 [M]. 北京：人民出版社，2009：28.

于次要的地位，那么，即使他们关于经济、政治和文化关系的思想是一样的，也不能就断定他们的整个思想体系是一样的。第二，即使重要，能否代表或贯通马克思、恩格斯所有的思想？这里就涉及马克思、恩格斯思想体系的理论本质。就是说，他们的理论是一种怎么样的理论，这个理论是干什么的？我们其实不难看出，经济基础与上层建筑思想是马克思、恩格斯最重要的思想，最能代表和体现马克思主义。

如本章第一节所述，经济基础与上层建筑思想是马克思、恩格斯最重要的思想，这种思想揭示社会历史发展的规律，构成了历史唯物主义理论的根本，从而构成了马克思主义的根本。这种思想能够代表和体现马克思主义的理论本质，于是，马克思、恩格斯关系的"同一"的树立，就是要去分析、讨论马克思、恩格斯最重要思想即经济基础与上层建筑的统一、一致。马克思、恩格斯都强调，物质生活条件对社会历史的重大作用，马克思认为，经济决定政治和文化，经济基础决定上层建筑，恩格斯也是如此认为。我们可以看到，马克思、恩格斯对经济基础与上层建筑的阐述是同一、一致的，也就是说，判断的标准和方法，就是看他们对经济、政治、文化的理解。我们依据马克思恩格斯对经济、政治和文化的认识来判断他们思想的同一、差异或对立这些有关情况。他们对经济、政治和文化之间关系的认识是一样的，他们的思想就属于"同一论"，如果他们对经济、政治和文化关系的认识是存在差异或对立的，那么他们的思想就是属于"差异论"甚至是"对立论"。

三、马克思、恩格斯同创经济基础与上层建筑思想："决定"论

毋庸置疑，马克思、恩格斯最重要的思想是经济基础与上层建筑思想，但是，他们各自的这个思想是相同的吗？我们用两个思路、两个维度、两个方法进行分析，可以得出结论：他们的经济基础与上层建筑思想是相同的，马克思、恩格斯共同创造了该思想，他们都是"决定"论者。下文简单展开论述：第一个思路是从"决定"内涵的论述上来看出相同。这个"决定"包括丰富的内容和意义。第二个思路是从思想史的角度看出这种相同，也就是

说，从他们的经济基础与上层建筑思想的形成来看，能够看到他们"同创互补"的关系。

（一）"决定"的内涵

1. 用前提、条件、基础来论述经济。马克思、恩格斯把经济看成是前提、条件和基础，这里的前提、条件和基础表达相似的意思，三者之间可以通用。我们需要清楚的是，这种表述并不能就认为经济决定政治和文化，也就是说，这里对经济的论述并不能看出经济决定政治和文化，前提、条件和基础都不是"决定"的同义词，不过，"决定"这个概念可能包括前提、条件和基础这些内涵。

2. 从产生、创造、根源、发源地、产物，论述经济与政治、文化的关系。马克思、恩格斯认为，经济产生、创造政治和文化，经济是政治和文化的根源和发源地，政治和文化是经济的产物，经济是活动者，是动力、动因，而政治和文化是这种行动的结果。产生、创造、根源、发源地、产物，这些词语的确表述了经济与政治和文化的关系，我们如果强行认为，这种关系是一种决定关系，还是有些勉强的。某物产生、创造另外一物，是另外一物的根源、发源地，而另外一物是某一物的产物，这并不能说明某一物决定了某另外一物，比如，父母和孩子的关系，父母和孩子的关系不是决定和被决定的关系。这些表述比起前面的前提、条件和基础的表述有所递进。

3. 从制约、规定、决定、支配论述经济与政治、文化的关系。马克思、恩格斯认为，经济、政治和文化三者的关系中，经济制约、规定、决定、支配着政治、文化。马克思、恩格斯认为，经济是决定性因素，而政治、文化取决于经济，它们之间的关系是决定与被决定的关系。这里的表述就非常清楚，经济决定政治和文化，政治和文化是受制于经济的，不论这种政治和文化的力量多么强大，作用是多么巨大，经济对于政治和文化的优越优先地位是明显的。

4. 从内容与形式角度来论述经济与政治、文化的关系。马克思、恩格斯把经济视为内容，把政治和文化视为形式，这种论述也体现了经济与政治、文化是一种决定与被决定的关系。内容决定形式，内容也要表现于形式。经济与政治、文化是内容与形式的关系，这种论述的决定色彩是比较强烈的。

我们理解马克思、恩格斯的经济基础决定上层建筑的思想意义重大，理解"决定"的内涵显得尤为重要。马克思、恩格斯经济基础与上层建筑思想产生之后，很多人对此进行解读，思想的历史境遇显得非常丰富、曲折。马克思、恩格斯的经济基础与上层建筑思想的关系如何？他们都是肯定经济基础决定上层建筑的"决定"论者吗？对经济与政治、文化关系的探讨，对决定的理解，是西方马克思主义、特别是英美马克思主义的重点内容。其中，文化马克思主义从经济入手，以文化为立足点，试图揭示经济、政治和文化的关系，试图解释决定的含义。他们研究马克思的经济基础与上层建筑思想，涉及如何理解经济基础、上层建筑，如何对它们进行定义，它们之间的关系如何，是内部关系还是外部关系，是可分的还是不可分，是否有明显的界线，等等。他们对马克思在该思想中的经济基础、上层建筑以及决定这些概念要一一解读，对经济基础决定上层建筑的术语一一重新进行界定。比如说，汤普森、威廉斯、伊格尔顿都对这些做出了自己的理解，也表示出对经济决定论的担忧，总之，这些理解和担忧具有一定的价值和合理性。这种价值在于让我们进行思考和重读，让我们重新回到马克思、恩格斯对经济决定论的文本上。马克思、恩格斯对经济决定的使用、界限和定义等都有重大发现和重要论述，他们的论述解释了社会想象，揭示出规律性的认识。

在本书中，我们以"决定"为切入点，明确决定的内容和实质，在对经济、政治和文化"决定"的论述中也对经济基础、上层建筑的定义有所明确。马克思、恩格斯对经济、政治和文化三者之间关系的理解，对基础与上层建筑的理解是没有差别的。他们分别从前提、条件，从原因，从产生，从决定，等等的含义上来理解经济，把经济视为基础，把政治和文化视为被经济决定的东西，使政治和文化成为上层建筑。经济基础决定上层建筑，经济与政治、文化有各自的界限，经济就是经济，经济不是政治或文化，同样政治和文化都是如此。经济与政治、文化三者之间存在关系，经济决定政治和文化，经济与政治、文化的关系是一种"决定"性的关系。马克思、恩格斯的经济基础与上层建筑思想是一种"同创互补"的关系,他们共同创造了历史唯物主义的经济基础与上层建筑思想,共同创造了历史唯物主义。

(二)从思想史的角度审视

马克思、恩格斯共同创立了经济基础与上层建筑思想,这种思想的创立时期在1844年左右,即在《德法年鉴》时期,那个时候,马克思、恩格斯认为,经济决定政治和文化,而不是政治、文化决定经济。经济决定政治和文化,经济基础决定上层建筑,这是一种完全不同于以前的观点、思想。恩格斯在回忆他与马克思的思想历程时,有关于该思想形成的明确论述。在《关于共产主义者同盟的历史》中,恩格斯说:"我在曼彻斯特时异常清晰地观察到,迄今为止在历史著作中根本不起作用或者只起极小作用的经济事实,至少在现代世界中是一个决定性的历史力量。"① 这些经济事实是现代阶级对立的基础,也是政党对立、全部政治史的基础。恩格斯在此凸显了物质利益、经济的重要性,与自己以往的思想有所不同,恩格斯也说,马克思"不仅得出同样的看法,并且在《德法年鉴》(1844年)里已经把这些看法概括成如下的意思:绝不是国家制约和决定市民社会,而是市民社会制约和决定国家,因而应该从经济关系及其发展中来解释政治及其历史,而不是相反。"②

在《〈政治经济学批判〉序言》中,马克思也有过相同论述:"为了解决使我苦恼的疑问,我写的第一部著作是对黑格尔法哲学的批判性的分析……我的研究得出这样一个结果:法的关系正像国家的形式一样,既不能从它们本身来理解,也不能从所谓人类精神的一般发展来理解,相反,它们根源于物质的生活关系。"③ 这里物质的生活关系就是"市民社会",即是后来形成

---

① 中共中央马克思恩格斯列宁斯大林著作编译局. 马克思恩格斯文集:第4卷 [M]. 北京:人民出版社,2009:232.

② 中共中央马克思恩格斯列宁斯大林著作编译局. 马克思恩格斯文集:第4卷 [M]. 北京:人民出版社,2009:232.

③ 中共中央马克思恩格斯列宁斯大林著作编译局. 马克思恩格斯文集:第2卷 [M]. 北京:人民出版社,2009:591.

的生产关系概念。我们要从生产关系、经济基础中去寻找、理解和解释法、国家等上层建筑的秘密，而不是从法、国家来理解法、国家本身，不是从精神、意识来理解法和国家这些东西，显然，这是一种颠倒、断裂。

这种断裂的意义非常巨大，因为在《德法年鉴》时期之前，马克思、恩格斯认为，政治和文化的东西决定经济，而在这之后，他们认为，经济决定政治和文化的东西。显而易见，在此之前和在此之后，马克思、恩格斯关于经济、政治和文化的思想是完全不同的，那么，这个时期也就可以称为马克思、恩格斯思想的断裂期。这种不同、这种断裂是唯心主义与唯物主义的断裂，是意识形态与科学的区别，我们如果以此为分界，倒是可以把马克思、恩格斯的思想分为早期和晚期，分为不成熟的思想和成熟的思想。

马克思、恩格斯有各自的研究和共同见解，1845—1846 年他们合著《德意志意识形态》，他们系统论述、阐释了经济、政治和文化三者之间的关系，这表明该思想得以系统形成，此后，马克思、恩格斯对经济基础与上层建筑的理解从来没有偏离、远离、背离这个基调。恩格斯从来没有否定马克思的理解，马克思也从来没有否定恩格斯的理解，他们共同和各自阐述了这样的观点、思想。以至于 19 世纪六七十年代，马克思的《资本论》、恩格斯的《反杜林论》等也都是如此阐述的。

马克思逝世之后，恩格斯坚持、捍卫和丰富了他们的经济基础与上层建筑思想，比如，《在马克思墓前的讲话》《家庭、私有制和国家的起源》《路德维希·费尔巴哈和德国古典哲学的终结》《共产党宣言》的几个序言中，都有他的关于经济基础与上层建筑思想的论述。特别是在晚年书信中，恩格斯丰富了他们的经济基础与上层建筑思想，恩格斯强调政治的和文化的对经济的反作用，他仍认为经济决定政治和文化，即经济基础决定上层建筑。这种决定关系是不能颠倒的。不能颠倒地认为政治、文化决定经济，上层建筑决定经济基础。在这些文章中，恩格斯把经济、政治和文化的关系论述得非常透彻，经济的这种决定关系也是确定无疑的，也体现出恩格斯坚持和秉承的观点。

我们并不否认马克思、恩格斯思想的历史性差异，这些差异是相融相合的。马克思、恩格斯既是两个人，又是同一个人，从理论角度和逻辑上来说，他们是一个人，他们是同一学说、同一理论的共同创造者；从历史角度来看，他们则是两个人，在历史唯物主义以及马克思主义发展史上，马克思和恩格斯都各有其独特的地位。他们既是历史唯物主义、马克思主义的共同缔结者，又各有自己的特殊成就和贡献。如果抛开历史的偏见，站在客观理性的立场上，我们完全可以清晰地看到马克思、恩格斯的思想关系是"同一"的。

第三节　实践价值

1843 年，在《里格尔法哲学批判》导言中，马克思指出，"哲学把无产阶级当作自己的物质武器，同样，无产阶级也把哲学当作自己的精神武器"①。马克思在建立自己新哲学的时候，要求它具有干预世界的功能，要求它成为改造世界的行动指南。理论来源于实践，而且指导实践。"马克思主义的生命力就在于它同时代一贯保持着密切的联系。它不仅是时代的产物，而且总是面对着时代的挑战和提出的问题，倾听着时代的声音，满足时代的需要，推动时代的前进"②。

新中国成立以来，社会主义建设事业曾有停滞不前的阶段，也有取得巨大成就的时期，这与是否正确理解和坚持马克思经济基础与上层建筑思想有着直接关系。当我们正确理解和坚持这种思想的时候，社会主义事业就会取得巨大成就，反之，社会主义事业就遭到极大破坏。

---

① 中共中央马克思恩格斯列宁斯大林著作编译局. 马克思恩格斯文集：第 1 卷［M］. 北京：人民出版社，2009：17.
② 庄福龄. 马克思主义史：第 1 卷［M］. 北京：人民出版社，1996：17.

一、从我国建设史看该思想的实践价值

新中国诞生，我们走上了伟大的社会主义道路，马克思主义成为我们的指导思想。新中国成立之初到"大跃进"之前这段时间，我们坚持马克思的经济基础与上层建筑思想，遵循经济发展规律，社会主义事业稳步前进，取得了不小的成就。

在 1956 年之后我们进入了一个所谓的"大跃进"时期。社会当时生产力水平低下，经济落后，不能满足人民群众方方面面的需要，人民出现了急躁和冒进情绪。这忽视了生产力与生产关系的客观性，偏离了经济发展的规律，偏离了马克思经济基础与上层建筑思想。

"文化大革命"时期，我们走得更远，越来越背离了马克思经济基础与上层建筑思想的轨道。我们片面夸大意识形态和政治的作用，信奉了"上层建筑决定论"，导致抛离社会主义建设的规律和人类社会发展的规律。马克思说，"'思想'一旦离开'利益'，就一定会使自己出丑"。[1] 意识、思想离开了物质、利益就会出丑，上层建筑离开了经济基础就会出丑。

到 1978 年，具有历史意义的十一届三中全会召开，错误的思想才得以纠正，邓小平进行了拨乱反正，这主要是思想上的拨乱反正。我们重新思考经济、政治和文化的地位、作用及其关系，正确处理思想和物质之间的关系，从而，重新回到了坚持马克思经济基础与上层建筑的思想上。我们确立"一个中心，两个基本点"，确立社会主义初级阶段的基本路线，所谓的"一个中心，两个基本点"就是马克思经济基础与上层建筑思想在社会建设中的现实体现。十一届三中全会后，我们立足于国情和世情，进行了改革开放，大力发展生产力，投入轰轰烈烈的经济建设之中，党和国家一直"全心全意谋发展，一心一意搞建设"，中国的改革开放和社会主义现代化建设取得了举世瞩目的成就，中国的面貌也是焕然一新。

---

① 中共中央马克思恩格斯列宁斯大林著作编译局. 马克思恩格斯文集：第 1 卷 [M]. 北京：人民出版社，2009：286.

马克思的经济基础与上层建筑思想的道理是相当简单的，但是坚持和贯彻这个真理是相当不易，需要付出巨大的历史代价。有鉴于此，邓小平指出，"在社会主义现代化建设中，我们始终要以经济建设为中心。党和国家的各项工作都必须服从于和服务于经济建设这个中心，而不能离开这个中心，更不能干扰这个中心"①。我们党确定我们党和国家的基本路线一百年不动摇，就是以后经济发展了，我们还是要大力发展生产力，从事于实际的物质生产和社会实践，意识形态和政治作用的发挥是有它必要的前提的，是服务于、服从于物质基础和社会实践本质的。

我们对马克思经济基础与上层建筑思想的理解并不在新中国成立之后，在革命时期，马克思经济基础与上层建筑思想就已成为我们的指导思想。从社会革命、建设、发展时期一路走来，对此思想，我们有过坚持，也有过偏离，这其中，有很多经验教训。但是，也是从这种社会实践之中，我们越来越深刻体会到马克思经济基础与上层建筑思想的科学性，对它秉持之心更为坚定。

于是21世纪以来，面对资本主义世界新的思潮和学说的入侵和攻击，我们更加清醒而坚定地运用马克思经济基础与上层建筑思想作为思想武器，来捍卫我们的社会主义现代化建设事业。习近平指出，"学习和掌握物质生产是社会生活的基础的观点，准确把握全面深化改革的重大关系。……在全面深化改革中，我们要坚持发展仍是解决我国所有问题的关键这个重大战略判断……物质生产是社会生活的基础，但上层建筑也可以反作用于经济基础，生产力和生产关系、经济基础和上层建筑之间有着十分复杂的关系、有着作用和反作用的现实过程，并不是单线式的简单决定和被决定逻辑。……只有既解决好生产关系中不适应的问题，又解决好上层建筑中不适应的问题，这样才能产生综合效应。……只有紧紧围绕发展这个第一要务来部署各方面改

---

① 江泽民. 在庆祝中国共产党成立七十周年大会上的讲话［M］. 北京：人民出版社，1991：23-24.

革，……才能更好推动生产关系与生产力、上层建筑与经济基础相适应。"①习近平这段话充分体现了马克思经济基础与上层建筑思想的实践意义。我们对马克思经济基础与上层建筑思想的理解和贯彻达到了一个新的高度和水平，只有坚持马克思经济基础与上层建筑思想，才能实现中华民族伟大复兴的中国梦。马克思经济基础与上层建筑思想是我们国家的"国家理论"。

二、科学地理解"以经济建设为中心"

"一个中心、两个基本点"是我们党的基本路线的核心内容，一个中心，指以经济建设为中心；两个基本点，指坚持四项基本原则，坚持改革开放。有人质疑"以经济建设为中心"这种观点和做法。这种质疑是错误的。"中心"意味着"重要"，经济的重要性自然是毋庸置疑的。但是，我们还要把"重要"和"重视"统一起来。经济基础和上层建筑二者之中，单纯做一比较的话，是经济重要的，但是，上层建筑也是需要"重视"的，而且，在有的时候，这种"重视"更是具有时代性和紧迫性。所以，我们要处理好"重要"和"重视"关系。

（一）"以经济建设为中心"的历史背景和现实作用

"以经济建设为中心"的提出有当时的历史必然性和必要性。这里需要说明当时的一种历史事实问题，它是在一种历史情境下产生的。这是对"文化大革命"的拨乱反正。"文革"的十年时间里，物质生活水平低下，没有很好地改善社会民生，这是当时一个非常感性的现实情况。这种情况下，国家提出以经济建设为中心，进行了一个重心转移。"以经济建设为中心"是当时国家的顶层设计，提出之后，社会大力发展生产力，改善了人民的生活，提高了人民的物质生活水平，满足了人们的衣食住行等最基本的需求。人们得以生存，社会得以安定。这种战略的提出和实施具有历史必然性和合理性，它的确也发挥了巨大的积极作用。

---

① 习近平. 论党的宣传思想工作 [M]. 北京：中央文献出版社，2020：34-37.

在改革开放和社会主义现代化建设中，我们就是要以经济建设为中心，大力促进社会生产力的发展。发展是硬道理，中国一切问题的解决都是要依赖于社会生产力的大力发展；物质财富的创造和积累，人民生活水平的提高，国家的繁荣富强都离不开社会生产力的发展。我们知道"批判的武器不能代替武器的批判"，同样道理，"发展的武器不能代替武器的发展"，精神的东西不能取代物质的东西。政治和意识形态并不能解决社会的一切问题，不是说政治和意识形态问题解决了，所有的社会问题都迎刃而解了。物质的还是物质的，精神的还是精神的，即使精神的可以转变成物质的，那也是要以物质为前提和基础并且是要通过物质来起作用的。不可否认，"以经济建设为中心"的提法和做法具有重大的历史意义和现实意义。"聚精会神搞建设，一心一意谋发展"，这是历史的启示。

不过，我们也要更加明确"中心"的用法和含义。不然，则容易引起误解。有些质疑就在于误解。如果认为，中心是与非中心相对立而存在的，非中心就要服务于和服从于中心，非中心是为中心而存在的，非中心只有手段的意义，本身不是目的；有时，中心可以取代非中心，牺牲非中心；那么，这种理解就是有问题的。对"以经济建设为中心"的"中心"二字，应该做"基础"来理解。马克思认为经济基础决定上层建筑，我们提出以"经济建设为中心"，就是意味着经济建设是基础，是关键性的、是决定性的。但是，在经济、政治、文化三者关系之中，即使经济是决定性的、关键性的，也不会否定政治、文化对经济的关系和巨大反作用。不同时期，政治、文化的问题不同，重视的程度也是不同的。这就引出下面需要展开的一个内容，即"重要"和"重视"问题。

（二）经济、政治、文化："重要"和"重视"

在理论上思考马克思基础与上层建筑思想，无非是科学看待经济基础与上层建筑二者之间的辩证关系。如果具体到我们的实际运用上，具体到我们的社会主义建设中，对于经济基础与上层建筑，这里还需要注意如下的两个重要问题，当然，第二个问题也是从第一个问题引申出来的问题。第一个问题就是"重要"和"重视"的区别。所谓"重要",这是从地位上来讲的,也就是说,经济基础与上层建筑到底哪个重要?毋庸置疑,经济基础更加重要的。"重要"属于经济基础,"重要"是唯一的。上层建筑在经济基础面前就不显得比经济基础重要。所谓"重视",这是从不同的时间段上来讲的,什么时候要更加重视经济基础,什么时候要更加重视"上层建筑"。可见,"重视"却不是唯一属于经济基础的。"重视"有时也会落在上层建筑身上。那么,这里就出现第二个问题,即什么时候要更加重视基础,什么时候要更加重视上层建筑?不同时期应有不同的"重视",这里存在"时间点"问题。

1. "重要"和"重视"问题

对待经济基础与上层建筑,涉及重要和重视的区别。本来,一般认为重要才需要重视。这是把重要等同于重视。其实,二者可以分出差别。重要,这是指在二者的辩证关系中,经济基础的地位、性质,讲它与上层建筑的关系,在它们的关系中,它的重要是指它是决定作用;而重视,是指根据实际情况,应该更加凸出其中的一个,这种凸出是我们实践的着力点。

经济永远是基础。这不能随时发生变化。我们不能认为政治、文化也是基础;不能认为经济、政治和文化它们三者在重要的时候就是基础。从马克思经济基础与上层建筑思想的历史境遇中,可以看出,一些思想者比如早期的西方马克思主义者卢卡奇、葛兰西,把思想意识和文化看成为决定者,看成为"基础";一些思想者认为经济、政治和文化,重要的时候就是基础,比如,哈贝马斯认为,判断经济、政治、科学技术等是不是社会的基础,就是要看一个社会所要解决的基本问题。如果这个社会所要解决的基本问题是经济问题,那么,经济是基础;如果一个社会所要解决的基本问题是政治权力问题,那么政治权力是基础①。不得不说,这些看法都是错误的。因为这里涉及"重要"和"重视"二者之间的区别。

我们需要肯定,经济基础是起着根本性作用的,经济基础最重要;而重

---

① 哈贝马斯. 重建历史唯物主义 [M]. 北京:社会科学文献出版社,2000:154-155.

视意味着要视情况而定，情况不同，"重视点"是有所变化的，换言之，要转移"重视点"。有时要重视经济基础，有时就要重视上层建筑。时代的不同，这种"重视点"是要发生转移的。无疑，这种强调并不是颠倒经济基础与上层建筑的关系，它们当中的决定作用还是经济的决定作用，反作用还是上层建筑的反作用。经济基础与上层建筑二者的关系根本没有发生改变。

上层建筑对经济基础的反作用是巨大的，但这种反作用是有限度的。从根源上看，上层建筑对经济基础反作用力量的大小、强弱，是由经济基础决定的，没有强大的经济基础就没有强有力的上层建筑；从发展结局看，上层建筑反作用只有同经济基础发展的趋势相适合而不是相违背，才能持久并且有积极意义。如果上层建筑的反作用同经济基础发展的趋势相违背而不是相适合，那么，这种反作用就会延缓并阻碍经济发展的过程。但是，这种反作用有多大，它都不能决定经济发展的总趋势。

现在，我们应该更加重视上层建筑问题，凸出上层建筑的重要作用，也就是说，关注上层建筑的相对独立性和反作用。我们既要知道经济基础的重要，又必须结合时代的情况，现在就要加大对上层建筑的重视。联系我们的现实状况，可以这样判断，当今时代，重要，当然是经济基础重要，重视，当然是重视上层建筑。对经济基础或上层建筑的重视，都是视当时现实需要而定的。

2. "时间点"问题。

什么时候要更加重视基础或上层建筑？笔者认为，经济落后的时候要更加重视经济基础，而在经济比较发达的时候要更加重视上层建筑。实际情况决定了这种"重视点"的转移。

经济落后的时候，人们的吃喝住穿的问题是基本的，这要摆放在第一位的位置。而生产才能满足需要。恩格斯指出，"人们首先必须吃、喝、住、穿，然后才能从事政治、科学、艺术、宗教等"①。马克思、恩格斯强调衣食

---

① 中共中央马克思恩格斯列宁斯大林著作编译局. 马克思恩格斯全集：第 19 卷 [M]. 北京：人民出版社，1963：374-375.

住行的根本性，指出人们只有解决了这些问题以后，才能去搞其他的事情。于是，这时候，就需要注重经济基础方面，注意物质利益问题，所有制问题，人在生产中的地位，人们之间的分配关系，等等。只有理顺这些经济基础内部的时期，才能进行或者促进生产。处理好生产关系的目的是生产和更好的生产。生产才能满足人们的需要。所以，在这个时候，就要更加注意经济基础的决定作用。而到了经济比较发达的时候，我们就要更加注意上层建筑对经济基础的反作用。这时候，要注意政治和文化方面的问题，注意它们对物质生产、经济利益的影响，注意它们对人们的地位和关系的影响。这是从外部入手理顺这些关系。理顺这些关系，才能促进经济基础的发展，反之，就会阻碍经济基础的发展。

改革开放以来，我们的经济取得了巨大的成就，现在，人们的吃喝住穿的问题基本解决，或者说，这个问题已不是极其紧迫的事情。经济基础内部关系处理得比较好，而这时，需要更加重视外部关系的处理。这就是重视上层建筑的原因所在。实事求是地说，相比于以往，我们的物质需要和满足的紧迫性得以有效缓解，而上层建筑方面的问题却是日趋严重。这些是急需深入关注、彻底解决的。经济发展了，我们对政治和文化方面的需要变得强烈，所以，对经济基础与上层建筑的关系的处理就自然侧重于上层建筑。如果，我们国家的经济又发生问题，那么，这种研究的侧重点就会重新回到经济基础。在这里，笔者分析了为什么当代社会，更加关注的不是经济基础，而是上层建筑的原因。

综上所述，紧密联系当代社会发展和改革实践遇到的新问题、新情况，通过对马克思经济基础与上层建筑思想的深刻揭示可以为当代社会发展提供一些可供借鉴的思想资源。社会是经济、政治和文化的统一体，社会问题体现在经济、政治和文化方面，任何时代、任何社会都会面临这些问题。社会存在经济问题，还有政治和文化的问题，而这些政治和文化问题本身不是经济问题，也不能简单地把这些问题还原或归结为经济问题。政治和文化的问题不仅仅在于它们对经济问题的反作用，而是作为社会结构问题的一个组成部分本身所具有的意义。目前，政治和文化方面的问题相对来说更为严重，解决政治和文化问题显得非常迫切，它的难度很大而意义也更加重大。

三、深刻理解全面深化改革

同生产关系一定要适合生产力状况的规律一样，上层建筑一定要适合经济基础状况的规律也是社会发展的基本规律，是无产阶级政党观察和研究社会历史问题的基本依据，是制定自己路线、方针和政策的基本依据。我们自觉地把握这两个规律，对于坚持和发展社会主义，坚持和全面深化改革开放，具有直接的现实意义。改革开放是我们党的一次伟大觉醒，正是这个伟大觉醒孕育了我们党从理论到实践的伟大创造。"改革开放是中国人民和中华民族发展史上一次伟大革命，正是这个伟大革命推动了中国特色社会主义事业的伟大飞跃！"①

（一）改革及其在社会发展中的作用

坚持和发展中国特色社会主义，必须不断适应社会生产力发展调整生产关系，不断适应经济基础发展完善上层建筑。"我们提出进行全面深化改革，就是要适应我国社会基本矛盾运动的变化来推进社会发展。社会基本矛盾总是不断发展的，所以调整生产关系、完善上层建筑需要相应地不断进行下去。……改革开放只有进行时、没有完成时，这是历史唯物主义态度。"②

1. 改革是社会主义制度的自我完善

社会基本矛盾运动的结果，不仅表现为通过革命实现一种新的社会制度取代旧的社会制度，而且表现为通过改革实现社会制度的自我调整和完善。改革是同一种社会形态发展过程中的量变和部分质变，是推动社会发展的又一重要动力。改革，即对内改革，就是在坚持社会主义制度的前提下，自觉地调整和改革生产关系同生产力、上层建筑同经济基础之间不相适应的方面

---

① 习近平. 在庆祝改革开放 40 周年大会上的讲话［M］. 北京：人民出版社，2018：4.
② 习近平. 论党的宣传思想工作［M］. 北京：中央文献出版社，2020：34.

和环节，促进生产力的发展和各项事业的全面进步，更好地实现最广大人民群众的根本利益。

改革不同于革命，但是，改革所涉及的领域是多方面的，包括经济改革、政治改革、文化改革等，改革，包括经济体制改革，即把高度集中的计划经济体制改革成为社会主义市场经济体制。经济基础是指由社会一定发展阶段的生产力所决定的生产关系的总和。理解经济基础的内涵要把握两点：其一，社会的一定发展阶段往往存在多种生产关系，但决定一个社会性质的是其中占支配地位的生产关系。其二，经济基础与经济体制具有内在联系。经济体制是社会基本经济制度所采取的组织形式和管理形式，是生产关系具体的实现形式。经济体制与生产力发展的关系更为直接、更为具体，在实践中它总是与社会的基本经济制度结合在一起，因此，经济体制选择得当，对于基本经济制度即生产关系的自我完善和生产力的发展起着极为重要的作用。政治体制改革，包括发展民主、加强法制、实现政企分开、精简机构、完善民主监督制度、维护安定团结。文化体制改革，是指在文化行业和文化领域改变原有的旧的制度安排，建立其新的制度体系，确立新的利益关系、激励方式和组合方式。我国自 20 世纪 70 年代末以来进行的改革，是社会主义制度的自我完善和发展。

这种改革是全面的改革，可以称为一场革命。从历史上看，改革有范围和程度上的不同，有的是局部性的、浅层次的改革，有的则是全局性的、深层次的改革。后者对社会的生产关系和上层建筑有深层次的触动和调整，因而能对社会生活产生广泛而深远的影响，甚至会影响到一定社会的发展方向。对于这样的改革，人们有时也会在一定意义上称其为"革命"或"社会革命"。这种概念的用法，不是从社会形态更替的本来含义上讲的，而是就这种改革的深刻性和对社会的深远影响而言的。社会主义社会也是一个需要改革并经常进行改革的社会，社会主义社会的改革也有范围和程度上的不同。中国的社会主义改革是一场广泛深刻的伟大变革，从性质上看，它是社会主义制度的自我完善和自我发展，但从其广泛性和深刻性，从对我国社会生活的深远影响而言，则可以说是一场伟大的革命。习近平将党领导人民奋斗的全部历程统称为一场伟大的社会革命，中国共产党100年来的历史，就是一部党领导人民进行伟大社会革命的历史。新时代中国特色社会主义是我们党领导人民进行伟大社会革命的成果，也是我们党领导人民进行伟大社会革命的继续，是一场具有许多新的历史特点的伟大社会革命，我们必须一以贯之进行下去。

2. 改革是"重要法宝"和"关键一招"

改革是一定程度上解决社会基本矛盾、促进生产力发展、推动社会进步的有效途径和手段。在一定社会形态总的量变过程中，当社会基本矛盾发展到一定程度但又尚未激化到引起社会革命的程度时，我们就需要依靠改革的途径或手段，来改变与生产力不相适应的生产关系和与经济基础不相适应的上层建筑。如果说社会革命适用于解决现存的社会基本制度问题，把生产力从已不能容纳它的旧的生产关系中解放出来，那么，改革则适用于解决现存的社会体制存在问题，在不改变社会基本制度的前提下，对生产关系和上层建筑的某些方面和环节进行变革，从而促进生产力的发展和社会的进步。经济基础与上层建筑的矛盾运动是社会发展的根本动力，改革正是对经济、政治、文化三者之间关系的主动调整和合理范围内的变动，所以，改革对社会的发展发挥着重大作用。

中国40年的改革取得重大成就。40年来，我们始终坚持以经济建设为中心，不断解放和发展社会生产力。我们始终坚持中国特色社会主义政治发展道路，不断深化政治体制改革，发展社会主义民主政治，党和国家领导体制日益完善，全面依法治国深入推进，中国特色社会主义法律体系日益健全，人民当家做主的制度保障和法治保障更加有力。我们始终坚持发展社会主义先进文化，加强社会主义精神文明建设，培育和践行社会主义核心价值观，传承和弘扬中华优秀传统文化，坚持以科学理论引路指向，以正确舆论凝心聚力，以先进文化塑造灵魂，以优秀作品鼓舞斗志，以爱国主义、集体主义、社会主义精神广为弘扬，时代楷模、英雄模范不断涌现，文化艺术日益繁荣，网信事业快速发展，全民族理想信念和文化自信不断增强，国家文化软实力和中华文化影响力大幅提升。① "40 年的实践充分证明，改革开放是党和人民大踏步赶上时代的重要法宝，是坚持和发展中国特色社会主义的必由之路，是决定当代中国命运的关键一招，也是决定实现'两个一百年'奋斗目标、实现中华民族伟大复兴的关键一招。"②

（二）十八大以来全面深化改革

党的十八大，中国进入新时代，中国社会主要矛盾发生了根本性的变化，可以说，是改革使中国进入新时代，是改革使中国社会的主要矛盾发生了根本性的变化，是改革使中国走近世界舞台中央。中国的改革必须坚定不移地进行下去。自 20 世纪 70 年代末以来我国进行的改革，是社会主义制度的自我完善和发展，当前，我国已进入全面深化改革的历史新阶段。

十八届三中全会，提出全面深化改革。党的十八届三中全会审议通过的《中共中央关于全面深化改革若干重大问题的决定》，提出了全面深化改革的指导思想、目标任务、重大原则，描绘了全面深化改革的新蓝图、新愿景、新目标，合理布局了深化改革的战略重点、优先顺序、主攻方向、工作机制、推进方式和时间表、路线图，汇集了全面深化改革的新思想、新论断、新举措，是我们党在新的历史起点上全面深化改革的科学指南和行动纲领。

十九大报告提出，坚持全面深化改革。只有社会主义才能救中国，只有改革开放才能发展中国、发展社会主义、发展马克思主义，必须坚持和完善中国特色社会主义制度，不断推进国家治理体系和治理能力现代化，坚持破除一切不合时宜的思想观念和体制机制弊端，突破利益固化的藩篱，吸收人类文明有益成果，构建系统完备、科学规范、运行有效的制度体系，充分发挥我国社会主义制度的优越性。

十九届四中全会，通过《中国共产党第十九届中央委员会第四次全体会

---

① 习近平. 在庆祝改革开放 40 周年大会上的讲话 [M]. 北京：人民出版社，2018：11-13.

② 习近平. 在庆祝改革开放 40 周年大会上的讲话 [M]. 北京：人民出版社，2018：19.

议公报》，通过了《中共中央关于坚持和完善中国特色社会主义制度、推进国家治理体系和治理能力现代化若干重大问题的决定》。全会提出，中国特色社会主义制度是党和人民在长期实践探索中形成的科学制度体系，我国国家治理一切工作和活动都依照中国特色社会主义制度展开，我国国家治理体系和治理能力是中国特色社会主义制度及其执行能力的集中体现。全会提出，坚持和完善中国特色社会主义制度、推进国家治理体系和治理能力现代化的总体目标是，到我们党成立一百年时，在各方面制度更加成熟更加定型上取得明显成效；到 2035 年，各方面制度更加完善，基本实现国家治理体系和治理能力现代化；到新中国成立一百年时，全面实现国家治理体系和治理能力现代化，使中国特色社会主义制度更加巩固、优越性充分展现。

党的十八大以来，"我们以巨大的政治勇气和智慧，提出全面深化改革总目标是完善和发展中国特色社会主义制度、推进国家治理体系和治理能力现代化，着力增强改革系统性、整体性、协同性，着力抓好重大制度创新，着力提升人民群众获得感、幸福感、安全感，推出 1600 多项改革方案，啃下了不少硬骨头，闯过了不少急流险滩，改革呈现全面发力、多点突破、蹄疾步稳、纵深推进的局面"①。

总之，当上层建筑同自己的经济基础相适应，与自己的经济基础在同一方向上活动，能够满足经济基础的要求时，就能对经济基础的巩固和完善起促进作用；当上层建筑同自己的经济基础不相适应，与自己的经济基础在相反的方向上活动，无法满足经济基础的要求时，就会同自己的经济基础发生矛盾，甚至对经济基础起某种破坏作用。在当代中国，我们深入理解上层建筑适合经济基础状况的规律，必须正确把握经济基础与上层建筑矛盾运动过程中存在的各种利益关系，并在深化经济体制改革、完善社会主义经济基础以促进生产力发展的同时，加快上层建筑领域的改革，来适应生产力发展和巩固经济基础的要求。生产关系的实质是人们的物质利益关系。在社会主义

---

① 习近平. 在庆祝改革开放 40 周年大会上的讲话 [M]. 北京：人民出版社，2018：8.

条件下，上层建筑对经济基础的保护从根本上说就是为了保障最广大人民群众的物质利益。所以，我们要坚持中国特色社会主义政治发展道路，积极稳妥地推进上层建筑领域的改革和发展，加快建设社会主义法治国家，推进社会主义民主政治制度化、规范化、程序化，推进社会主义政治制度的自我完善和发展，实现好、维护好、发展好人民群众的根本利益。

小结

马克思经济基础与上层建筑思想贴近人类社会的经济、政治和文化的各个方面，力图解释经济、政治和文化及其关系，深刻阐明人类社会的本质和历史的发展规律，它具有重大的理论价值。马克思经济基础与上层建筑思想并不过时，它仍然蕴含最大的当代性。在我国社会主义现代化建设中，马克思经济基础与上层建筑思想发挥着重要的指导作用，它具有重大的实践价值。马克思有一句名言："批判的武器当然不能代替武器的批判，物质力量只能用物质力量来摧毁；但是理论一经掌握群众，也会变成物质力量。"[1] 当然，科学认识、贯彻执行马克思经济基础与上层建筑思想需要一个过程。社会意识的深化是一个循环往复的过程，不断深入的实践促进人们对社会存在形成逐步深刻的认识，"通过实践而发现真理，又通过实践而证实真理和发展真理。从感性认识而能动地发展理性认识，又从理性认识而能动地指导革命实践，改造主观世界和客观世界。实践、认识、再实践、再认识，这种形式，循环往复以至无穷，而实践和认识之每一循环的内容，都比较地进到了高一级的程度。"[2] 从实践中，我们深刻认识到马克思经济基础与上层建筑思想的科学性。

---

① 中共中央马克思恩格斯列宁斯大林著作编译局. 马克思恩格斯文集：第1卷［M］. 北京：人民出版社，2009：11.
② 毛泽东. 毛泽东选集：第一卷［M］. 北京：人民出版社，1991：296-297.

结　语

　　马克思经济基础与上层建筑思想的现实挑战与历史唯物主义、整个马克思主义有关。现在，历史唯物主义、马克思主义受到不小的现实挑战，越来越多的人质疑和抨击这些理论的科学性、真理性。这些理论尚未成为我们的坚定信仰，只有成为一种信仰，这些理论才能作为一面旗帜高高飘扬，成为我们的指导思想和行动纲领。在历史唯物主义、马克思主义之中，马克思经济基础与上层建筑思想是最受批评和攻击的内容，这种思想承受着巨大的现实压力。

　　质疑和抨击历史唯物主义大有人在，他们认为，历史唯物主义、马克思主义是一种意识形态，是社会主义与资本主义斗争的一种工具、一种宣称、一种阶级斗争的手段而已。受西方思潮的影响，以及国内改革开放、现代化建设实践的复杂性，许多人质疑历史唯物主义。历史唯物主义是批判资产阶级和资本主义社会的思想，突出了历史唯物主义作为意识形态的维护和批判作用。我们承认这一点，历史唯物主义是我们的意识形态，但是，它更是真理。令人担忧的是，我们一直高呼历史唯物主义、马克思主义是真理、是科学理论，然而，我们有多少人在讲历史唯物主义，相信马克思主义，在现实中，认为历史唯物主义是意识形态的人不是越来越少，而是越来越多。的确，讲历史唯物主义、马克思主义的人比较多，不过，这其中不免有嘴上讲的是历史唯物主义、马克思主义，而心中所思所想却不是这样的人。所以，这就出现了一个大问题：作为指导思想，我们都信仰马克思主义，历史唯物主义吗?

　　意识形态和科学真理都有可能成为信仰。意识形态成为信仰是难以持久的，只有科学真理才能成为持久的坚定信仰，也就是说，一种理论不是由于意识形态而成为信仰，而是由于真理从而成为我们的信仰。我们一直宣称历史唯物主义、马克思主义既是意识形态，又是科学真理，而且一直强调它是一种科学真理，它应该成为我们的信仰、信念。问题在于，它现在给我们的感觉就是一种意识形态，并不是科学真理，这种理论越来越意识形态化。历史唯物主义在有的领域中被边缘化、空泛化、标签化，历史唯物主义的处境不容乐观。

　　历史唯物主义是不是科学理论、真理? 这些问题的解决需要经济基础与上层建筑思想的在场和出场，也就是说，马克思主义的理论内容博大精深，历史唯物主义是科学理论，具有当代价值，这些问题的回答在于阐述经济基础与上层建筑思想的科学性和真理性。

　　在本书中，笔者认为我们应该从马克思经济基础与上层建筑思想的科学性、真理性这里发力，阐述这种理论的科学内涵，从而凸显它的地位和指导作用。以往，我们对马克思经济基础与上层建筑思想研究也取得了一些重要的成果，但是，这种研究还需持续深入。比如，经济基础决定上层建筑，如何理解马克思的"决定"内涵，如何认识马克思经济基础与上层建筑思想的理论原则和方法论意义，如何认识恩格斯对经济基础与上层建筑思想的理解和贡献，如何认识马克思的"社会结构"思想，我们对这些方面的探讨、阐释具有十分重大的意义。所以，笔者对这些方面予以研究，提出自己的一些思考和认识，致力于解决历史唯物主义、马克思主义成为信仰的问题。

　　现在，我们正从事波澜壮阔、前无古人的社会主义现代化建设，实现中华民族伟大复兴，这是一项未竟的历史事业。实践联系理论，理论联系实践。同样，我们对马克思主义特别是马克思经济基础与上层建筑思想的研究，这也是一项未竟的历史事业。

参考文献

一、中文类

（一）著作

[1] 阿尔都塞. 保卫马克思 [M]. 顾良，译. 北京：商务印书馆，2010.

[2] 安启念. 新编马克思主义哲学发展史 [M]. 北京：中国人民大学出版社，2004.

[3] 布哈林. 历史唯物主义理论 [M]. 北京：人民出版社，1983.

[4] 陈先达. 马克思早期思想研究 [M]. 北京：中国人民大学出版社，2006.

[5] 陈先达. 走向历史的深处 [M]. 北京：中国人民大学出版社，2006.

[6] 德里达. 马克思的幽灵 [M]. 何一，译. 北京：中国人民大学出版社，2008.

[7] 丰子义. 马克思主义社会发展理论研究 [M]. 北京：北京师范大学出版社，2012.

[8] 高清海. 哲学与主体自我意识 [M]. 北京：中国人民大学出版社，2010.

[9] 葛兰西. 狱中札记 [M]. 曹雷雨，等译. 北京：中国社会科学出版社，2000.

[10] 广松涉. 唯物史观的原像 [M]. 邓习仪，译. 南京：南京大学出版社，2009.

[11] 哈贝马斯. 重建历史唯物主义 [M]. 郭官义, 译. 北京: 社会科学文献出版社, 2000.

[12] 郝立新. 当代中国马克思主义哲学研究走向 [M]. 北京: 中国人民大学出版社, 2012.

[13] 郝立新. 马克思主义哲学研究述评 [M]. 北京: 中国人民大学出版社, 2002.

[14] 黑格尔. 汉译世界学术名著丛书: 法哲学原理 [M]. 北京: 商务印书馆, 1961.

[15] 侯衍社. 马克思主义的社会发展理论及其当代价值 [M]. 北京: 中国社会科学出版社, 2004.

[16] 黄楠森. 马克思主义哲学史 [M]. 北京: 高等教育出版社, 1998.

[17] 霍克海默. 批判理论 [M]. 李小兵, 等译. 重庆: 重庆出版社, 1989.

[18] 考茨基. 唯物主义历史观 [M]. 上海: 上海人民出版社, 1964.

[19] 柯亨. 卡尔·马克思的历史理论: 一个辩护 [M]. 岳长龄, 译. 重庆: 重庆出版社, 1989.

[20] 柯尔施. 马克思主义和哲学 [M]. 王南湜, 荣新海, 译. 重庆: 重庆出版社, 1989.

[21] 里格比. 马克思主义与历史学: 一种批判性研究 [M]. 吴英, 译. 南京: 译林出版社, 2012.

[22] 刘放桐. 马克思主义哲学与现代西方哲学研究 [M]. 北京: 北京师范大学出版社, 2012.

[23] 卢卡奇. 关于社会存在本体论 [M]. 白锡堃, 等译. 重庆: 重庆出版社, 1993.

[24] 卢卡奇. 历史和阶级意识 [M]. 王伟光, 张峰, 译. 北京: 华夏出版社, 1989.

[25] 中共中央马克思恩格斯列宁斯大林著作编译局. 马克思恩格斯全

集：第 1 版 [M]. 北京：人民出版社，1956.

[26] 马尔库塞. 单向度的人 [M]. 刘继，译. 上海：上海译文出版社，1989.

[27] 麦克莱伦. 马克思以后的马克思主义 [M]. 李智，译. 北京：中国人民大学出版社，2008.

[28] 曼海姆. 意识形态与乌托邦 [M]. 黎鸣，李书崇，译. 北京：商务印书馆，2000.

[29] 梅林. 保卫马克思主义 [M]. 北京：人民出版社，1982.

[30] 普列汉诺夫. 普列汉诺夫哲学著作选集 [M]. 北京：人民出版社，1964.

[31] 戚嵩. 马克思社会形态理论研究 [M]. 合肥：合肥工业大学出版社，2014.

[32] 瞿铁鹏. 马克思主义社会理论 [M]. 上海：上海人民出版社，2014.

[33] 萨特. 存在主义是一种人道主义 [M]. 周煦良，汤永宽，译. 上海：上海译文出版社，2005.

[34] 孙麾，郝立新. 唯物史观与中国问题 [M]. 北京：中国社会科学出版社，2015.

[35] 孙正聿. 理论思维的前提批判：论辩证法的批判本性 [M]. 北京：中国人民大学出版社，2010.

[36] 威廉斯. 文化与社会 [M]. 吴松江，等译. 北京：北京大学出版社，1991.

[37] 吴晓明，陈立新. 马克思主义本体论研究 [M]. 北京：北京师范大学出版社，2012.

[38] 夏甄陶. 人是什么 [M]. 北京：商务印书馆，2000.

[39] 萧前，杨耕，等. 唯物主义的现代形态 [M]. 北京：中国人民大学出版社，2012.

［40］杨耕，陈志良，马俊峰. 马克思主义哲学研究［M］. 北京：中国人民大学出版社，2000.

［41］杨耕. 马克思主义历史观研究［M］. 北京：北京师范大学出版社，2012.

［42］杨耕. 为马克思辩护［M］. 北京：中国人民大学出版社，2010.

［43］叶汝贤，李惠斌. 马克思主义研究的前沿问题［M］. 北京：社会科学文献出版社，2006.

［44］俞吾金. 意识形态论［M］. 上海：上海人民出版社，1993.

［45］袁贵仁. 马克思主义人学理论研究［M］. 北京：北京师范大学出版社，2012.

［46］张秀琴. 马克思意识形态理论的当代阐释［M］. 北京：中国社会科学出版社，2005.

［47］中共中央马克思恩格斯列宁斯大林著作编译局. 列宁专题文集［M］. 北京：人民出版社，2009.

［48］中共中央马克思恩格斯列宁斯大林著作编译局. 斯大林选集［M］. 北京：人民出版社，1979.

［49］中共中央马克思恩格斯列宁斯大林著作编译局. 马克思恩格斯文集［M］. 北京：人民出版社，2009.

（二）期刊

［1］本刊编辑. 对经济基础与上层建筑矛盾运动的几点质疑［J］. 国内哲学动态，1985（8）.

［2］本刊编辑. 在一定条件下，生产关系、上层建筑能否对生产力、经济基础起决定作用［J］. 国内哲学动态，1980（10）.

［3］陈先达. 恩格斯与马克思主义［J］. 教学与研究，1995（4）.

［4］陈先达.《1844年经济学哲学手稿》和马克思主义［J］. 中国人民大学学报，1988（1）.

［5］段忠桥. 对马克思社会形态概念的再考察［J］. 教学与研究，1995（2）.

［6］段忠桥. 论经济基础的构成［J］. 哲学研究，1995（2）.

［7］冯卓然，史振东. 生产关系和上层建筑在一定条件下的决定作用不可否［J］. 教学与研究，1981（1）.

［8］郭宝福. 试论社会基本矛盾的基本特征：兼评社会基本矛盾应该是两对的几个论点［J］. 天津社会科学，1982（4）.

［9］郝立新，等. 近期马克思主义哲学研究前沿述评［J］. 马克思主义研究，2009（6）.

［10］郝立新，等. 近期马克思主义哲学研究述要［J］. 高校理论战线，2010（10）.

［11］郝立新. 历史唯物主义的理论本质和发展形态［J］. 中国社会科学，2012（3）.

［12］何力平. 基本经济制度对上层建筑的深刻影响［J］. 浙江社会科学，2003（5）.

［13］胡懋仁. 论经济基础、上层建筑与社会基本矛盾［J］. 中国人民大学学报，2006（1）.

［14］胡为雄. 马克思上层建筑概念的三种喻义［J］. 现代哲学，2010（6）.

［15］胡为雄. 全面理解马克思的上层建筑概念［J］. 教学与研究，2002（3）.

［16］胡为雄. 重新理解马克思的"上层建筑"概念［J］. 教学与研究，2008（7）.

［17］焦风贵. 上层建筑设施属于社会存在吗？［J］. 哲学研究，1982（4）.

［18］黎永泰. 资本主义基础与上层建筑是对抗性矛盾吗？［J］. 探索，1987（3）.

［19］黎祖谦. 生产力对上层建筑有直接决定作用［J］. 江西社会科学，1989（2）.

［20］李世军，高九江. 社会基本矛盾有第三对吗？［J］. 汉中师范学院学报（社会科学），1997（2）.

［21］李严. 关于文学是否属于上层建筑的再认识［J］. 江西社会科学，1985（4）.

［22］力新. 生产关系、上层建筑能否对生产力、经济基础起主要的、决定的作用［J］. 国内哲学动态，1980（1）.

［23］林木. 简论社会发展动力的层次性［J］. 河北学刊，1982（4）.

［24］林青山. 我国过渡时期的经济基础与上层建筑［J］. 哲学研究，1955（3）.

［25］林仁栋. 对"必须正确解释'基础'和'上层建筑'的概念"一文的我见［J］. 哲学研究，1957（2）.

［26］刘德福. 也谈"社会经济形态"和"社会形态"概念［J］. 山东师大学报（哲学社会科学版），1984（5）.

［27］刘贵访. 自然科学不属于上层建筑［J］. 学术月刊，1983（8）.

［28］刘国章. 经济基础与上层建筑关系问题新探［J］. 广西社会科学，2007（9）.

［29］刘洁，李玉根. 生产方式的含义及其现实意义［J］. 天津师范大学学报（社会科学版），2002（3）.

［30］刘晓铎. 经济基础不包括生产力：与祁品三同志商榷［J］. 经济科学，1983（3）.

［31］刘晏玲. 生产力与上层建筑直接联系初探［J］. 哲学动态，1991（12）.

［32］鲁品越. 生产关系理论的当代重构［J］. 中国社会科学，2001（1）.

［33］罗贵秋. 谈"社会经济形态""社会形态""社会有机体"概念［J］. 国内哲学动态，1984（3）.

［34］马英华. 论经济基础应该包括生产力［J］. 现代哲学，1989（4）.

［35］马英华. 论上层建筑一定要适合生产力状况的规律［J］. 暨南学报

（哲学社会科学），1992（3）.

[36] 孟庆仁. 生产力与上层建筑的矛盾 [J]. 文史哲，1989（6）.

[37] 彭会资. 文艺不能称为上层建筑吗？——与朱光潜教授商榷 [J]. 广西师范大学学报（哲学社会科学版），1980（2）.

[38] 祁品三. 经济基础还应当包括生产力 [J]. 经济科学，1982（2）.

[39] 齐振海，刘继岳. "生产力和生产关系、经济基础和上层建筑相互起决定作用"说背离了唯物论和辩证法 [J]. 国内哲学动态，1980（7）.

[40] 屈万山. 上层建筑有没有阶级性 [J]. 国内哲学动态，1979（10）.

[41] 商志晓. 生产力与生产关系、经济基础与上层建筑之间不是本原与派生的关系 [J]. 山东师院学报，1981（3）.

[42] 沈步，李哲. 试论在一定条件下生产关系对生产力、上层建筑对经济基础的决定作用 [J]. 国内哲学动态，1980（2）.

[43] 孙德臣. 关于经济基础和上层建筑的概念 [J]. 哲学研究，1980（12）.

[44] 孙叔平. 论社会经济基础与上层建筑的构成和发展的规律 [J]. 学术月刊，1957（8）.

[45] 唐正东. 马克思生产关系概念的内涵演变及其哲学意义 [J]. 哲学研究，2011（6）.

[46] 王炳德，冯平. 政治的上层建筑和思想的上层建筑关系之管见 [J]. 国内哲学动态，1981（8）.

[47] 王峰明. 马克思生产关系概念的本质规定和历史嬗变：与唐正东先生商榷 [J]. 哲学研究，2014（8）.

[48] 王锐生. 论上层建筑不是社会存在 [J]. 哲学研究，1981（2）.

[49] 王锐生. 上层建筑属于社会存在吗？——与朱光潜先生商榷 [J]. 哲学研究，1979（11）.

[50] 王淑芹. 威廉斯对马克思关于经济基础与上层建筑关系的解读 [J]. 理论学刊，2006（5）.

[51] 王晓升.“经济基础”和“上层建筑”二分观献疑：马克思的社会结构理论再思考 [J]. 江苏社会科学，2012（1）.

[52] 王晓升.“经济基础决定上层建筑”的普适性辨析 [J]. 教学与研究，2010（10）.

[53] 王孝哲. 上层建筑设施既属于社会存在又属于社会意识 [J]. 中南民族学院学报（哲学社会科学版），1985（3）.

[54] 王子野. 必须正确解释“基础”和“上层建筑”的概念 [J]. 哲学研究，1957（1）.

[55] 吴易风. 马克思的生产力—生产方式—生产关系原理 [J]. 马克思主义研究，1997（2）.

[56] 湘之波. 经济基础的概念中不应当包括生产力 [J]. 教学与研究，1964（1）.

[57] 肖范模. 我国过渡时期社会的基础与上层建筑问题 [J]. 哲学研究，1956（3）.

[58] 邢福石. 略论自然科学和上层建筑的关系 [J]. 中山大学学报（哲学社会科学版），1978（5）.

[59] 徐飞. 社会形态是经济基础和上层建筑的统一吗？[J]. 国内哲学动态，1980（3）.

[60] 徐琳，萧前. 关于我国从新民主主义社会到社会主义社会的过渡时期中基础与上层建筑问题 [J]. 教学与研究，1955（5）.

[61] 严北溟. 从基础与上层建筑看我国人民内部矛盾问题 [J]. 学术月刊，1957（6）.

[62] 严高鸿. 决定作用和反作用的界限不能混淆 [J]. 哲学研究，1980（10）.

[63] 杨洪林. 重新评价“综合经济基础论”：杨献珍对历史唯物主义的理论贡献 [J]. 理论月刊，2004（5）.

[64] 余源培. 建国后的一场重要哲学争论：对“综合经济基础”问题的

再思考 [J]. 云南大学大学（社会科学版），2006（5）.

[65] 袁绪程. 关于"经济基础"概念的再认识 [J]. 国内哲学动态，1982（11）.

[66] 恽秉良. 历史唯物论还是上层建筑决定论？[J]. 复旦学报（社会科学版），1982（1）.

[67] 张传开. 马恩关于经济基础与上层建筑范畴的确立及其系统化 [J]. 安徽师大学报（哲学社会科学版），1995（2）.

[68] 张建. 论我国过渡时期的经济基础与上层建筑 [J]. 哲学研究，1956（5）.

[69] 张薪泽.《也谈上层建筑与意识形态的关系》一文质疑 [J]. 哲学研究，1980（5）.

[70] 张秀琴. 马克思与恩格斯意识形态观比较研究 [J]. 马克思主义研究，2011（6）.

[71] 张秀琴. 英语世界对马克思意识形态理论的解读方式 [J]. 中国社会科学，2012（6）.

[72] 张镛. 论上层建筑一定要适合经济基础的规律 [J]. 哲学研究，1958（3）.

[73] 张云勋. 关于上层建筑的阶级性问题 [J]. 国内哲学动态，1980（1）.

[74] 赵家祥. 经济基础决定上层建筑原理的形成过程及系统论证 [J]. 北京行政学院学报，2011（1）.

[75] 赵家祥. 生产方式概念含义的演变 [J]. 北京大学学报（哲学社会科学版），2007（5）.

[76]《哲学研究》编辑部. 三年来我国关于"基础和上层建筑"问题的讨论 [J]. 哲学研究，1958（2）.

[77] 赵家祥. 什么是社会形态 [J]. 国内哲学动态，1981（1）.

[78] 赵家祥. 生产关系、上层建筑在任何条件下都不能起决定的作用

［J］. 国内哲学动态，1980（5）.

［79］周世敏. 简论社会经济形态［J］. 江西社会科学，1990（3）.

［80］朱光潜. 上层建筑和意识形态之间关系的质疑［J］. 国内哲学动态，1979（7）.

［81］庄国雄. 上层建筑就是意识形态系列：与朱光潜先生商榷［J］. 国内哲学动态，1979（11）.

［82］邹永图. 对"社会存在"范畴的一些理解［J］. 学术研究，1980（5）.

二、英文类

［1］BLAU P M. A macrosocilogical theory of social structure［J］. American Journal of Sociology，1977.

［2］CARVER E. Marx and engels：The intellectual relationship［M］. Brighton：Wheatsheaf Books Ltd，1983.

［3］COLLETTI L. Marxism and Hegel［M］. London：Verso，1973.

［4］DWORKIN D. Cultural marxism in postwar britain：History，the New Left，and the origins of cultural studies［M］. Durham：Duke University Press，1997.

［5］ELSTER J. The cement of society：A study of social order［M］. Cambridge：Cambridge University Press，1989.

［6］GIDDENS A. The constitution of society［M］. Cambridge：Polity Press，1984.

［7］GOULD C C. Marx's social ontology：individuality and community in Marx's theory of social reality［M］. Cambridge：MIT Press，1978.

［8］KOLAKOWSKI L. Toward a marxism humanism［M］. New York：Grove Press，1968.

［9］KELLNER D. Engels，modernity，and classical social theory［M］//

STEGER M B, CARVER T. Engels after Marx. University Park, PA: The Pennsylvania State University Press, 1999.

[10] MCMURTRY J. The structure of Marx's World-View [M]. Princeton: Princeton University Press, 1978.

[11] PARSONS T. The social system [M]. New York: Free Press, 1951.

[12] RIGBY S H. Engels and the formation of marxism: history, dialectics and revolution [M]. Manchester: Manchester University Press, 1992.

[13] WEBER M. Economy and society [M]. Berkeley: University of California Press, 1978.

[14] WILLIAMS R. Culture and society, 1780—1950 [M]. New York: Harper and Row, 1966.

[15] WILLIAMS R. Marxism and literature [M]. Oxford: Oxford University Press, 1977.